ANDROMEDA
PISCES
TRIANG
Musca
Circulus Tropicus Cancri
AEQUINOCTIALIS
Right Ascension

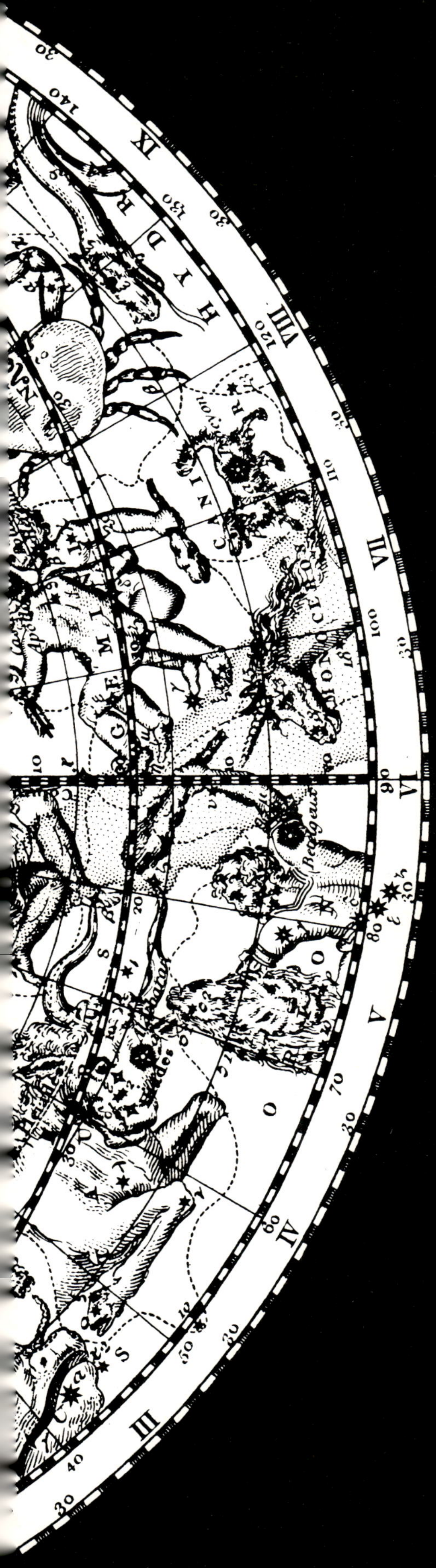

Geschichte der

# Astrologie

## Von der Antike bis zur Gegenwart

Sandra Shulman

Geschichte der

# Astrologie

## Von der Antike bis zur Gegenwart

Sandra Shulman

Rheingauer Verlagsgesellschaft
Eltville am Rhein

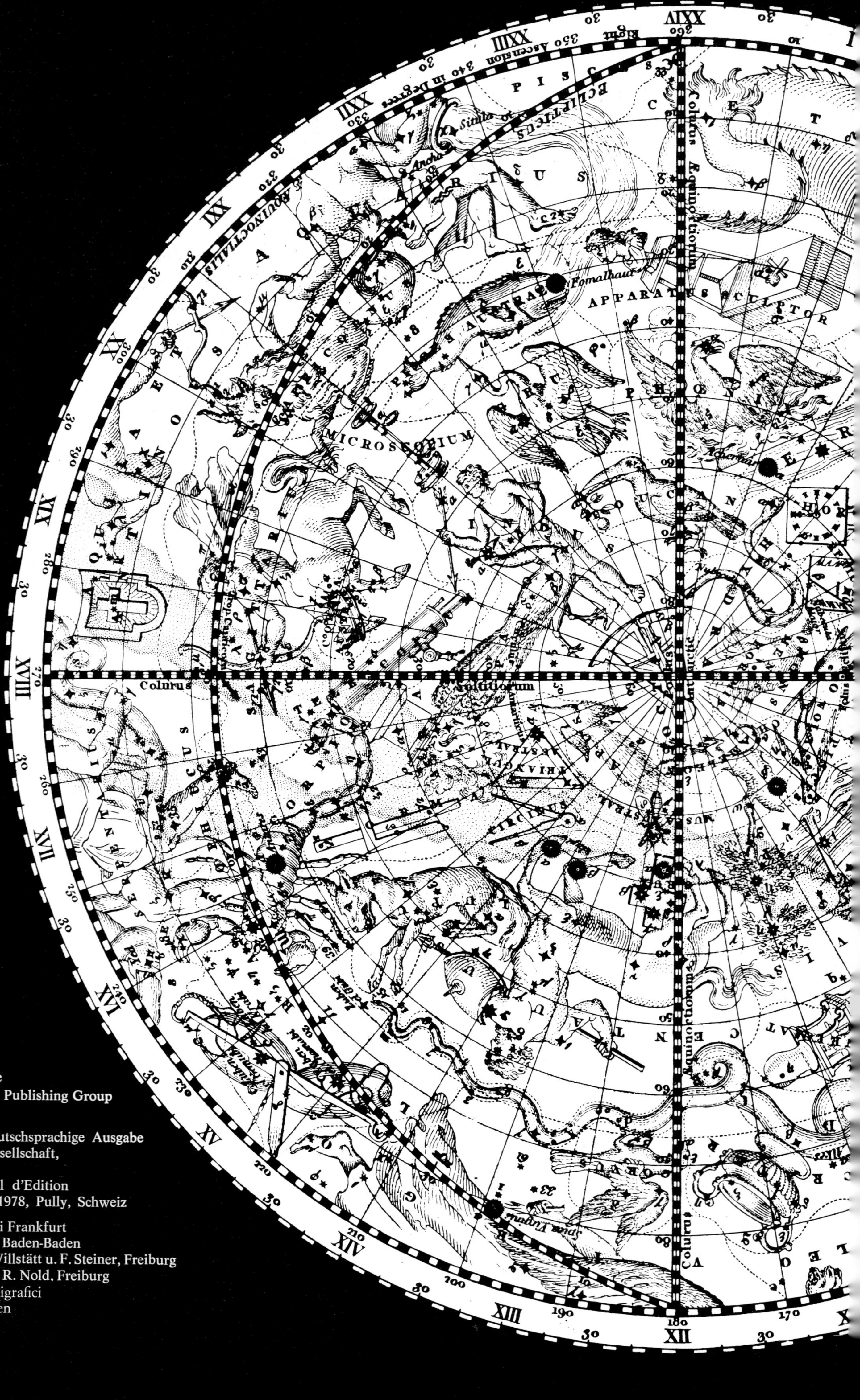




Satz: LibriSatz, Kriftel bei Frankfurt
Bearbeitung: ARGO Ges., Baden-Baden
Übersetzung: B. Lampe, Willstätt u. F. Steiner, Freiburg
Fachl. Beratung: Prof. Dr. R. Nold, Freiburg
Druck und Einband, Poligrafici
Calderara, Bologna, Italien

ISBN 3 88102 018 7

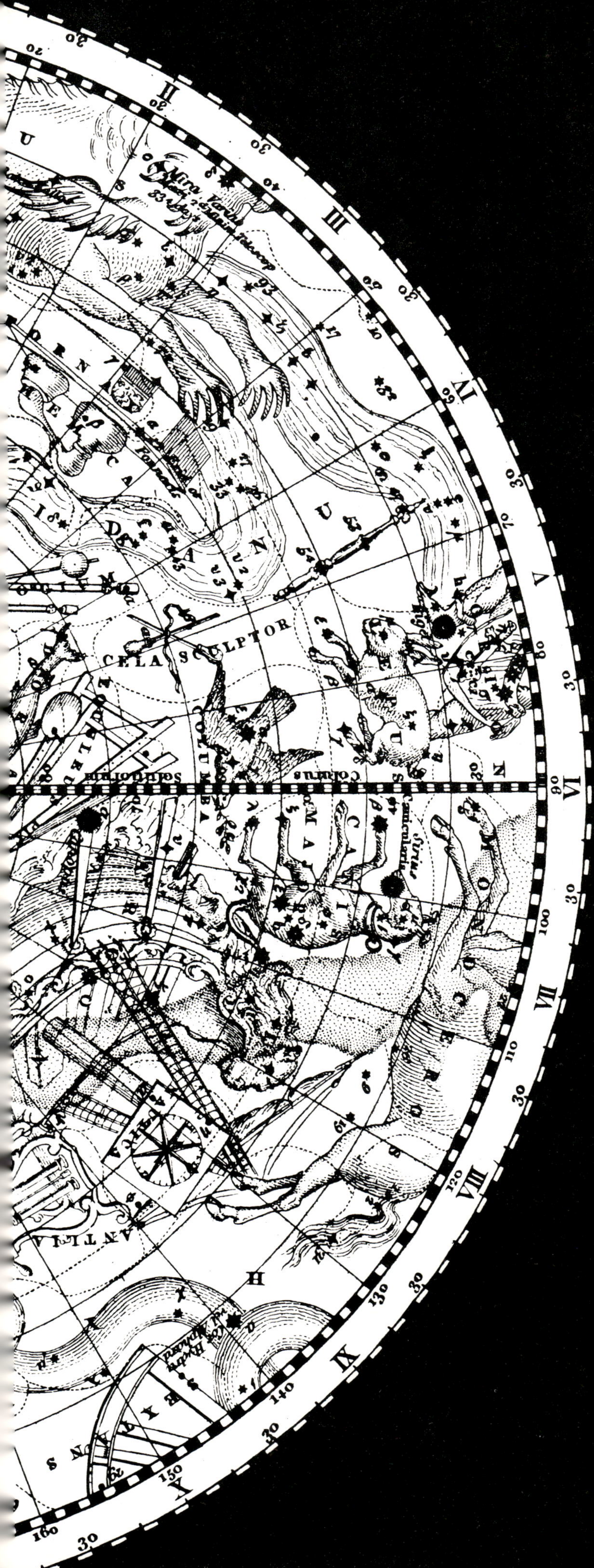

# Inhalt



*Vorsatz:*
*Gasförmiger Sternnebel in der Serpensregion, mit einem 5-m-Teleskop fotografiert.*

*Gegenüber Titelseite:*
*Astronomische Uhr im Altstädter Rathaus in Prag.*

# Einleitung

*Seite 11:*
*Die einfachen Moralpredigten und groben Holzschnitte des gewöhnlichen Kalenders lieferten dem Bauern und Handwerker Informationen über die Jahreszeiten. Der Hochadel las dieselben Lehren in herrlich ausgeschmückten Handschriften, die mit Tierkreiszeichen verziert waren.*
*Dezember. Seite aus ‹Les très riches heures du Duc de Berry›. 15. Jahrhundert. Französische Handschrift. Mušee Condé, Chantilly.*

*Der stets neugierige Mensch, der aus dem Weltall heraus angestrengt den Mechanismus anschaut, der nach damaliger Meinung die Planeten beherrschte. 16. Jahrhundert. Deutscher Holzschnitt.*

Ein Mensch des zwanzigsten Jahrhunderts würde behaupten, daß er sich stark von seinen Vorfahren, die vor 5000 oder mehr Jahren gelebt haben, unterscheidet. Schließlich ist er auf dem Mond gewesen und hat Raketen ins Weltall geschossen. Doch wenn jene dünne Schicht von Information und Bildung, die die meisten von uns erreicht haben, abgekratzt wird, so entdecken wir, wie stark unsere geheimen Gedanken denen der Menschen gleichen, die von der Welt, in der wir heute leben, vollkommen verwirrt wären. Wie sie empfinden wir das Geheimnis des Universums und suchen nach einer Harmonie mit ihm.

Trotz des heutigen Wissensstandes und der Technik – so ganz anders als jene alten Griechen und Römer es sich vorgestellt hatten – teilen wir gewisse Lehren mit ihnen, denn einige sind grundlegend für die menschliche Existenz. Während Rationalisten und Wissenschaftler die Astrologie angreifen, glauben – oder vielmehr möchten – viele Menschen auf der ganzen Welt nach wie vor gern glauben, daß ihr Leben in geheimnisvoller Weise von den Bewegungen der Sterne bestimmt wird, ungeachtet gegenteiliger Begründungen. Dies ist keineswegs ein Beweis für die Astrologie, aber es zeigt, daß sie schon in den Bereich altmodischen Aberglaubens und Volkstümlichkeit übergegangen wäre, wenn es nur ein weiteres belangloses Geschwafel mit keiner weiteren Substanz als der Einbildung gewesen wäre. Das Fortbestehen des Konzeptes angesichts sehr erschreckender Tatsachen und Argumente zeigt, wie tief und vorbildhaft es ist. Die Tatsache, daß sich immer mehr Menschen dazu hingezogen fühlen, ein von den Sternen bestimmtes Schicksal zu untersuchen und gutzuheißen – selbst in der oberflächlich erscheinenden Art und Weise, sich in der Bahnhofsbuchhandlung ein Astrologie-Jahrbuch zu kaufen – steht in Verbindung mit einem ursprünglichen Bedürfnis, so grundlegend wie Liebe, Kampf oder Nahrung.

Eroberung, Handel und nomadisches Wandern sind die Ursache für die Verbreitung und Ausweitung von Ideen, aber gewisse Lehren entstehen unabhängig davon in völlig unzusammenhängenden Teilen der Welt, weil der Mensch überall ein Opfer derselben grundlegenden Ängste und Bedürfnisse ist.

Unabhängig von geographischer Breite und Länge gehört der Himmel allen. Wir können deshalb als sicher annehmen, daß der Frühmensch, während er um das Überleben kämpfte, und lange vor der Zeit, als er der Nachwelt schriftliche Aufzeichnungen hinterließ oder große Steinmodelle errichtete, um zu veranschaulichen, daß er die Bewegungen der größeren Himmelskörper aufgezeigt hatte, den Himmel beobachtete, erstaunt war über Sonne, Mond und Sterne, deren Verdunkelung fürchtete und den Versuch unternahm, diese Phänomene des Himmels mit Geschehnissen aus seinem Erfahrungsbereich in Beziehung zu bringen. Hirten, Fischer und einfache Bauern müssen alle zu diesen Zeichen geschaut haben, um herauszufinden, ob sie für die in Angriff zu nehmenden Aufgaben günstig standen. Frauen, die näher am häuslichen Herd tätig waren, haben wohl den monatlichen Zyklus und die Zeit der Schwangerschaft an dem Erscheinen des Mondes gemessen.

Hohe oder geringe Menschen haben immer den Wunsch gehabt zu glauben, daß ihr Leben und das ihrer Kinder mehr sei als eine kurze Periode in einem quälenden Gespinst, das durch den Tod zerrissen wird. Die meisten von uns sind selbstsicher oder hoffnungsvoll genug, darauf zu bestehen, daß unser persönliches Schicksal nicht bloßer Zufall sein kann: all unsere Mühe würde ganz und gar vergeblich erscheinen, wenn es keine Erklärung für das Leben gäbe.

Der Mensch hat immer zum Himmel aufgeschaut als nach einem Schlüssel für die Bedeutung des Daseins, wobei er sich an den Gedanken des «wie oben so auch unten» hält. Insoweit er selbst ein unbedeutender Teil einer grundsätzlich geordneten Welt ist, muß es irgendeine Beziehung zwischen ihm und dem Kosmos geben. Demnach sollten die Bewegungen der Himmelskörper einwirken auf das, was auf der Erde geschieht. Wenn diese Zeichen richtig gelesen werden könnten, so würde die Bedeutung des Universums verstanden und für die Zukunft erkannt und festgesetzt werden.

Sogar auf der nüchternen Ebene des «soll ich morgen essen?» (und für unsere frühesten Vorfahren war die Jagd nach Nahrung eine Hauptbeschäftigung) hat der Mensch versucht, etwas über die Zukunft in Erfahrung zu bringen. Er hat sich selbst der Gnade von Kräften außerhalb seiner Kontrolle und seines Fassungsvermögens ausgeliefert gesehen und ist nicht bereit gewesen, die ganze Verantwortung für sein eigenes Schicksal und das der Welt auf sich zu nehmen; so hat er Götter erdacht, die ihm helfen, die beruhigen und

sagittarij
capricorni
gradus
mensis
decembris
dies

*Links:*
*Der Mensch hat immer zum Himmel aufgeschaut, um dort einen Hinweis auf den Sinn des Lebens auf der Erde zu finden. Hier blickt ein Astrologe hoffnungsvoll zum Himmel auf. Illustration aus ‹Der Astrologe des 19. Jahrhunderts›.*

*Seite 12:*
*Ein Astrologe des 17. Jahrhunderts in nachdenklicher Stimmung, umgeben von Gegenständen aus seinem Berufsstand. Gemälde von Cornelis Bega. Nationalgalerie, London.*

*‹Die Auferstehung› von Fra Angelico. Ostern fällt auf die Frühlingstagundnachtgleiche, eine Zeit, die von der Antike lange vor Auftreten des Christentums vermerkt und gefeiert wurde. Museo di San Marco, Florenz.*

tadeln sollten, und Rituale, um sie zu verehren und zu besänftigen. Er gab diesen Göttern die Vormundschaft für himmlische und irdische Geheimnisse und setzte Priester oder Zauberer ein, die als Vermittler dienen und jedes von den Göttern gesendete Zeichen deuten sollten. Der Mensch projizierte seine grundlegenden Ängste und Freuden in das Wesen dieser Götter, und obwohl sie übernatürliche Kräfte besaßen, stattete er sie mit menschlichen Vorzügen und Schwächen aus. Folglich waren sie auch nicht zu stolz, um sich zu streiten und launisch oder ärgerlich zu sein.

Heute ist die Astrologie eine verleumdete und stark mitgenommene Dame von zweifelhaftem Ruf und uralter Vergangenheit. Ihre Beliebtheit hat diese einst königliche Kunst zu einer Unterhaltung degradiert. Dabei entstand die Astrologie etwa zur gleichen Zeit wie Religion und Astronomie. Das Studium der Sterne nahm in der Tat einen großen Stellenwert in den meisten Religionen ein und muß eines der ersten wissenschaftlichen Experimente gewesen sein, genauso wie Feueranmachen oder Saatausstreuen. Ferner gehört die Medizin zu den engsten Verwandten der Astrologie.

Bevor wir uns an eine Definition der Astrologie heranwagen, wollen wir erst einmal das betrachten, was wir alle darüber wissen. Fast jeder kennt sein Geburtszeichen – egal wie gleichgültig oder ablehnend er zur Astrologie steht. Wir gebrauchen auch die herkömmlich anerkannten, aus alten Zeiten überlieferten Charakteristiken der Himmelskörper, um damit alles mögliche zu beschreiben – vom Menschen bis hin zur Musik. So haben wir «jovial», «solar», «merkurisch», «saturnisch» und «martialisch», und wenn wir von jemandem sprechen, der «mondsüchtig schlafwandelt», dann aus dem Grund, daß man meinte, der Mond beherrsche die Träume. In vielen Sprachen zeigen die Namen der Wochentage, daß ursprünglich angenommen wurde, sie seien von bestimmten Gottheiten gelenkt, die ihren Sitz im Himmel hatten.

*Henry Cornelius Agrippa – Hofphysiker im 16. Jahrhundert, Frankreich, schrieb aufgrund seiner Studien auf dem Gebiet der Astrologie: ‹Schließlich lernte ich, daß sie insgesamt bloß auf lauter Belanglosigkeiten und Scheinvorstellungen basierte›. 16. Jahrhundert. Kupferstich von Thevet.*

*Eine der Sternkarten aus Andreas Cellarius' ‹Atlas Coelestis seu Harmonia Macrocosmica› (1661). Baynton-Williams-Galerie, Belgravia, London.*

STELLATI
ANI HÆ
RIUM PRIUS.
S.Michael
TRES
REGES
S.Silvester
Flagellum XPI.
Corona XPI.
S.Benedictus cum Spinis Eiusd.
Al. Serpentarius cum Serpente
S.Iacobus minor
Alias Virgo
S.Abraham et Isaac.
Al. Centaurus
Signum Tau.
Circulus Polaris Merid.
Tropicus Æstiuus Solstitij
Æquinoctialis
Coluri Æquinoct
Mundi et Colur. Æquinoct

*Schäfer und Bauern treten häufig in astrologischen Werken der Renaissance auf, da ihre Arbeit immer Kenntnisse über Himmel und Jahreszeiten erforderte. Holzschnitt aus ‹Icy est le Compost› (1493).*

Unsere Vorstellung von der Zeitmessung ist eng verknüpft mit astrologischem Ritual. Es gibt zwölf Monate und zwölf Tierkreiszeichen. Ein Monat entspricht dem Zeitabschnitt eines vollen Mondumlaufs. Die Wochen sind Viertel eines Monats, und der Mond hat vier Viertel. Der Tag ist in vierundzwanzig Stunden eingeteilt, was der doppelten Zahl der Tierkreiszeichen entspricht. Sogar die wichtigen Daten in unserem Kalender hatten ursprünglich astrologische Bedeutung: Weihnachten fällt mit der Wintersonnenwende zusammen, einem Zeitpunkt, zu dem die alten Griechen und Römer die Wiederkehr der Sonne feierten, und Ostern stimmt zeitlich mit der Tagundnachtgleiche überein, zu der die Landschaft ihre Winterkleidung ablegt. Astronomen – die nicht als Freunde der Astrologie bezeichnet werden können – benutzen die Ideogramme der Astrologen für die Planeten und ihre Stellungen, wodurch ihre Darstellungen eine gewisse Ähnlichkeit mit dem so sehr verpönten Horoskop aufweisen. Da wir uns mit diesem Gebiet näher befassen, werden wir sehen, daß es sich hierbei nicht um ein geschicktes zufälliges Zusammentreffen handelt, sondern um das Ergebnis lang verankerter Überzeugungen, die keine noch so große Anzahl willkommener, völlig begründeter Gegenargumente ersetzen kann.

Die sich widersprechenden Aussagen, die von verschiedenen Autoritäten im Laufe der Geschichte über die Astrologie gemacht wurden, zeigen, daß es keine einfache Antwort auf die Frage nach ihrem Wesen gibt. Auch die Masse von Büchern, die über dieses Thema geschrieben wurden, bringen uns nicht weiter: Es gibt Schriften, die von jenen allgegenwärtigen astrologischen Broschüren, die individuelle Geburtszeichen behandeln, über fachkundige, sich wiederholende und oft langweilige Werke, bis hin zu den aus alter Zeit stammenden Keilschrifttexten der Babylonier reichen.

Von dem Grad höchster Beliebtheit ist die Astrologie herabgesunken bis zu einer Maschine, die uns eine Karte auswirft mit Angaben über Schicksal und Gewicht oder bis zum Horoskop der Tageszeitung, das für unzählige Menschen gilt. Solche Zeitungsartikel und astrologischen Zusammenstellungen erfreuen Millionen begeisterte Leser auf der ganzen Welt. Ein englisches Sonntagsblatt erhält etwa 100 000 Briefe pro Jahr, die an seinen Astrologen gerichtet sind. Auf mehr esotherischer Ebene ist die Astrologie so in Geheimnis gehüllt, als wollte sie ihren Kritikern viel Munition geben, mit der diese nicht bewiesene «Tatsachen» angreifen können.

*Sonnenfinsternis in Aguilas, Spanien, am 18. Juli 1860. Seit der Antike wurde dieses Phänomen mit Furcht betrachtet. Zeitgenössisches Bild aus ‹The illustrated London News›.*

*Astronomen, die den Himmel am Tage und in der Nacht betrachten. 16. Jahrhundert. Kupferstich.*

Unsere Astrologie des Raumzeitalters mit ihrem seit Jahrhunderten angesammelten Wissen, Argumenten und sogar Irrtümern, ist ein Sammelplatz für Überzeugungen, Lehren und uralter Weisheit. Ideen und praktische Anwendungen sind miteinander vermischt worden, so daß es schwierig ist, den wahren Beginn herauszufinden. Um bis zu den tiefsten Wurzeln der Astrologie vorzudringen, benötigen wir die Hilfe von gewissenhaften Geschichts-Detektiven, Archäologen und Studenten alter Sprachen.

Die folgenden Kapitel sind ein Versuch, in dieses Thema etwas Licht zu bringen, ohne dazu Partei zu ergreifen. Betrachtet man die Astrologie mit einer Mischung aus Belustigung und Zweifel, oder glaubt man fanatisch, daß das Schicksal von den Sternen bestimmt werde, so wird man durch Herausfinden von Ursprung und Entwicklung dieser «Schimäre» dem eigenen Wissensstand einiges über das Menschengeschlecht hinzufügen können.

Unsere Forschungsreise sollte an dem eigentlichen Beginn ansetzen ... oder soweit wie möglich daran anknüpfen. Da wir unseren Weg auf unser eigenes Zeitalter hin beginnen, können die Zeichen entlang der Straße eventuell größere Ausmaße erreichen und ihr Sinn eine neue Bedeutung annehmen.

*In vielen Sprachen werden die Wochentage nach Göttern benannt, die ihren Sitz in bestimmten Planeten hatten. In diesen Holzschnitten des späten 15./frühen 16. Jahrhunderts, die aus einer Ausgabe von ‹The Shepheards Kalendar› (Der Schäferkalender), einer englischen Übersetzung des ‹Icy est le Compost›, stammen, werden die Tage nach der angenommenen Entfernung der Planeten von der Erde dargestellt. Royal Astronomical Society, London.*

# Begriffe der Astrologie

*Seite 19: Die Beziehung der sieben Planeten zu den zwölf Tierkreiszeichen. Illustration einer französischen Handschrift des 15. Jahrhunderts. Nationalbibliothek, Paris.*

*Im Februar 1962 kamen Mitglieder der ‹Aetherius Society› an einem Berghang im englischen Lake District zusammen, um zu beten, daß eine Weltkatastrophe verhütet werde, die ihrer Meinung nach durch eine Konjunktion von acht Planeten vorhergesagt wurde.*

Auf einer Reise durch ein fremdes Land ist es immer sinnvoll, Landkarten, Reiseführer und ein einfaches Wörterbuch zu haben. Reist man durch das Labyrinth von Informationen über die Astrologie, so ist es weniger verwirrend, wenn man zuerst mit einer Anzahl von Ausdrücken, die immer wieder genannt werden, vertraut ist; einige der wichtigsten seien angeführt. Erklärungen über ihre Entstehung werden später folgen.

Es gibt viele verschiedene Arten der Astrologie:

**die natürliche** – heute aufgenommen in die Astronomie, da sie die Bewegungen der Himmelskörper vorhersagt.

**die beurteilende** – sagt voraus, wie diese Bewegungen das Leben auf der Erde beeinflussen; sie wird folgendermaßen unterteilt:

*die mundane oder weltliche* – behandelt nur das Schicksal einer Nation und ihres Herrschers als Oberhaupt des Staates. Auch benutzt, um große Katastrophen auf der Erde vorherzusagen.

*die geburtsbezügliche* – die Kunst, das Horoskop einer Einzelperson zu zeichnen und zu lesen: Die beliebteste Art der Astrologie.

*die stundenbezügliche* – Stellen des Horoskops für den Augenblick, um bestimmte Fragen zu beantworten. Von den Astrologen heute nicht mehr befürwortet, aber früher sehr beliebt.

*die medizinische* – befaßt sich mit den Mineralsalzen des Körpers, die sich auf die Tierkreiszeichen beziehen. Die Bewegungen der Planeten werden gedeutet, um daraus abzuleiten, welche Salze der Körper zur Gesunderhaltung benötigt.

*die wahlweise* – eine Methode, den besten Augenblick für wichtige Ereignisse auszuwählen.

*die physiognomische* – beschäftigt sich mit jenen Merkmalen des Gesichtsausdrucks, die man unter Einfluß eines besonderen Sternes stellt.

Du · proprietaire ·

Cy commence Le · xxij · chappitre du huitiesme livre le quel parle du double mouvement des planettes et chascune en general

Toutes les planettes ont double mouvement dont lun leur est naturel et propre qui est devient en occident encontre le mouvement du firmament lautre est un mouvement estrange qui est de orient en occident par le firmament qui les ravist chascun jour des le lever iusques au couchier en leur mouvement naturel ou quel elles sefforcent daler contre le firmament. Aucunes des planettes parfont leurs cours plustost et les autres plustart. Et cest pour ce que la quantite de les cercles nest pas egale lune a lautre Car saturne demeure en chun signe par xxx mois et acomplist son cours en xxx ans Jupiter demeure en chun signe p an et en xij ans il

♈ *Widder*
♉ *Stier*
♊ *Zwillinge*
♋ *Krebs*
♌ *Löwe*
♍ *Jungfrau*
♎ *Waage*
♏ *Skorpion*
♐ *Schütze*
♑ *Steinbock*
♒ *Wassermann*
♓ *Fische*

☉ *Sonne*
☽ *Mond*
☿ *Merkur*
♀ *Venus*
♂ *Mars*
♃ *Jupiter*
♄ *Saturn*
♅ *Uranus*
♆ *Neptun*
♇ *Pluto*

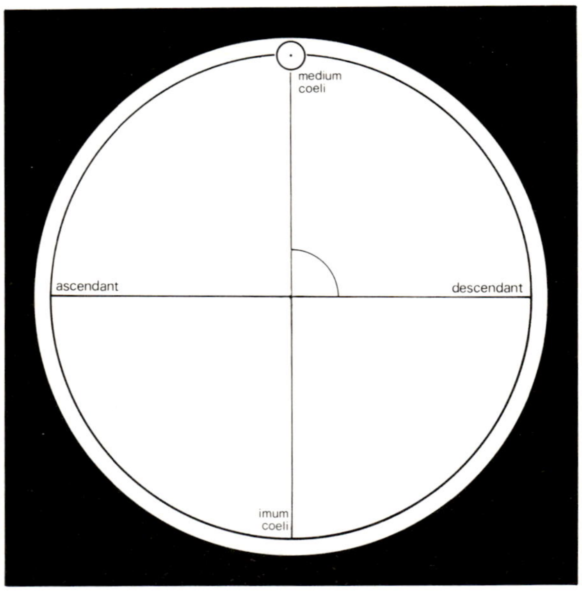


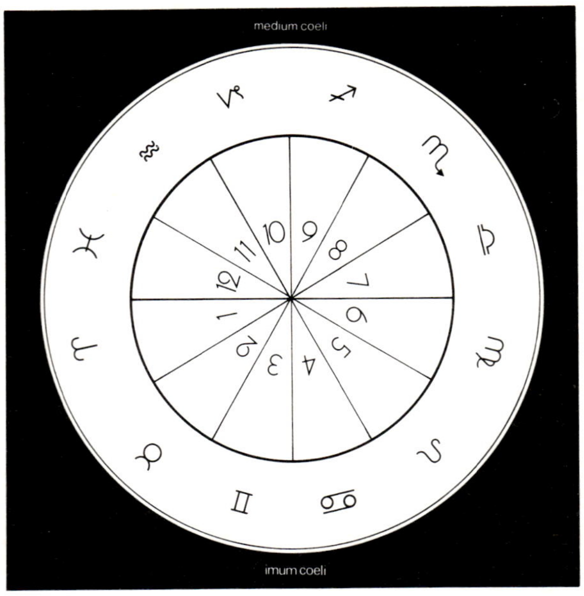


*Oben:*
*Die Zeichen des Tierkreises und die Planeten mit ihren entsprechenden Symbolen.*

*Oben Mitte:*
*Die Ekliptik mit Aszendent, Medium Coeli, Deszendent und Immum Coeli.*

*Oben rechts:*
*Die zwölf Tierkreiszeichen um die Ekliptik, jedes in seinem natürlichen Haus.*

*Seite 22/23:*
*Der Saturn herrscht über Wassermann und Steinbock (links) und der Mond über den Krebs (rechts). Miniaturen aus ‹De Sphaera›, einer italienischen Handschrift des 15. Jahrhunderts. Biblioteca Estense, Modena.*

*Die zwölf Tierkreiszeichen aus ‹De Astrorum Scientia› von Leopold von Österreich (Augsburg 1489).*

**Ekliptik** – die scheinbare Sonnenbahn am Himmel, die im Laufe eines Jahres einen großen Kreis von Westen nach Osten beschreibt.

**Zodiakus oder Tierkreis** – ein imaginärer Gürtel am Himmel, der sich etwa acht Grad zu beiden Seiten der Sonnenbahn erstreckt. Die bedeutendsten Planeten laufen mit unterschiedlicher Geschwindigkeit an ihm vorbei. Die traditionelle europäische Astrologie unterteilt diese Sphäre in zwölf gleiche Teile von je dreißig Grad. Das sind die Tierkreiszeichen.

**Tierkreiszeichen** – benannt nach den Sternbildern: Widder, Stier, Zwillinge, Krebs, Löwe, Jungfrau, Waage, Skorpion, Schütze, Steinbock, Wassermann und Fische. Jedoch entsprechen diese zwölf Bezirke nicht mehr den Sternbildern, deren Namen sie tragen, wegen der folgenden Tatsache.

**Die rückläufige Bewegung oder Präzession der Tagundnachtgleichen** – Die Tagundnachtgleichen (wenn Tag und Nacht gleich lang sind, weil die Sonne den Bereich des Erdäquators überquert) erscheinen keine zwei Jahre hintereinander an genau derselben Stelle. Der Punkt bewegt sich langsam um den Himmel und braucht etwa 26 000 Jahre, um seine Runde zu vollenden. Der erste Grad des Widder ist der Beginn des Tierkreises, und dieser bewegt sich mit derselben Geschwindigkeit in umgekehrter Richtung um den Himmel, wobei er den Gürtel des Tierkreises mit sich nimmt. Folglich stimmt der Zeitpunkt des jeweiligen Sonneneintritts in ein Sternbild nicht mehr mit den noch von den Astrologen verwendeten Daten überein, die noch auf den von den alten Griechen aufgestellten Berechnungen fußen. Beispielsweise steht heute die Sonne im Juli im Krebs und nicht im Juni, und der Krebs beherrscht heute das Sternbild der Zwillinge. Trotzdem werden einem Menschen, der im Zeichen des Krebses geboren ist, immer noch die gleichen, von der Tradition bestimmten Charaktereigenschaften zugeordnet. Michel Gauquelin sagt sehr treffend in seinem Werk *Astrologie und Wissenschaft* . . . ‹die früheren Bewohner sind ausgezogen, aber ihr Name steht noch an der Tür.› Dies ist eines der Hauptargumente, die Skeptiker gegen die Astrologen vorbringen.

**Planeten** – Die Antike zählte auch Sonne und Mond zu den Planeten und setzte deren Reihenfolge gemäß der jeweils angenommenen Entfernung von der Erde, die sie als den Mittelpunkt des Weltalls ansah, so fest: Mond, Merkur, Venus, Sonne, Mars, Jupiter und Saturn. Die neuen Planeten sind: Uranus, der 1781 entdeckt wurde, Neptun, 1846 entdeckt und Pluto, der bis 1930 noch nicht bekannt war. Obwohl moderne Astrologen unserer Zeit wissen, daß das Weltall nicht geozentrisch ist, führen sie ihre Berechnungen immer noch so durch, als wäre die Welt doch der Mittelpunkt – wieder eine Sache der Tradition.

**Häuser** – Alle vierundzwanzig Stunden dreht sich die Erde um ihre eigene Achse. Da die Sterne während dieser Zeit am Himmel entlangzuziehen scheinen, betrachteten die Astrologen einen Tag als ein Miniatur-Jahr und unterteilten die tägliche Bewegung der Sterne in zwölf Häuser. Sie werden in entgegengesetzter Richtung zur Bewegung der Planeten gezählt, und das erste Haus befindet sich am Aszendenten (siehe unten). Während die Häuser konstant bleiben, bewegen sich die Tierkreiszeichen. Die Ekliptik hat man mit einem Zifferblatt einer Uhr verglichen. Die Zeichen bewegen sich ständig wie die beiden Zeiger, aber die Häuser stehen still wie die Ziffern.

**Aszendent** – der Grad des Tierkreises, der zur Zeit der Geburt am östlichen Horizont erscheint. In Horoskopen wird dieses Zeichen gewöhnlich als das aufgehende bezeichnet.

**Häuserspitzen** – die Linien, die die Häuser voneinander trennen. Sie sind nicht so eindeutig, wie es scheint; denn nicht alle Astrologen stimmen bei der Aufteilung der Häuser überein.

**Medium Coeli (M. C.)** – Mitte des Himmels: wenn vom Standort des Betrachters aus die Sonne mittags auf ihrem Meridian erscheint.

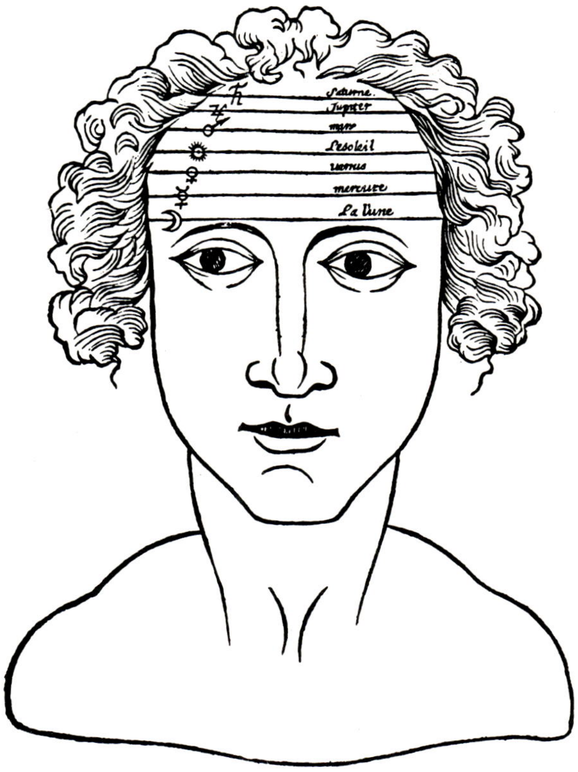


*Links:*
*Als ein Beispiel aus der physiognomischen Astrologie sind Stirnfalten angeblich Zeichen für den Einfluß bestimmter Planeten.*

*Links unten:*
*Eine Darstellung der Syphilissymptome. Der Konjunktion von Jupiter und Saturn in Skorpion gab man die Schuld für die Syphilis.*

**Imum Coeli (I. C.)** – das genaue Gegenüber. Eine Linie, die diese beiden Punkte verbindet, schneidet in rechten Winkeln die waagerechte Linie, die den Aszendenten im Osten und den Deszendenten im Westen verbindet. Dieses Kreuz stellt die Ecken, die Spitzen der Eckhäuser, dar.

**Ecken** – Planeten auf oder in der Nähe dieser vier Linien sind von größter Bedeutung.

**Transit** – in einem Horoskop gibt es eine Zahl von besonderen oder ‹empfindsamen› Stellen, z. B. den Aszendentengrad. Ein Planet, der diese Stelle überquert, «durchläuft» sie; so kann der Astrologe, der Tabellen über die Bahn der Planeten besitzt, angeben, wie der Einfluß während eines Planeten empfunden wird und ob dieser Zeitpunkt gerade günstig oder ungünstig für bestimmte Vorhaben, Gesundheit, Reichtum und Liebe ist. Er kann durch die Sonnenwiederkehr bestimmt werden.

**Sonnenwiederkehr oder Solarhoroskop** – ein Jahreshoroskop oder Geburtsdiagramm, das für den Tag und die Stunde erstellt wird, an dem die Sonne denselben Stand einnimmt wie bei der Geburt der Person.

**Aspekte** – eine Linie vom Erdmittelpunkt gezogen zu einem Planeten und eine andere Linie, die mit einem anderen Planeten verbunden ist, so daß der Winkel zwischen beiden gemessen werden kann.

**Opposition** – wenn ein aufgehender Planet von einem untergehenden Planeten 180 Grad entfernt ist. Dies wird gewöhnlich als ‹schlecht› oder ‹schwierig› angesehen.

**Konjunktion** – wenn zwei Planeten höchstens 8 bis 10 Grad voneinander entfernt liegen. Je nach den dabei betroffenen Planeten kann dieser Aspekt gut oder schlecht sein.

**Sextil** – zwei Planeten in 60 Grad Entfernung voneinander. Ein guter Aspekt.

**Quadrat** – zwei Planeten in 90 Grad Entfernung voneinander. Ein schlechter Aspekt.

**Trigon** – zwei Planeten, die um 120 Grad voneinander entfernt stehen. Sehr gut, selbst wenn einer der beiden Planeten sonst als ungünstig angesehen wird.

**Neben-Aspekte:**

| | | |
|---|---|---|
| *Quintil* | – | 72 Grad |
| *Sesquadrat* oder Anderthalbquadrat | – | 135 Grad |
| *Quincun* | – | 150 Grad |

**Umkreis oder Orb** – der von Astrologen bewilligte Spielraum: etwa 7 Grad für Sextile und 12 Grad für Konjunktion oder Opposition von Sonne und Mond. Wenn die Aspekte ganz exakt sein müßten, würden sie nicht so oft auftreten – deshalb die Zuflucht zum Orb.

**Ephemeriden** – ein Nachschlagewerk, das man in Bibliotheken und Buchhandlungen findet, in dem die Stellung von Sonne, Mond, Planeten und gewissen Sternen im Sonnensystem zu jedem bestimmten Zeitpunkt angezeigt ist. Es kann auch eine Häusertabelle enthalten.

**Häusertabelle** – bei der Astrologen Berichtigungen vornehmen, die von der Lage des Geburtsortes der Person abhängen.

**Sternzeit** – in den Ephemeriden gefunden und nicht von der Sonne, die die Uhrzeit bestimmt, geregelt, sondern von den Sternen. Die Zeit wird danach gemessen, wie lange die Erde braucht, um sich einmal um ihre Achse zu drehen, wobei ein bestimmter Stern als Bezugspunkt benutzt wird. Ein Sternzeit-Tag ist etwa 4 Minuten kürzer als ein Sonnentag; so hat ein Jahr etwas mehr als 366 von diesen Tagen.

**Horoskop** – wörtlich ‹das, was auf die Stunde schaut›. Ein Schaubild, das die Stellung der Planeten, Sonne und Mond zur Zeit der Geburt darstellt. Es kann als Momentaufnahme des Himmels betrachtet werden. Es ist relativ leicht zu lernen, technisch ein Horoskop zu erstellen, die Auslegung jedoch erfordert Können, Übung und nicht wenig Intuition. Es ist zu beachten, daß es immer von geozentrischem Standpunkt aus gezeichnet wird.

*Die von den Astrologen verwendeten Zeichen, um bestimmte wichtige Aspekte zu kennzeichnen, zusammen mit Beispielen von Planetenaspekten.*

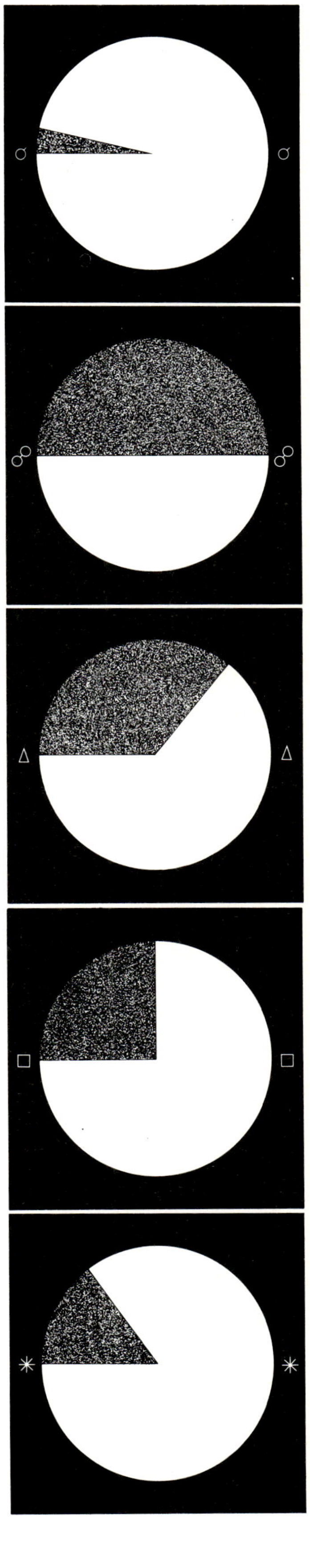

# SATVRNVS

Saturno huomini tardi et rei produce
Rubbaduri et buxiardi et assassini
Villani et uili et senza alchuna luce
Pastori et zoppi et simili meschini :.

# LVNA

La luna al nauigar molto conforta
Et in peschare et ucellare et caccia
A tuti i suoi figliuoli apre la porta
Et anche al solazzare che ad altri piaccia :-

# Die Welt der Antike

## Mesopotamien

Die ersten Aufzeichnungen lassen erkennen, daß die Anfänge der Astrologie von Mesopotamien ausgingen. Diese Ebene liegt zwischen zwei großen, langsam fließenden Strömen, Euphrat und Tigris. Das ist der heutige Irak, und obwohl das weite Land eintönig und nicht gerade reizvoll erscheinen mag, gehen doch die ersten Ursprünge von Zivilisation hierauf zurück. Das ganze Gebiet könnte man betrachten als ein gigantisches und geheimnisvolles Palimpsest (Handschrift auf schon einmal beschriebenem Pergament) von Zivilisationen. Jede entwickelte sich, als müsse sie für immer bestehen und stellte die jeweils vorangegangene Zivilisation in den Schatten, nur um ersetzt und ihrerseits wieder durch eine andere in die Vergangenheit gedrängt zu werden.

*Eine Stele König Assurbanipals von Assyrien. Seine umfassende Bibliothek von Keilschrifttafeln hat der Nachwelt zahlreiche Informationen über die babylonische Astrologie hinterlassen. Britisches Museum, London.*

Hier wohnten Sumerer, Akkadier, Babylonier, Assyrer, Perser und Seleukiden – und noch viele andere. Lesen Sie das Alte Testament, und Sie finden darin einige der Völker, Königreiche und Städte Mesopotamiens wieder: den Turmbau zu Babel, der den Zorn Gottes hervorrief, Babylon, die Stadt, in der die Israeliten gefangengehalten wurden, wo Daniel nicht nur die Löwen bezwang, sondern auch König Nebukadnezars Astrologen, Sterngucker, Chaldäer und Priester in der Kunst der Traumdeutung übertraf; und Ur in Chaldäa, dem angeblichen Geburtsort des Urvaters Abraham. Übrigens steht in der islamischen Geschichte geschrieben, daß die Astrologen des Altertums beim Befragen des Himmels für das Geburtsjahr Abrahams entdeckten, daß eventuell ein Kind die Vorherrschaft ihrer Religion zerstören würde. Der König Nimrod (der gewaltige Jäger) ging kein Risiko ein und befahl deshalb, alle neugeborenen Babies zu töten, aber die Mutter Abrahams versteckte ihren Sohn in einer Höhle.

Als sich dann Abrahams Religion stark ausbreitete, baute der hochmütige Nimrod einen großen Turm und stieg hinauf, um diesen Gott Abrahams sehen zu können.

Der historische Hintergrund der Bibelgeschichten und ihre Verwandtschaft mit islamischer Überlieferung sollen uns hier nicht weiter beschäftigen, die genannten Orte jedoch gab es wirklich, wie Archäologen in den letzten 100 Jahren bewiesen haben. Nun, uraltes Gestein und Überreste von «Artefakten» (vorgeschichtliches Werkzeug) mögen wohl für Altertumsforscher von großem Interesse sein, wir aber sollten versuchen, die schwachen Geister ihrer Schöpfer mit dem Leben zu erfüllen, das sie einst in vollem Maße besaßen, wobei wir uns in Erinnerung rufen müssen, daß ihre Ideen immer noch die Grundlage der Astrologie bilden, die in der westlichen Welt praktiziert wird.

Die Bewässerung erbrachte fruchtbare Felder; dies begünstigte einen Zusammenschluß nomadischer Hirtenstämme zu einer Nation von Städteverbänden. Das klare, trockene Klima bot reichlich Gelegenheit den Himmel zu beobachten und Mesopotamien zum idealen Geburtsort jener siamesischer Zwillinge, nämlich Astronomie und Astrologie, zu machen. Selbst wenn etwas durch Legende und Zweideutigkeit verfälscht wird, so steckt doch immer irgendein Körnchen Wahrheit dahinter, und der römische Schreiber Cicero befaßte sich mit den Anfängen der Astrologie, als er in *De Divinatione* schrieb: ‹Die Ägypter und Babylonier leben in weiten Ebenen, wo kein Berg die Sicht auf die Hemisphäre versperrt, und so haben sie sich um jene Art von Prophezeiung bemüht, die Astrologie genannt wird . . .›

Mit berechtigter später Einsicht läßt sich heute noch hinzufügen: ‹. . . um jenen Wissenschaftszweig, der

Astronomie genannt wird›, denn es sollte noch mehrere tausend Jahre dauern, bis die Zwillinge Astronomie und Astrologie getrennt werden konnten.

Die früheste Zivilisation, die ihre unauslöschlichen, wenn auch mysteriösen Spuren in Mesopotamien hinterlassen hat, war die der Sumerer – ein nicht semitischer Volksstamm, der von der persischen Hochebene kam und sich im Süden Mesopotamiens um etwa 5000 v. Chr. ansiedelte.

Um 3500 v. Chr. benutzten diese bemerkenswert hoch entwickelten Sumerer schon Wagen, Pflug und Töpferscheibe und hatten eine gebildete Stadtgesellschaft hervorgebracht. Die führenden Städte waren Ur, Kisch und Uruk und das ungewöhnlichste Merkmal dieser Städte war die Zikkurat – eine Kombination von Tempel, Verwaltungsgebäude und Getreidelager. Sie hatte einen rechteckigen oder quadratischen Grundriß mit hohen, nach innen geneigten Mauern und ihr flaches Dach wurde von den Priestern zum Beobachten des Himmels benutzt. Man hat vermutet, daß die Sumerer ursprünglich diese ‹künstlichen Berge› wegen ihrer aus dem Gebirge stammenden Vorfahren bauten. Was auch immer der genaue Grund gewesen sein mag – und wir können sicher sein, daß sie einen hatten – die Spitze der Zikkurat war ein wichtiger Punkt zwischen Himmel und Erde.

Wir müssen versuchen, zu verstehen, daß Religion und all das, was wir frei als ‹Wissenschaft› bezeichnen, in diesen frühen Kulturen unzertrennbar zusammengehörte. Schließlich wurden die Götter für viele Phänomene verantwortlich gemacht, die uns seitdem von der Wissenschaft erklärt wurden. Durch das Studieren des Himmels war der Priester-Astrologe-Wissenschaftler nicht nur vertraut mit den Himmelskörpern, von denen er meinte, sie seien zum Berühren nahe, sondern er maß auch die Zeit. Die Jahreszeiten mußten sorgfältig voneinander unterschieden werden, wenn die religiösen Rituale zur richtigen Zeit stattfinden sollten, und die Landwirtschaft war natürlich abhängig von exakten Vorhersagen über Steigen und Sinken des Wasserstandes der beiden großen Flüsse. Die Priester müssen versucht haben, aus den gesammelten Informationen einen umfassenden, auf die Bedürfnisse ihrer Gesellschaft zugeschnittenen Kode auszuarbeiten.

Die berühmteste sumerische Erfindung war die Keilschrift, die früheste Schreibweise, die aus keilförmigen Symbolen bestand, d. h. aus mit spitzen Stäbchen oder Griffeln auf weiche Tontafeln geritzten Zeichen. Folglich ist Sumerisch die erste aufgezeichnete Sprache, aber seltsamerweise nicht verwandt mit einer anderen.

Obwohl diese Sprache durch Eroberungen völlig ausstarb, blieben die alten Keilschrift-Texte zum Glück erhalten und wurden von nachfolgenden Kulturen für religiöse- und Studienzwecke bis zum Beginn des Christentums kopiert. Im 19. Jahrhundert gelang es Wissenschaftlern, die Schrift der Sumerer zu entziffern, weil die akkadischen Eroberer des Landes Sumer Wörterbücher zusammengestellt hatten. Da Akkadisch eine semitische Sprache ist, waren die Übersetzungen verständlich – wenigstens für die Eingeweihten. Die späteren Bewohner Mesopotamiens, sowohl Priester wie auch Hethiter, übernahmen die keilförmige Schreibweise, die in verschiedenen Sprachen bis zum Beginn des Christentums angewandt wurde. Aus diesen eigenartigen Aufzeichnungen auf den kleinen hartgewordenen Tontafeln resultiert unser Wissen über den Beginn der Astrologie, wie auch über Glauben und Sitten des Altertums.

Im Jahre 2350 v. Chr. besetzten die Akkadier Sumer und herrschten über ganz Mesopotamien. Sie verehrten Sonne, Mond und den Planeten Venus, betrachteten aber die Sonne als weiblich, die beiden anderen jedoch als männlich. Die Sumerer hatten viele Götter verehrt, aber durch die Verschmelzung der beiden Religionen und Kulturen wurde die Sonne nun in einen männlichen Gott umbenannt, der Schamasch hieß. Er war der Sohn des Mondes Sin, eines alten Mannes, der ein Boot durch den Himmel ruderte.

Dem schönen Stern Venus war eine Doppelrolle zugeschrieben worden: abends war er die weibliche Ischtar, die Göttin der Fruchtbarkeit, und morgens die männliche Ischtar, der Gott des Krieges.

Das legendäre Babylon war die Hauptstadt Babyloniens, der nächste große semitische Staat, der auf sumerischen Wurzeln aufbaute. Da diese Zivilisation den deutlichsten Einfluß auf die frühe Astrologie ausübte, mag ein kurzer geschichtlicher Abriß helfen, bestimmte Entwicklungsphasen der Himmelsdeutung verständlich zu machen, besonders wenn wir erfahren, daß verschiedene Eroberer Babyloniens bestehende Traditionen weiterhin pflegten und verbreiteten.

Die erste Dynastie Babyloniens entwickelte sich zwischen 1830 und 1530 v. Chr., und ihr berühmtester König Hammurabi regierte von 1728 bis 1686 v. Chr. Macht und Reichtum der Stadt Babylon veranlaßten Hethiter und Kassiten, ständig anzugreifen, bis im vierzehnten Jahrhundert v. Chr. die Assyrer Babylonien eroberten.

Die Assyrer waren zweifellos ein zügelloses Volk, aber vielleicht half die Eroberung Babyloniens, sie zu zivilisieren, denn sie taten nichts, um die bestehenden astrologischen Bräuche abzuschaffen. Sie behielten sie tatsächlich bei und entwickelten sie weiter.

*Babylonischer Grenzstein, ca. 1120 v. Chr. Der Tierkreis brauchte viele Jahrhunderte für seine Entwicklung, wobei einige Zeichen, wie der Skorpion auf diesem Stein, schon von den Babyloniern erschaffen wurde. Britisches Museum, London.*

*Babylonischer Grenzstein, ca. 1200 v. Chr., der einen König und seine Tochter vor einer Göttin darstellt mit Venus, Mond und Sonne darüber. Diese waren für die Babylonier nicht nur Planeten, sondern Götter, die verehrt, versöhnt und beobachtet werden mußten. Louvre, Paris.*

Spätere Jahrhunderte – unseres eingeschlossen – sollten besonders einem der berühmten assyrischen Könige dankbar sein, dem Altertumsforscher Assurbanipal (668–626 v. Chr.). Seine Bibliothek enthielt nicht nur zeitgenössische Aufzeichnungen, sondern auch solche, die zu der damaligen Zeit schon zur Geschichte des Altertums zählten – sie wurden gesammelt und kopiert. Dank dieser vielen Keilschrift-Tafeln haben wir Kenntnisse über babylonisches Recht, Medizin, Religion, Dichtung, Astronomie und Astrologie erworben.

Nachdem eine Reihe unabhängiger Herrscher um 600 v. Chr. den Medern und Persern geholfen hatten, die Vormachtstellung der Assyrer zu stürzen, entstand das Neue Babylon – das Reich der Chaldäer – mit seinem König Nebukadnezar. Aus dem Buch von Daniel geht hervor, daß er nicht viel von den sterngucken-den Beratern des Königs hielt, denn er war über sie gestellt worden, seit bekannt wurde, daß er mit seiner von Gott gegebenen Kraft Probleme lösen konnte, was die Fähigkeiten der Berater weit überstieg. Im Buch Jesaja, in dem der hebräische Prophet das furchtbare Gottesurteil über ‹die Dame Babylon› verkündete, zeigte er keinerlei Bewunderung für die Fähigkeiten der Astrologen: ‹Es sollen hertreten und dir helfen die Meister des Himmelslaufs und die Sterngucker, die an jedem Neumond kundtun, was über dich kommen werde! Siehe, sie sind wie Stoppeln, die das Feuer verbrennt, sie können ihr Leben nicht erretten vor der Flamme Gewalt . . .›

Obwohl man mit der heiligen Schrift nicht streiten soll, ist diese Herabwürdigung doch als ziemlich parteiisch anzusehen, denn die stark verleumdeten Sterngucker sind unserer Bewunderung sicher, wenn wir erfahren, daß um 380 v. Chr. Kidinnu, ein chaldäischer Astronom, die Dauer eines Mondmonats mit 29 Tagen, 12 Stunden, 44 Minuten und 3,3 Sekunden berechnete. Die moderne Wissenschaft legt sie fest auf: 29 Tage, 12 Stunden, 44 Minuten und 2,87 Sekunden. Dies waren bemerkenswert genaue und gründliche Berechnungen seitens der Babylonier, die keine anderen Hilfsmittel hatten als die Wasser- und Sonnenuhr.

Zwischen 538 und 330 v. Chr. beherrschten die Perser die Welt der Antike. Nach ihnen kam Alexander der Große und mit ihm der Einfluß Griechenlands – und weiter brauchen wir in diesem Astrologie-Unterricht nicht vorzustoßen.

Seitdem die Babylonier glaubten, alles auf der Welt habe eine Bedeutung und stehe auf irgendeine Weise miteinander in Beziehung, mußte folglich die ganze Natur erforscht und Aufzeichnungen von allen Phänomenen gemacht werden. Die Priester deuteten und notierten Träume, studierten die Eingeweide von Tieren, stellten Theorien auf über anormale Geburten und zeichneten Normales und Unerwartetes auf, wie das Aussehen von Vögeln, Insekten und Tieren; aber vor allem beobachteten sie die Bewegungen der Himmelskörper. Wir müssen versuchen, zu verstehen, daß dies nicht so sehr eine Anhäufung abergläubiger Praktiken war, sondern vielmehr der Versuch, das Leben als Ganzes zu erfassen innerhalb der durch ihre Epoche gesetzten Grenzen.

Die Enuma Anu Enlil-Tafeln sind eine Sammlung von den Himmel betreffenden Vorzeichen und Beobachtungen, die auf die erste Dynastie zurückgehen. Sie enthalten hauptsächlich Aufzeichnungen über die Finsternisse, Umrisse des Mondes und Mondviertel, und informieren darüber, ob er von einem Hof umgeben war. Es handelt sich dabei oft um das, was wir heute eine Wettervorhersage nennen würden: ‹Wenn der Mond einen Hof hat, wird es naß und bewölkt›. ‹Wenn es im Monat von Schebat donnert, wird es eine Heuschreckenplage geben›. ‹Wenn der Sturmgott Adad im Monat von Nissannu donnert, wird der schon geringe Ernteertrag noch schlechter›.

Die Finsternisse wurden als besonders gefährlich betrachtet, wie auch in dieser Mitteilung eines Priesters an König Assurbanipal, die in den Archiven von Nineveh gefunden wurde: ‹An meinen Herren, den König über alle Länder, von Eurem Diener Bel-u. Mögen die Götter Bel, Nabu und Schamasch Eure Majestät segnen. Wenn eine Finsternis eintritt, in der Hauptstadt aber nicht bemerkt worden ist, so wird sie als nicht eingetreten erachtet. Die Hauptstadt ist immer die Stadt, in der sich der König gerade aufhält. Nun waren überall Wolken: so wußten wir also nicht, ob die Finsternis eingetreten war oder nicht. Der Herr aller Könige mußte nach Assur und an alle Städte wie Babylon, Nippur, Uruk und Borsippa schreiben›. Dies waren offensichtlich Städte mit hauptamtlich eingesetzten Astronomen. Er fährt fort: ‹Möglicherweise wurde sie in diesen Städten gesehen . . . Ich habe Eurer Majestät schon alles über die bösen Vorzeichen einer Finsternis, die in den Monaten Adarru und Nisannu

*Die Zikkurat in Uruk. Die riesige, künstlich angelegte Plattform war etwa 60 Meter breit und aus Schlammblöcken gebaut, die mit Lehm verputzt waren. Oberhalb der Plattform stand der Weiße Tempel, der dem Himmelsgott Anu gewidmet war.*

eintrat, geschrieben. Und was die bannenden Rituale (das Austreiben des Bösen), die schon für die Finsternis durchgeführt werden, betrifft, welchen Schaden könnten sie schon anrichten, selbst wenn keine Finsternis aufgetreten ist? Es ist doch von Vorteil, die Rituale durchzuführen. Deshalb sollte der König die Ritual-Meister nicht fortschicken. Die großen Götter, die in der Stadt Eurer Majestät leben, haben den Himmel dicht verhüllt und die Finsternis nicht gezeigt. Das sollte der König wissen: die Finsternis steht auf keinen Fall in Beziehung zu Eurer Majestät oder Eurem Land. Darüber sollte der König glücklich sein . . .›

Nach so langer Zeit liest man sogar noch mit Begeisterung den Briefwechsel zwischen Astrologen und Herrschern: eine sehr menschliche Mischung aus Vorsicht, Fallibilität und Triumph, wenn sich herausstellt, daß man recht hatte!

Vorhersagen inbezug auf politische Angelegenheiten von Nachbarländern wurden ebenfalls aufgeschrieben. Anders als in späteren Jahrhunderten war die babylonische Astrologie weltlich. Seit die Regierung von Babylon theokratisch war – d. h. von denjenigen regiert wurde, die den Anspruch erhoben, im Besitz göttlichen Wissens zu sein – wurde diese Kunst kaum dazu verwendet, das Schicksal eines gewöhnlichen Menschen vorherzusagen.

So war es die wichtigste Aufgabe des Priester-Astronomen-Astrologen, Himmel und Erde nach jedem erdenklichen Vorzeichen abzusuchen, um dem Herrscher nationale oder private Ereignisse anzukündigen. Unsere Vorstellungen von einem speziellen Geburtshoroskop finden wir selbst für einen Herrscher nicht bis Ende des Chaldäer Reiches vor.

*Babylonischer Tierkreis. Die Antike kennzeichnete die Bahn von Sonne und Mond durch sechsunddreißig Konstellationen, von denen sie wiederum zwölf leitende Konstellationen auswählte. Einige davon sind die Vorfahren des traditionellen Tierkreises.*

Die Priester hielten ununterbrochen Nachtwache, um den Himmel vom kleinen Flachdach der Zikkurat aus zu beobachten – eine der Zikkurate mag wohl der bekannte Turm zu Babel gewesen sein. Die babylonische Zikkurat war ein quadratisch angelegter, pyramidenartiger Wachtturm, der sich aus einer Reihe bemalter Terrassen zusammensetzte und etwa die Höhe von knapp 100 m erreichte. Das muß das bedeutendste Gebäude aller größeren Städte gewesen sein – abgesehen vom Königspalast – denn es enthielt auch einen Tempel, Kornlager für den Fall einer Hungersnot und das, was wir Verwaltungsämter nennen würden. Man kann sich vorstellen, daß die Priester wirklich das Gefühl hatten, in ihren ‹Nestern› über dem Staub und Lärm der Städte auf der Schwelle zwischen Himmel und Erde zu stehen.

Aber was suchten nun diese babylonischen Sterngucker am Himmel und wie verarbeiten und deuten sie ihre Informationen? Zuerst müssen wir uns einmal in Erinnerung rufen, daß dieses alte Volk religiös war – sonst wäre eine Theokratie nicht durchführbar gewesen. Wir würden dieses Volk als abergläubisch ansehen, genauso wie spätere Zeitalter einige unserer Bräuche als amüsant oder bedeutungslos betrachten werden. Viele Tage wurden als ungünstig für Arbeit, Vergnügen oder sogar für die Einnahme bestimmter Medikamente angesehen, so daß es wichtig war, den Beginn solcher Tage zu kennen. Die Berechnungen basierten auf dem Mond, wobei jedes Viertel als heiliges und deshalb ungünstiger Tag betrachtet wurde. Die Babylonier teilten den Tag in zwölf Stunden ein und zählten den Beginn des Monats und der Woche vom Abend des Neumondes ab.

Dieser etwas seltsame Mondkalender bildete die Grundlage für religiöse Kalender, jedoch nicht nur für Babylonier, sondern auch für Assyrer, Juden, Aramäer und Phönizier.

Wir können Astronomie und Astrologie nicht voneinander trennen, wenn wir verstehen wollen, wie die Babylonier den Himmel deuteten. Ihre bekannteste Sammlung astronomischer Daten stammt von den wahrscheinlich um 700 v. Chr. geschriebenen Mulapin-Tafeln (der Name bedeutet großer Wagen), die jedoch die Ergebnisse von Studien, die weitere 600 Jahre zurückliegen, enthalten.

Daraus erfahren wir, daß die Babylonier den Himmel in drei Abschnitte unterteilten: die Bahn des Anu – des Himmelsgottes – die dem entspricht, was die Griechen Sonnenbahn und später Tierkreis nannten; die Bahn des Enlil – Gott der Atmosphäre – die grob gesagt dem Wendekreis des Krebses entspricht; und die Bahn des Ea – Gott der Meerestiefe – die etwa dem Wendekreis des Steinbocks entspricht.

Schamasch und Sin folgten einer ähnlichen Bahn, ‹die mit Anu verwandte Bahn› genannt, und die Babylonier stellten fest, daß diese größeren Leuchtkörper auf ihrem Weg gewisse Sternbilder kreuzten. Sie zeichneten sorgfältig auf, wann gewisse Sterne am Himmel erschienen und wieder verschwanden. Aus ihrer bunten Mythologie gaben sie den Sternbildern Namen seltsamer Wesen, die auch teilweise noch bei uns üblich sind, z. B. ein gewaltiger Löwe, ein Skorpion, ein Ziegenbock mit einem Fischschwanz (Steinbock) und ein Pferdeleibkentaur (Schütze) ... Um die Bahn von Sonne und Mond mit größerer Präzision festlegen zu können, wurden sechsunddreißig der leuchtendsten Sterne aus den Planetenstellungen gewählt. Diese wurden dann ‹Ratgeber› genannt und wachten über beide, Menschen und Himmel. Von ihnen wiederum wurden zwölf regelmäßig ausgewählt, die die Planetenstellungen benutzten, durch die Sonne und Mond regelmäßig ihre Bahn zogen.

Die Teile des Himmels, die von den ‹Oberhäuptern› überwacht wurden, sind die Vorfahren unserer zwölf Tierkreiszeichen, obwohl der richtige Tierkreis – so wie wir ihn kennen – erst nach dem siebten Jahrhundert v. Chr. auftrat. Nicht alle unsere zwölf Zeichen entstammen babylonischen Überlieferungen: Einige müssen als Ergebnis mesopotamischer Ideen, vermischt mit späterer griechischer und vielleicht ägyptischer Mythologie entstanden sein. Experten scheinen nicht dazu in der Lage zu sein, dies genau festzulegen oder das genaue Datum anzugeben, wann von den zwölf bekannten Zeichen zum ersten Mal Gebrauch gemacht wurde. Wie dem auch sei, zu der Zeit, als die Assyrer auf der Bildfläche erschienen, existierten einige der bekannten Namen der Zeichen und Sternbilder, wie z. B. Löwe, Steinbock, Skorpion, Schütze und Stier (damals während der Frühlings-Tagundnachtgleiche).

Natürlich kamen aufmerksam beobachtende Menschen nicht umhin, sich über die fünf sichtbaren Planeten zu wundern, denn im Gegensatz zu den vielen feststehenden Fixsternen bewegten sie sich. Manchmal schienen sie sich schneller zu bewegen oder sogar rückwärts, weshalb sie als besonders bedeutsam angesehen werden mußten. Die Babylonier nannten die Planeten ‹wilde Ziegenböcke›, im Gegensatz zu den zahmen und angebundenen Planeten und sahen sie als ‹Dolmetscher› weil man meinte, aus ihren Bewegungen eindeutige, in der Zukunft liegende Ereignisse voraussagen zu können.

Jeder Planet war der Aufenthaltsort eines der existierenden Götter. Dieser wurde jedoch nicht willkürlich ausgesucht, sondern stellte eine geschickte Verschmelzung von Beobachtungsgabe und Vorstellungskraft dar. Die Beziehung basierte auf genau beobachteten Eigenschaften des Planeten, die denen der in den Glaubenslehren über die jeweilige Gottheit schon fest verankerten Eigenschaften entsprachen.

Ischtar, die Göttin der Fruchtbarkeit, hat ihren Sitz – was nicht überrascht – in dem herrlichen Abendstern, dem Planeten Venus. Marduk (Baal), das Oberhaupt der Götter, wohnt in Jupiter, der als der Hauptplanet angesehen wurde, als es sich zeigte, daß er am wenigsten von der Bahn des Anu abweicht. Die Taten des Königs der Götter waren nicht genau vorauszusagen, ferner war er nicht unbedingt gütig, denn er konnte Stürme und andere Katastrophen schicken.

Nergal, der drohende und boshafte Gott des Krieges lebte natürlich auf dem roten Planeten Mars. Ninurta, eine alternde, kühlere Version von Marduk, lebte auf dem entfernten und schimmernden Saturn. Obwohl angenommen wurde, daß er ein weit entfernter und nachdenklicher Gott war, so mußte er doch gefürchtet werden, weil er Stürme oder auch angenehme sanfte Winde schicken konnte. Nabu lebte auf Merkur. Da die Nähe dieses Planeten zur Sonne Schwierigkeiten hervorrief, ihn zu beaufsichtigen, wurden dem Gott eine Menge unhöflicher Bezeichnungen gegeben: ‹der Feind›, ‹der Eigensinnige›, ‹der Fuchs› und ‹der Leopard›.

Je nach Erscheinen und Stellung jedes Planeten waren die jeweiligen Götter entweder gerade freundlich gesonnen oder eben genau das Gegenteil.

Eine Prophezeiung für das Königskind verdeutlicht, welche Bedeutung die Babylonier diesen Planeten zukommen ließen, die sie sogar auch verehrten als Schamasch und Sin: ‹Wenn ein Kind in dem Augenblick geboren wird, in dem die Venus erscheint, so wird sein Leben ruhig und angenehm verlaufen; wohin er kommt, wird man ihn lieben; sein Leben wird lang sein›. Die andere Möglichkeit: ‹Wird ein Kind in dem Moment geboren, indem Jupiter auf- und Mars untergeht, so wird er Glück haben und den Sturz seines Feindes erleben›. Jedoch, und hier ist der Unterschied der Planetenstellungen zu berücksichtigen: ‹Wird ein Kind geboren, wenn Mars aufgeht und Jupiter untergeht, so wird es später durch die Hand seines Feindes gefangen werden›.

Im Mittelpunkt dieser Himmelsregierung stand der Priester-Astrologe, der die Zeichen am Himmel zwar nicht kontrollieren konnte, aber eine besondere Fähigkeit besaß, sie zu deuten.

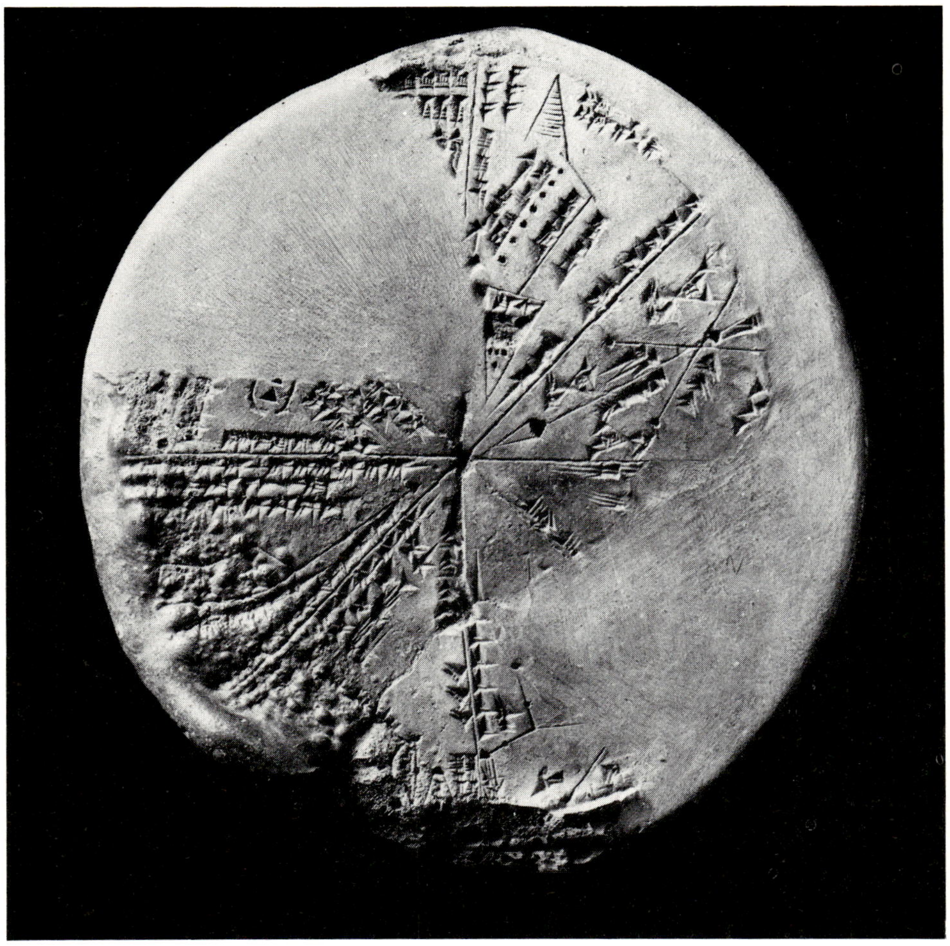

*Assyrisches Astolabium, das für astrologische Berechnungen gebraucht wurde.*

## Griechenland

Die Geographie bedingt kulturelle Vorhaben. Ideen sind nicht auf eine völlig andere Umgebung übertragbar, ohne verändert zu werden. Während die wichtigen Flüsse Mesopotamiens einem strengen Herrscher und einer Religion unerläßlich machten, die Macht in dem Gebiet zu verteidigen, war durch die verstreuten Stadtstaaten des griechischen Festlandes und die Inseln eine derart strenge Einheit unmöglich. Das Sterngucken war nie Sache der Priester, sondern der weltlichen Wissenschaftler und Philosophen. Ferner war für die Tradition, daß die Sterne nur über das Schicksal des Königs und Staates etwas aussagten, kein Platz in der griechischen Gesellschaft. Deshalb entwickelte sich in Griechenland die Genethlialogie, die Kunst, Geburtshoroskope zu erstellen, und diese Sitte wurde natürlich immer beliebter und verbreitete den Glauben an die Astrologie.

Während die babylonische Astrologie-Astronomie sich hauptsächlich um die Deutung der Omen und um die Zusammenstellung eines Kalenders bemühte, versuchten die griechischen Denker, die Vorgänge am Himmel in Beziehung zur Ordnung des ganzen Universums zu sehen, um sie in ihre Abstraktionen über den Sinn des Daseins einzubauen. Zu diesem Zweck machten sie Gebrauch von ihren unbestrittenen mathematischen Fähigkeiten, um die Beziehung zwischen allen Dingen, die sie sehen, zu ermitteln. Es ist unwahrscheinlich, daß diese mathematischen Fähigkeiten in der Abgeschiedenheit entstanden sind, und Fachleute meinen, daß die Griechen ihr Wissen wenigstens teilweise auf einigen babylonischen Grundkenntnissen aufgebaut haben.

Obwohl die griechische mathematische Astronomie eigentlich nicht vor dem fünften Jahrhundert v. Chr. begann, können wir sicher sein, daß Bauern und Seeleute lange Zeit hindurch den Himmel beobachtet hatten, um Auskünfte in bezug auf ihren Lebensunterhalt

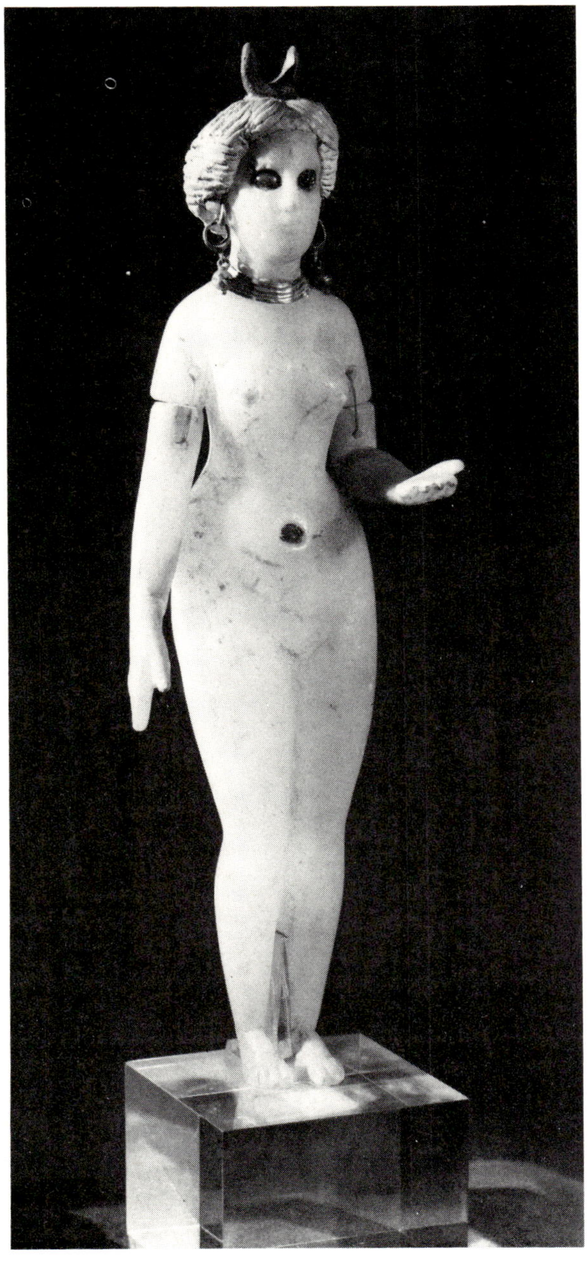

*Die Fruchtbarkeitsgöttin Ischtar, die von den Babyloniern mit dem Planeten Venus in Verbindung gebracht wurde. Statue aus dem 3. Jahrhundert v. Chr. Louvre, Paris.*

*Die Ruinen von Babylon, der einst mächtigen Hauptstadt Mesopotamiens. 1750 v. Chr. wurde sie unter Hammurabi Mittelpunkt des babylonischen Reiches. Nach ihrer Zerstörung im Jahre 699 wurde sie unter der Herrschaft von Nebukadnezar wiederaufgebaut.*

*Seite 31:*
*Das Ischtartor in Babylon. Diese ‹gottlose Stadt› der Bibel war eines der Ursprungsgebiete der Astrologie. Staatliches Museum, Berlin.*

*Aristoteles, der berühmteste griechische Philosoph und ein Schüler Platons glaubte, daß die Bewegungen der Planeten das Geschehen auf der Erde beeinflußten. Büste. Museo Capitolino, Rom.*

zu sammeln. Trotzdem war dies nicht zu vergleichen mit der Präzision der Babylonier, noch mit ihren seit Jahrhunderten aufgezeichneten Phänomenen. Bis zum fünften Jahrhundert machten die Griechen keinen Unterschied zwischen Planeten und Fixsternen, und unser Wort Planet kommt vom griechischen *planetes*, was ‹Wanderer› bedeutet.

Einige moderne Astrologen behaupten noch, daß der früheste griechische Wissenschaftler Thales von Milet (624–565 v. Chr.) als erster die Astrologie unter seinen Landsleuten verbreitet hatte. Das erscheint aber zweifelhaft, da sein Interesse am Himmel und die Vorhersage der Finsternis eher auf wissenschaftlichen Studien als auf irgendeiner intuitiven und ‹magischen› Methode beruhte.

Die geistige Wendigkeit und Komplexität griechischen Denkens, die so starken Einfluß auf den Westen nahm, wo sie mehrere Jahrhunderte hindurch als unverletzlich galten, übten eine seltsame Wirkung auf die Kenntnisse über den Himmel aus. Sie hemmten die Astronomie und verhalfen der Astrologie zur Beliebtheit auf einer als unwissenschaftlich oder schöpferisch zu bezeichnenden Ebene. Die mehr abergläubischen Theorien entstanden aus den Abstraktionen der großen Philosophen, die ihnen Gewicht und Ansehen verliehen. Jene trügerischen oder unbedachten Köpfe ließen viele dieser Ideen klein bis zur Unkenntlichkeit

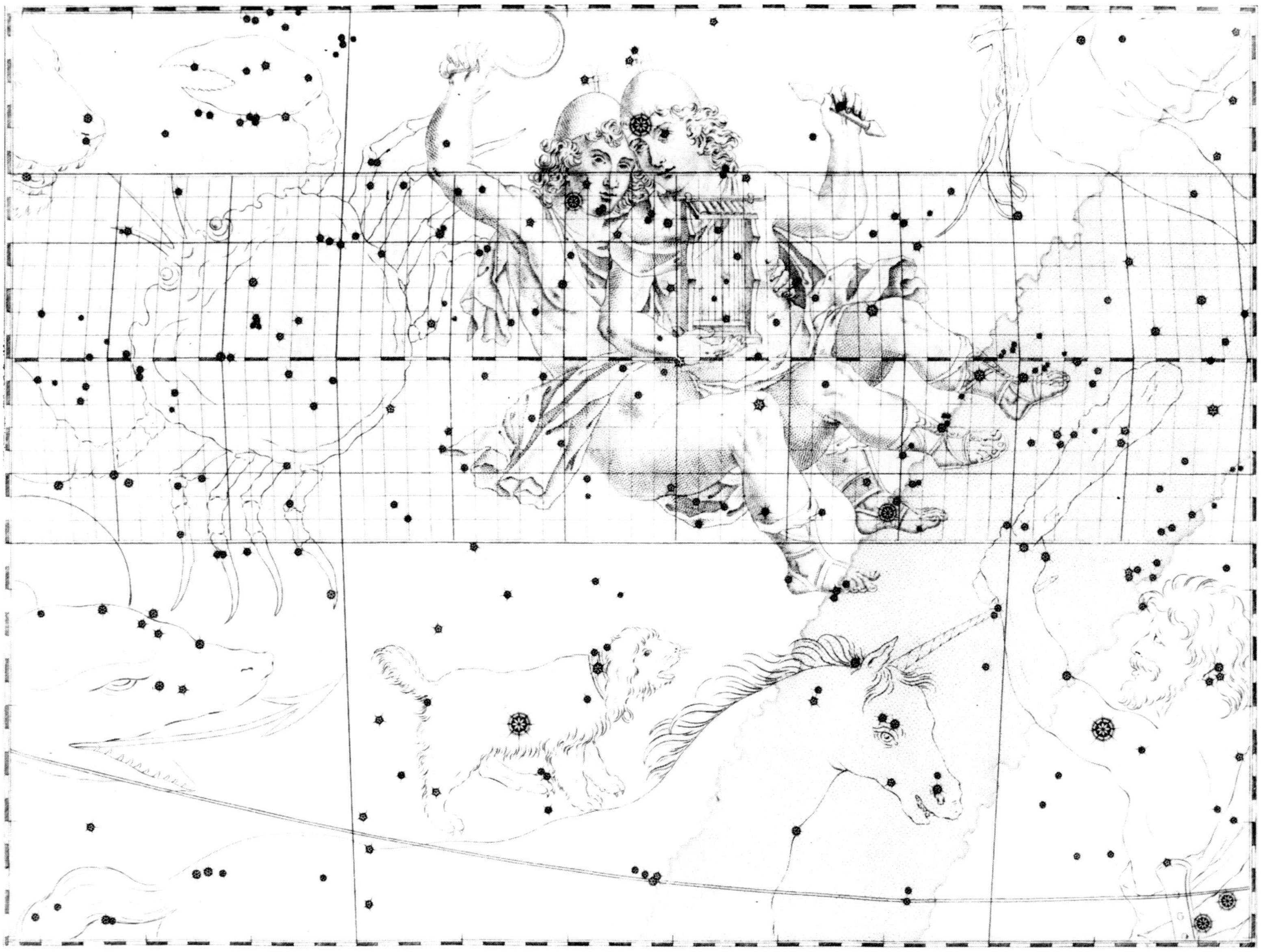

*Eine Sternkarte aus dem 18. Jahrhundert, auf der die antike Personifizierung der Zwillinge zu sehen ist, die als die Zwillingsgötter Castor und Pollux angesehen wurden.*

werden, was nicht der Fehler ihrer Schöpfer war. Doch führte die Beziehung von Astrologie und Philosophie dazu, daß man den ganzen Themenkreis zu einem sehr komplizierten macht.

Ehe wir eine Vorstellung davon bekommen, wie das persönliche Horoskop entstand, lohnt es sich, auf einige der großen Denker, die den Lauf der Astrologie beeinflußten, einen flüchtigen Blick zu werfen.

Im sechsten Jahrhundert v. Chr. sahen Pythagoras und seine Anhänger das Universum fast genauso wie die Babylonier: ein Ganzes, zusammengesetzt aus zueinander in Wechselbeziehung stehenden Teilen. Wie sie behauptete Pythagoras, das Universum sei geozentrisch. Seltsamerweise stellte im dritten Jahrhundert v. Chr. wiederum ein Grieche, Aristarchus, ein sehr genauer Beobachter, die Theorie eines heliozentrischen Universums vor. Niemand akzeptierte dies, und es mußten beinahe 2000 Jahre vergehen, bis Kopernikus dieselbe Idee vorlegte. Pythagoras war wahrscheinlich der erste Mann, der glaubte, daß die Welt eine Kugel sei, aber er war Mystiker wie auch Mathematiker, und der von ihm gegründete Bund sah den Schlüssel zum Verständnis des Universums in Zahlen. Seine Theorie der Himmelsordnung bildet ein angenehm geometrisches und ästhetisches Konzept. Die Skala des Pythagoras besteht aus sieben Noten auf einer Himmelslyra. Das sind die sieben Planeten, einschließlich Sonne und Mond, und ihr Grad oder Standort richtet sich nach der jeweiligen Entfernung von der Erde. Die Planeten und Fixsterne gehören zu Himmelskörpern, die sich in konzentrischen Kreisen um die Erde bewegen.

Plato (429–347 v. Chr.) stützte diese Auffassung des Pythagoras über die Ordnung der Dinge, die das Leben auf der Erde regeln. In seinem Werk *Timaeus*, in dem er sich mit der Kosmologie beschäftigt, hebt er die acht Mächte hervor, d. h. Sonne, Mond, Fixsterne und die fünf Planeten. Für Plato gab es Schwingungen und Übereinstimmungen zwischen Seelen auf der Erde und dem, was sich im Himmel ereignete, aus dem sie, die Seelen, kamen.

Aristoteles (382–322 v. Chr.) unterstützte weiter diese Ideen, denn er behauptete, daß unsere Welt verbunden sein müsse mit den Geschehnissen der oberen Welt, und deshalb wurde alle weltliche Macht von diesen Bewegungen gesteuert.

Philosophische Ideen dieser Art betonen ein natürliches Bedürfnis, den Menschen mit dem ganzen Universum in Beziehung zu bringen. Die Ungewißheit der damaligen Epoche hat sicher mit dazu beigetragen, den Glauben an die Astrologie unter den Griechen zu verbreiten. Die meisten Menschen – wie demokratisch ihre Absichten auch sein mögen – haben es in Wirklichkeit gar nicht so gern, ganz und gar Meister ihres Schicksals zu sein. Dies erscheint als zu große Freiheit, zu viel Verantwortung, und deshalb schauen sie auf die höheren Mächte, die ihnen Glück bringen oder schuld sind, wenn etwas nicht gut geht.

Zahlreiche Kriege zwischen den kleinen Stadtstaaten zerstörten den Zusammenhalt der Gesellschaft. Während sich die Intellektuellen zweifelhaften und elitären philosophischen Gruppen zuwandten, flüchteten sich die gewöhnlichen Leute – wie dies in unruhigen Zeiten oft der Fall ist – in Aberglauben und Zauberei, wobei sie sich mit Begeisterung die ungewöhnlichen Lehren und Praktiken anderer Gegenden zu eigen machten. Die Eroberungen Alexanders d. Gr. erweiterten den Einfluß Griechenlands, brachten aber auch Ideen aus Mesopotamien und anderen Gebieten ins Land zurück. Diese alten Ideen des Ostens fielen auf fruchtbaren griechischen Boden und gediehen, um eine Hybride (Zwitterbildung) hervorzubringen.

Das Buch, das wahrscheinlich am meisten dazu beigetragen hat, die babylonische Astrologie bei den Griechen bekannt zu machen, war die *Babyloniaca*, die in Griechenland um 280 v. Chr. von Berosus, einem chaldäischen Priester aus dem Marduk-Tempel in Babylon, geschrieben wurde. In drei Bänden erzählte er die Geschichte seines Volkes und widmete darin der Beschreibung ihrer astrologischen Überlieferungen einen großen Teil. Als Priester war Berosus auch gleichzeitig Astronom-Astrologe, so verstand er sein Fach. In Griechisch zu schreiben bedeutete die Garantie für eine große und begeisterte Leserschaft. Schließlich stand dem Astrologen, der gern ein griechischer gewesen wäre, eine große und detaillierte Quelle von Daten über den Himmel aus babylonischen Archiven zur Verfügung. Seither blickte die westliche Astrologie nicht mehr zurück, sondern schaute so weit in die Zukunft, daß sie beinahe den Bezug zu ihren eigenen Wurzeln verlor. Der Erfolg veranlaßte Berosus, sich auf der Insel Kos niederzulassen, wo es eine kleine, reiche griechische Siedlung und die Schule für Medizin von Hippokrates gab. Dort lehrte er Astrologie, und da einige seiner Schüler auch Medizin studierten, wurden Astrologie und Heilkunst eng miteinander verbunden und blieben es bis zum siebzehnten Jahrhundert.

Im zweiten Jahrhundert v. Chr. war das Lesen der Sterne als Mittel, die Zukunft vorherzusagen, bis nach Rom vorgedrungen, wo sich eine Menge astrologischer Handbücher in Umlauf befand. *Die Enthüllungen des Nechepso* und *Petosiris* waren besonders beliebt, und erweckten die Vorstellung, daß die Kompilatoren jener Zeit es nicht unter ihrer Würde hielten, damit zu handeln, denn das Werk vermittelte den Anschein, als sei es von einem fiktionalen ägyptischen Pharao geschrieben. In der Zeit erlangte Ägypten unter griechischem Einfluß gerade den Ruf als Sachverständiger auf dem Gebiet der Astrologie.

Ebenfalls im zweiten Jahrhundert v. Chr. machte Hipparchos, der berühmteste Astronom der Antike, eine überraschende wissenschaftliche Entdeckung. Das war das Vorausgehen der Tagundnachtgleichen: der erste Grad des Widder war den ganzen Weg des Sternbildes der Fische zurückgegangen. In jener Zeit konnten die Astrologen natürlich weder verstehen, daß diese Tatsache ihre aufgestellten Regeln zunichte machte, noch konnten sie wissen, daß dies Skeptikern des zwanzigsten Jahrhunderts eines der besten Argumente gegen ihre alte Kunst liefern würde. Tatsächlich gehen moderne Astrologen dieser Angelegenheit meistens aus dem Wege, indem sie behaupten, die Sterne seien vielmehr ‹Zeichen› als wirklich ‹Ursachen›.

Die Tradition der Chaldäer hatte natürlich erst verändert werden müssen, ehe sie die Grundlage wurde für die Astrologie, mit der wir heute vertraut sind. Es waren die Griechen, die diese Umformung durchführten. Auch sie besaßen ein Pantheon voller Götter, und man konnte kaum erwarten, daß sie ihre Religion und Kultur zugunsten jener Babylonier aufgaben, und so machten sie sich daran, Gegenstücke zu finden. Wo einige nicht zu passen schienen, wandelten sie die babylonische Überlieferung ab, damit sie ihrer eigenen entsprach.

Für die Griechen war der Mond weiblich, und so wurde aus dem männlichen Sin Selene. Helios, ihr Vater, übernahm das Amt von Schamasch, dem babylonischen Sonnengott. Die Götter der Liebe und des Krieges stellten kaum ein Problem dar; Ischtar und Nergal wurden jeweils zu Aphrodite und Ares. Das Temperament Marduks war jedoch unvereinbar mit dem des Zeus, dem König der griechischen Götter, und so wurde der umbenannte Planet gutmütig und tolerant. Ninurta wurde zu Kronos: immer noch der alternde, entthronte König, aber ein weiser alter Kamerad, ein wenig reizbar und launisch, aber weniger heftig als sein babylonisches Gegenstück. Der ‹listige› Nabu wurde zu Hermes und verlor seine nicht gerade schmeichelhaften Titel, denn die Griechen verehrten diesen Gott und glaubten, er sei eher ‹schlau› als gerissen und hinterlistig.

Jeder ‹Wanderer› wurde mit den vielfältigen Eigenschaften der führenden Gottheit ausgestattet und wachte damit samt seinem Einfluß über einen bestimmten Teil des ihm zugeteilten menschlichen Schicksals. Aphrodite und Zeus waren die großen ‹Guten› (Wohltäter), während Ares und Kronos die ‹Bösen› (Übeltäter) waren. Nach all diesen Jahren haben sich auch bis heute diese Wesenszüge in den Augen von Astrologen nicht grundlegend verändert. (Für eine genauere Beschreibung der Einflüsse von Planeten siehe letztes Kapitel über die Tierkreiszeichen).

Mit zunehmender Beliebtheit der Astrologie konnten die Sterngucker nicht einfach gen Himmel schauen und ein allgemein gültiges Schicksal für jeden verkünden, sondern sie mußten sich eine Methode ausdenken, die auf den einzelnen zugeschnitten war. Sie sahen die Geburt als das wichtigste Ereignis im Leben eines jeden Menschen an und fußten deshalb ihre Voraussagen auf den Stand der Himmelskörper zur Zeit der Geburt. Zuerst mag es einfach gewesen sein, zu entscheiden, daß die Zukunft eines Kindes von irgendwelchen Sternen, die am Tage der Geburt aufgingen, beeinflußt werde. Jedoch hatte eine genauere Vorhersage erfunden werden müssen, wenn die Zukunft aller Kinder, die an irgendeinem bestimmten Tag geboren wurden, individuell verschieden verlaufen würde. So entstand das persönliche Horoskop, basierend auf dem Grund der Sonnenbahn, die zum genauen Zeitpunkt der Geburt über dem östlichen Horizont aufgeht.

Anstatt den ganzen Himmel eingehend zu überprüfen, entschlossen sich griechische Astrologen, den alten Weg des Anu zu studieren, der den heutigen Weg des Tierkreises anzeigt. Zodiakus (Tierkreis) kommt

*Aphrodite, die griechische Liebesgöttin, wurde mit dem Planeten Venus in Verbindung gebracht, als sich die Astrologie der Chaldäer in Griechenland verbreitete. Rhodos Museum.*

*Eine Abbildung aus den berühmten ‹Tetrabiblos› von Ptolemäus, auf der die Sonne und die Tierkreiszeichen zu sehen sind. Byzantinisch, 820 n. Chr. Biblioteca Apostolica, Vatikan.*

von dem Wort *zodiakos*, d. h. ‹Tiere betreffend› und wurde abgeleitet von *zoidon*, was ‹kleine Tiere› bedeutet, die vielleicht gemalt oder geschnitzt waren. Jetzt gab es die zwölf richtigen Zeichen, die wir heute kennen, die diesen Weg in Teile von 30 Grad zerlegen. Die Zeichen babylonischen Ursprungs trugen griechische Züge und wurden in Beziehung gebracht zur griechischen Mythologie.

Der griechische Geist war fasziniert von Mathematik und komplizierten Theorien, die alle das Ausarbeiten der Schemata am Himmel erschwerten, wie auch unser Verständnis dafür. Die Griechen sahen den Vierundzwanzigstundentag als Mikrokosmos eines Jahres an und teilten ihn in zwölf Häuser ein (erinnern Sie sich daran, daß die Häuser nichts mit den Zeichen zu tun haben); jedem wurde eine andere, genau fixierte Bedeutung beigemessen, die sich nach den Jahren nicht grundlegend geändert hat.

Und für den Laien wird es nun noch schwerer: Die griechische Astrologie arbeitete hervorragend mathematische Zusammenhänge zwischen den Aspekten der Planeten in den verschiedenen Häusern aus. Es gab einen Grund, warum einige Winkel als günstig angesehen wurden und andere wiederum nicht: z. B. ähnelte das sextil den angenehmen sechseckigen Zellen, die von den Bienen gemacht werden! Wie dem auch sei, viele der undurchsichtigen Gründe hinter diesen Regeln sind entweder der heutigen Zeit verlorengegangen oder liegen außerhalb unseres Fassungsvermögens, und so wurde die Lehre zu einem Dogma.

Abgesehen von der geometrischen Verwandtschaft der Planeten zueinander, waren sie auch beeinflußt von den Konstellationen, die sie überquerten. Mit einigen harmonierten sie, mit anderen nicht. Z. B. ist die Sonne in der Waage unzufrieden, weil sie sich dem Winter nähert, aber glücklich im Löwen, weil es Sommer ist.

Die Antike glaubte, daß die Zeichen von bestimmten Planeten gelenkt wurden, was ihre Eigenschaften weitgehendst beeinflußte. Die Schlußfolgerung dessen, wer was beherrscht, ist nicht allzu schwierig zu erraten, wenn wir sehen, daß die Zeiten größten Lich-

tes und Wärme, Krebs und Löwe, von Mond und Sonne – den Überbringern von Licht und Wärme – beherrscht werden. Die zwei entgegengesetzten Zeichen Steinbock und Wassermann gehören zu Saturn, weil dieser Planet als der am weitesten von der Sonne entfernte, der kälteste sein muß. Saturns Nachbar Jupiter beherrscht den Schützen und die Fische. Neben ihm ist der Mars, der Skorpion und Widder lenkt. Der Merkur ist nie mehr als ein Zeichen in jeder Richtung von der Sonne entfernt und herrscht somit über Zwillinge und Jungfrau, während die Venus, die nie weiter als zwei Zeichen von beiden Seiten der Sonne entfernt ist, die Waage und den Stier lenkt.

Offensichtlich können Uranus, Pluto und Neptun nicht zu den oben genannten gezählt werden, da sie erst entdeckt wurden, nachdem die Regeln der Antike schon lange Tradition geworden waren. Auf diese Weise wurden sie Mit-Herrscher, zusammen mit einigen der ursprünglichen Planeten: Uranus leitet auch den Wassermann, Neptun beeinflußt die Fische und Pluto herrscht über den Skorpion.

Die Griechen unterteilten den Tierkreis in unterschiedliche Gruppierungen. Vierfachheiten und Dreifachheiten (auch Trigon genannt) werden von Astrologen immer noch als besonders bedeutungsvoll angesehen.

Vierfachheiten beziehen sich auf die drei Eigenschaften, nämlich entscheidend, bestimmend und veränderlich.

*Entscheidende:* Widder, Krebs, Waage, Steinbock.
*Bestimmende:* Löwe, Skorpion, Stier, Wassermann.
*Veränderliche:* Zwillinge, Jungfrau, Schütze, Fische.

Die Beweggründe für derartige Einteilungen erscheinen einfach: die entscheidenden Zeichen geben den Beginn jeder der vier Jahreszeiten an; die bestimmenden Zeichen zeigen, wann die Sonne bestimmend in diesen Jahreszeiten ist und die veränderlichen Zeichen erscheinen, wenn eine alte Jahreszeit dabei ist, einer neuen den Weg zu räumen.

Die Dreifachheiten beziehen sich auf die vier Elemente, die sind:
Feuer: Widder, Löwe, Schütze.

*Eine römische Astrologiekugel mit verschiedenen Figuren, die die Konstellationen verkörpern.*

*Tierkreis am Dach des Dendera-Tempels. Obwohl angenommen wurde, Ägypten sei eines der Ursprungsländer der Astrologie, entwickelte sie sich dort nicht wirklich vor dem 3. Jahrhundert v. Chr. Relief aus der ptolemäischen Zeit. Louvre, Paris.*

Erde: Stier, Jungfrau, Steinbock.
Luft: Zwillinge, Waage, Wassermann.
Wasser: Krebs, Skorpion, Fische.
Noch einmal muß der Leser, der etwas über die Bedeutungshintergründe dieser Gruppen und die Wirkungen ihrer Planeten erfahren möchte, sich mit dem Kapitel über den Tierkreis befassen.

Andere Zeichen-Gruppierungen, denen die Antike besondere Bedeutung beimaß, schloß männlich und weiblich, einfach und doppelt, Erde und Wasser und menschlich und tierisch ein. Ptolemäus, der große Geograph und Gelehrte, der um 140 v. Chr. lebte und Verfasser eines der umfassendsten Werke über Astrologie war, das die Welt der Antike beeinflußte, führte vier Gruppierungen auf: der Sonnenwende zugehörig für Krebs und Steinbock; der Tagundnachtgleiche zugehörig für Widder und Waage; zuverlässig für Stier, Löwe, Skorpion und Wassermann; und zwiespältig für Zwillinge, Jungfrau, Schütze und Fische. Die Schlußfolgerungen für die beiden ersten erscheinen klar genug, aber die beiden letzten bleiben ungeklärt.

Nun können wir sehen, wie weit sich die Griechen von der weltlichen Astrologie Babylons entfernt hatten. Durch den Einsatz von Phantasie, Beobachtungen, Philosophie und Mathematik gelang es ihnen, den Brauch des Sterndeutens in etwas sehr Umfassendes zu verwandeln, was vielleicht nicht nur vielfältige Interpretationen, sondern auch subjektive Dogmen von Halsabschneidern späterer Jahre zuließ.

## Ägypten

Die Ägypter hatten seit Beginn ihrer großen Zivilisation den Himmel beobachtet, aber sie waren mehr daran interessiert, einen Jahreszeiten-Kalender zusammenzustellen, um Hochwasser des Nils für landwirtschaftliche Zwecke vorherzusagen, als aus den Sternen Prophezeiungen herauszulesen. Wahrscheinlich erreichte die Astrologie Ägypten erst am Ende der Herrschaft der großen Pharaone und muß aus babylonischen Quellen kommen.

Tierkreiszeichen, die in Dendera entdeckt wurden, deuteten zuerst darauf hin, daß diese astrologischen Symbole ursprünglich aus Ägypten stammten. Später wurde aber festgestellt, daß sie nicht weiter als zur römischen Ära zurückgingen. Tatsächlich scheint der Tierkreis Ägypten nicht vor dem dritten Jahrhundert v. Chr. erreicht zu haben. Zu dieser Zeit muß eine Verschmelzung von chaldäischen, griechischen und ägyptischen astrologischen Ideen in den Hochburgen kulturellen Austausches wie Alexandria stattgefunden haben.

Zur Zeit der Römer war Ägypten zu einem der führenden Plätze für astrologische Studien geworden, und die Ägypter taten das ihre, um die Meinung zu stützen, die Durchführung sei im Schatten der Pyramiden entstanden. Aber um wahrheitsgemäß fortzufahren, müssen wir feststellen, daß das, was einige Verfasser das ägyptische System der Astrologie nannten, in Wirklichkeit das griechische Planetensystem war, und die ewigen Tafeln, auf denen angeblich die Ägypter ihre alten Lehren von den Sternen gesammelt hatten, waren aus babylonischen Schriften zusammengestellt.

### Ptolemäus

Ptolemäus war ein Grieche, in der Nähe von Alexandria geboren, und schrieb in dieser Stadt seine *Tetrabiblos*, das noch als eines der größten Werke der Astrologie angesehen wird, da es alle Informationen über vergangene Zeiten enthält. Dieser berühmte Kartograph und Geograph fügte der geozentrischen Tradition weiteres Gewicht zu. Er betrachtete die Astrologie aus zwei Gründen als nützlich: Das Wissen über die Zukunft könnte einen Menschen dazu veranlassen, sein Schicksal zu akzeptieren; und derartiges Vorauswissen könnte einem Menschen helfen, in der Zukunft bestimmten Situationen aus dem Wege zu gehen.

Wie viele andere Astrologen sah Ptolemäus, daß das Dilemma schon beim Beginn des Lebens anfing. War es bei der Geburt oder im Augenblick der Empfängnis? Eigentlich, so fühlte er, war die Empfängnis der wahre Anfang, aber da es in den meisten Fällen beinahe unmöglich war, ihn zu errechnen, bestimmte er, daß der Augenblick der Geburt als Ausgangspunkt gut genug sein müßte. Er wich dem Thema ein bißchen aus, indem er schrieb: ‹Die Empfängnis wird als der natürliche Beginn des Lebens betrachtet. Aber der Augenblick der Geburt ist, obwohl dem anderen gegenüber zweitrangig, mit größerer Energie ausgestattet, da diese Energie ein vollständiges menschliches Wesen beeinflußt und nicht nur einen Samen, und somit kommt noch ein ähnlicher Einfluß hinzu, der schon auf das Embryo wirkte . . .›

In seinem *Centrilocus* (eine zusammengefaßte Version des Tetrabiblos) sammelte Ptolemäus das wesentliche seiner Ansichten über die Astrologie in hundert Sprüchen. Hier sind einige davon: ‹Planeten, die die Geburt bedeutender Menschen bestimmen, stehen zur Zeit ihres Horoskops erhöht. Diejenigen, die unbedeutende Menschen beeinflussen, stehen in untergehenden Häusern›.

‹Planeten, die die Geburt schlanker Menschen beeinflussen, stehen nicht, die von starken oder dicken Menschen stehen in Deklination›.

‹Die Venus verleiht dem Körperteil, der durch das Tierkreiszeichen anzeigt, wo sich sich befindet, Schönheit und Vollkommenheit›.

‹Wenn sich der Mond in dem ersten Viertel befindet, so wird sein Temperament den Körper anschwellen lassen bis zum Ende des zweiten Viertels; wenn der Mond in die beiden anderen Viertel übergeht, wird das Temperament weniger stark wachsen und der Körper kleiner werden oder abnehmen›.

### Die hermetische Tradition

Einer der fremden mysteriösen Kulte, die aus Ägypten kamen, war der von Hermes Trismegistos (‹oder dreifach großer Hermes›). Obwohl Hermes ein griechischer Name ist, scheint der Hintergrund dieser Religion nicht griechisch zu sein, sondern hat mehr mit Thoth, dem ägyptischen Gegenstück von Hermes, zu tun. Beide Gottheiten sind die Schirmherren der Medizin; so ist es nicht überraschend, daß die Anhänger der hermetischen Tradition medizinische Astrologie ausübten, wobei sie weiter die Verbindung von Sterngucken und Heilen stärkten.

Hermetische Literatur besaß eine sehr große Anziehungskraft und beachtlichen Einfluß. Die Zahl der Bücher, von denen behauptet wird, unter dem Namen ‹Hermes› geschrieben worden zu sein, betrug etwa 20 000. Heute ist nur die Existenz von siebzehn oder achtzehn spannenden Fragmenten bekannt. Gewiß, die Schriften entstanden nicht durch die Hand eines Mannes, sondern von vielen, die den Namen des Got-

*Seite 38:*
*Jupiter mit seinen beiden Häusern, Schütze und Fische. Die Griechen glaubten, daß die Planeten einen bedeutenden Einfluß auf die Zeichen, die sie lenkten, ausübten. Miniatur aus ‹De Sphaera›, eine italienische Handschrift des 15. Jahrhunderts. Biblioteca Estense, Modena.*

*Seite 39:*
*Eine Seite aus einer Handschrift des 15. Jahrhunderts von Ciceros ‹De Divinatione›, die um 44 v. Chr. geschrieben wurde; darin griff der skeptische römische Autor alle Formen von Weissagung und Aberglauben an. Britisches Museum, London.*

*Auf den Sarkophagdeckel einer ägyptischen Mumie aufgemalte Tierkreiszeichen. Radierung aus dem 19. Jahrhundert.*

IVPITER
Benegno e ione e de uirtu pianeta
Produce mathematici e doctori
Theologi et gransauij ne diuieta
Alchuna gentil cosa o grandi honori :-

M. T. CICERONIS DE DIVINATIONE LIBER PRIMVS.

1 VETVS. OPINIO. EST. IAM. VSQVE. AB. HE
roicis ducta temporibus eaq; & p. r. & omnium
gentium firmata consensu uersari quandam in
ter homines diuinationem quam graeci manti
cen appellant. id est presensionem & scientiam
rerum futurarum. magnifica quaedam res & salu
taris si modo est ulla. quaeq; proxima ad deorū
uim natura mortali possit accedere. Itaq; ut alia nos melius multa
q̄ graeci sic huic prestantissime rei nomen nostri a diuis graeci ut
plato interpretatur a furore duxerunt. Gentem quidem nullam ui
deo neq; tam humanam atq; doctam neq; tam imanem tamq; bar
baram quae non significari futura & a quibusdam intelligi predici q;
posse censeat. Principio assirii ut ab ultimis auctoritatem repetam
propter planitiem magnitudinemq; regionum quas incolebant cū
caelum ex omni parte patens atq; apertum intuerentur traiectio
nes motusq; stellarum obseruitauerunt. quibus notatis quid cuiq;
significaretur memoriae prodiderunt. qua in natione chaldei nō
ex artis sed ex gentis uocabulo nominati diuturna obseruatione si
derum scientiam putantur effecisse. ut predici poss& quid cuiq; euē
turum & quo quisq; fato natus ess&. Eandem artem etiam egyptii lō
ginquitate temporum innumerabilibus pene seculis consecuti pu
tantur. Cilicum autem & pisidarum gentem & his finitima pamphi
lia quibus nationibus prefuimus ipsi uolatibus auium cantibusq; cer
tissimis signis declarari res futuras putant. Quam uero graecia coloni
am misit in etholiam ioniam asiam siciliam italiam sine pytio aut

*Ein römischer Priester liest Vorzeichen in den Eingeweiden eines geopferten Stieres. Dies war eine der verschiedenen Methoden, die von den Römern zur Prophezeiung der Zukunft benutzt wurden, und ihre Praktiker ärgerten sich darüber, daß die Astrologen versuchten, ihnen Konkurrenz zu machen. Ausschnitt aus einer Skulptur des 2. Jahrhunderts n. Chr. Louvre, Paris.*

*Seite 41 oben:*
*Himmelsbeobachtung vom Observatorium in Alexandria aus. Zur Zeit der Römer war Ägypten eines der Hauptzentren für astrologische Studien.*

*Seite 41 unten:*
*Münzen mit astrologischen Zeichen, die unter Kaiser Antoninus in Ägypten geprägt wurden.*

*Ein ägyptischer Tierkreis aus der Epoche römischer Herrschaft.*

tes gebraucht haben müssen, um sich eine Leserschaft für ihre Standpunkte über Zauberkunst und Heilung zu sichern. Das Geheimnis und der Schleier, die diesen Kult umgaben, mögen sehr wohl ihre Bedeutung für die Astrologen, Zauberer und Alchimisten des Mittelalters erhöht haben, die von Hermes Trismegistos begeistert waren und glaubten, sein Geheimnis zu erfassen.

Die hermetische Tradition predigte, daß der Mensch, der Mikrokosmos, in Beziehung stehe zu dem Universum, dem Makrokosmos, wie es in der seltsamen *Smaragd-Tafel* geschrieben steht. Dies ist eine Sammlung unverständlicher Zauberschriften, von der man ursprünglich glaubte, daß sie eine Smaragd-Tafel mit eingeritzten phönizischen Buchstaben gewesen sei, die entweder von Sarah, der Stammutter, oder Alexander d. Gr. entdeckt wurde. Angeblich war die Tafel in einem Grab neben den Überresten von Hermes Trismegistos gefunden worden, der nach der Überlieferung nicht nur der Weiseste der Weisen, sondern auch Adams Enkel und der Schöpfer der Pyramiden war. Arabische und latrinische Versionen der Schriften sind gefunden worden, die alle aus der Zeit vor oder um das zwölfte Jahrhundert stammen. Sie sind alle unverständlich, aber vom Standpunkt der Zauberei und

Astrologie her ist der einführende Satz der Schlüssel zu den Geheimnissen:
*Es ist wahr, ungelogen, sicher und sehr real, daß das, was oben ist das ist, was unten ist, und das, was unten ist so ist, wie das was oben ist, damit das Wunder der Einheit ewig bestehe.*
Nach Hermes gibt es sieben Menschentypen, die den sieben Planeten entsprechen, und die zwölf Zeichen des Tierkreises beeinflussen verschiedene Teile des menschlichen Körpers. Dies ist der Tierkreis-Mensch.

Hermes schrieb: ‹Der Makrokosmos hat Tiere, auf der Erde und im Wasser; ähnlich hat der Mensch Flöhe, Läuse und Bandwürmer. Der Makrokosmos hat Flüsse, Quellen und Seen; der Mensch hat Eingeweide.
Der Makrokosmos enthält Atem – die Winde, der aus seiner Brust kommt; der Mensch hat Blähungen.
Der Makrokosmos hat Sonne und Mond; der Mensch hat zwei Augen, das rechte ist verbunden mit der Sonne, das linke mit dem Mond.
Der Makrokosmos hat zwölf Tierkreiszeichen; der Mensch besitzt sie auch, von seinem Kopf, nämlich vom Löwen, bis zu seinen Füßen, die dem Fisch entsprechen›.

Diese Theorie der Entsprechungen geht wahrscheinlich zurück auf die Zeiten der Pharaone, wurde aber durch die hermetische Überlieferung in hohem Grade ausgearbeitet.

Verschiedene Unpäßlichkeiten wurden den einzelnen Tierkreiszeichen zugewiesen, die in drei Abschnitte von jeweils zehn Grad eingeteilt wurden; z. B. gehörten Magenleiden zu dem ersten Abschnitt der Jungfrau, während Lungenleiden im zweiten Abschnitt des Krebses gefunden wurden.

Pflanzen, Kräuter und Edelsteine und ihre Beziehungen zu bestimmten Sternen spielten alle eine Rolle in der hermetischen Zauberei und Astrologie. Zaubersprüche und Talismane waren lange benutzt worden, um Macht und Gesundheit zu erlangen, sogar noch, bevor die hermetische Lehre in Rom beliebt wurde. So breitete sich der Kult des Hermes auf die Astrologie aus, aber er verband sie auch mit dem unmöglichen (oder unglaubhaften) Reich der Magie.

## Rom

Die Römer bewunderten griechische Ideen und Praktiken, von denen sie viele übernahmen. Den griechischen Göttern – und darum den Planeten – wurden römische Namen gegeben. Das sind die, die wir heute noch gebrauchen: Venus (Aphrodite); Mars (Ares); Jupiter (Zeus); Saturn (Kronos); Merkur (Hermes).

Zu Beginn sei erwähnt, daß die Römer aus höheren Schichten auf die Astrologie herabsahen. Sie nannten Horoskope ‹babylonische Zahlen› und gaben den Astrologen herabsetzend den Spitznamen *Chaldei* (‹Chaldäer›).

Tatsächlich waren diejenigen, die ihre astrologischen Dienste unter dem gewöhnlichen Volk und vor den Zirkusarenen aboten, wahrscheinlich umherziehende Wahrsager, die nichts von Astronomie und Astrologie wußten. Römische Weissagung, die stark abhängig von Vorzeichen und Orakeln war, befand sich in den Händen der Wahrsager, einer mächtigen Gruppe, die aus der obersten sozialen Schicht kam und ein starkes Interesse daran hatte, die Chaldäer fernzuhalten.

Trotzdem – die große Zahl von Menschen verschiedener Rassen, die nach Rom kamen und der Zustand der Unsicherheit, der durch ständige Unruhen hervorgerufen wurde, halfen der Astrologie, in der intellektuellen Oberschicht wie auch bei den Massen Halt zu finden. 139 v. Chr. erreichten die Wahrsager, daß die Astrologen aus Rom und Italien vertrieben wurden. Das machte wiederum die Astrologie noch attraktiver und ihre Praktiker wurden in Briefen um Rat gebeten trotz des Erlasses von Cornelius Hispallus, der darin

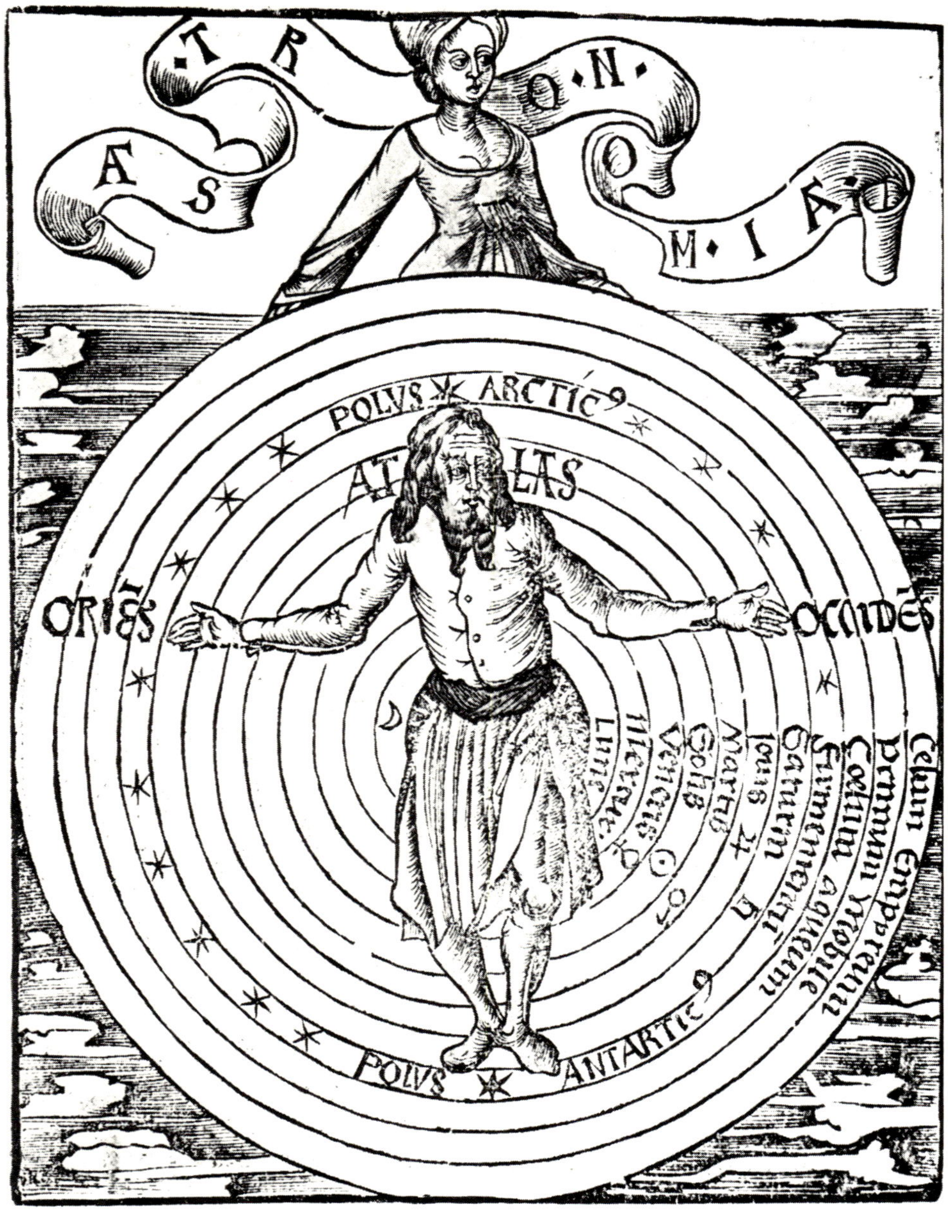


bekanntgab, daß ‹die Chaldäer, die unter dem falschen Vorwand, die Sterne zu Rate zu ziehen, Menschen ausnutzten›.

Zur Zeit des Todes von Julius Cäsar, im Jahre 44 v. Chr., erschien ein Komet am Himmel, der Gegenstand einer Kontroverse zwischen Wahrsagern und Astrologen war. Als Poseidonios, ein Mann von Weisheit und Verstand für die Astrologen (die behaupteten, daß das Auftreten des Kometen bedeute, Cäsar sei ein Platz unter den Sternen zugewiesen worden) Partei ergriff, waren die Intellektuellen und die Reichen für die Astrologie gewonnen.

Trotzdem gab es noch den Widerstand der Gelehrten, und in seinem *De Divinatione* griff Cicero alle Formen der Weissagung an: ‹Der Aberglaube hat den Verstand von fast jedem Menschen an sich gerissen und menschliche Dummheit gekennzeichnet›. Kurz und bündig fragte er die Astrologen: ‹Sind all diejenigen, die in der Schlacht von Cannae umgekommen, unter demselben Stern geboren?›

Aber solche begründete Kritik hatte keinen Erfolg, den Strom zum Stillstand zu bringen. Die Astrologie war in Rom Mode geworden. Im ersten Jahrhundert n. Chr. zeigen die Schriften eines römischen Dichters, Marcus Manilius, wie stark der Glaube an eine Beziehung zwischen Planeten und Tierkreiszeichen verankert war.

Seine Dichtung verdeutlicht, wie zu dieser Zeit angenommen wurde, daß die Zeichen verschiedene Teile des Körpers beeinflussen:

*Der Widder schützt den Kopf, den Hals der Stier,*
*Die Arme, glückliche Zwillinge, sind eure Untertanen.*
*In den Schultern der Löwe, und der Krebs dominiert die Brüste, und in den Eingeweiden die bescheidene Jungfrau:*
*In den Gesäßbacken die Waage, der Skorpion entfacht Leidenschaften in geheimen Körperteilen und verbreitet zügellose Feuer:*
*Die Oberschenkel beherrscht der Schütze und der Steinbock die Knie,*
*und die Fische geben den Füßen Schutz.*

*Der Mensch als Mikrokosmos und das Universum als Makrokosmos. Die hermetische Literatur behandelte Zusammenhänge zwischen Mensch und Universum. Holzschnitt aus ‹Margarita Philosophica› von Gregor Reisch (Basel 1508). Royal Astronomical Society, London.*

*Seite 43:*
*Der Mensch spiegelt nach astrologischen Ideen der Antike den Himmel wider, da Tierkreis und Planeten jeden Teil des Körpers beherrschen. Eine Seite aus ‹Les très riches heures du Duc de Berry›. 15. Jahrhundert. Französische Handschrift. Musée Condé, Chantilly.*

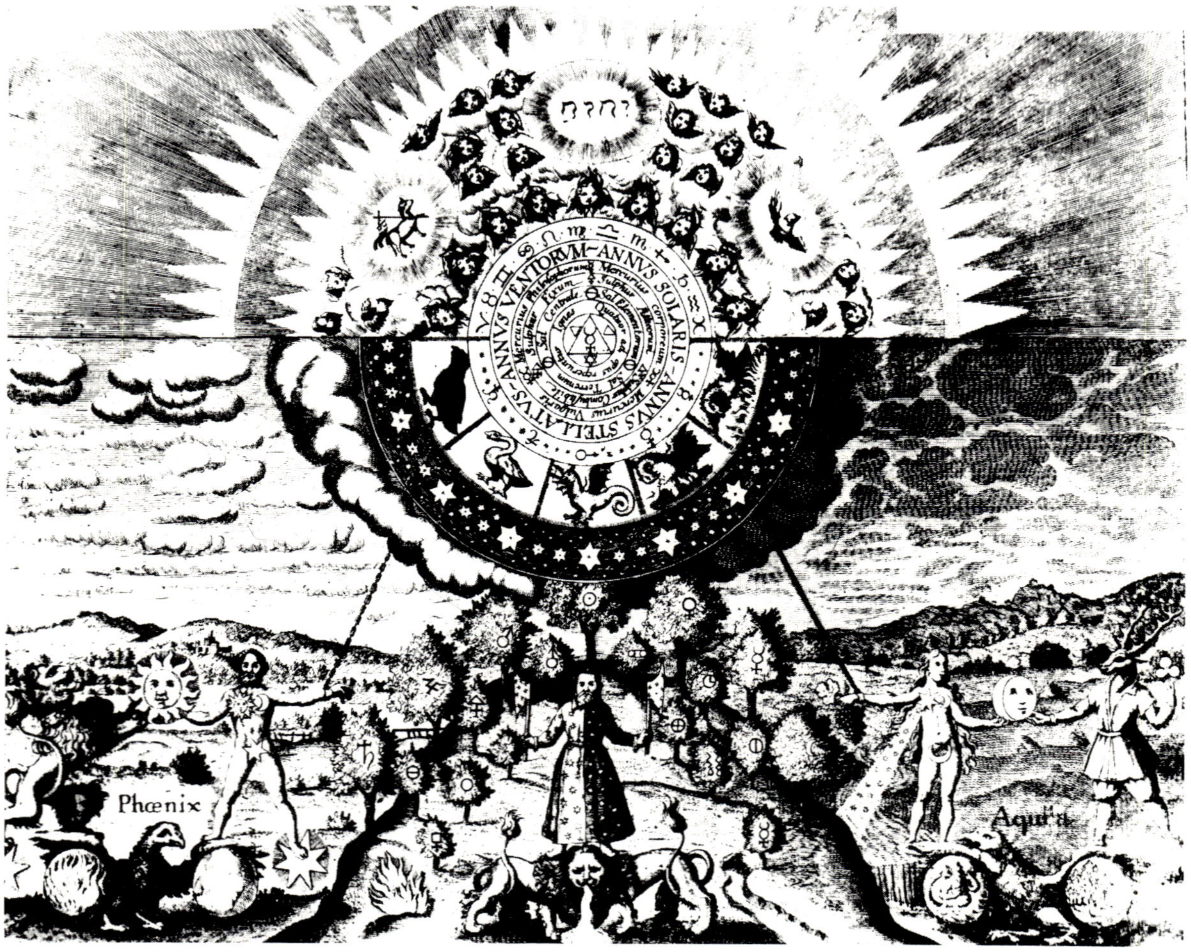


*Das hermetische Weltall.*

Aries. leo. sagittarius. sunt calida et sicca collerica masculina. Orientalia.
Taurus. virgo. capricornus. sunt frigida et sicca melancolica feminina. Occidentalia.
Gemini. aquarius. libra. sunt calida et humida masculina sanguinea. Meridionalia.
Cancer. scorpius. pisces. sunt frigida et humida flegmatica feminina. Septentrionalia.

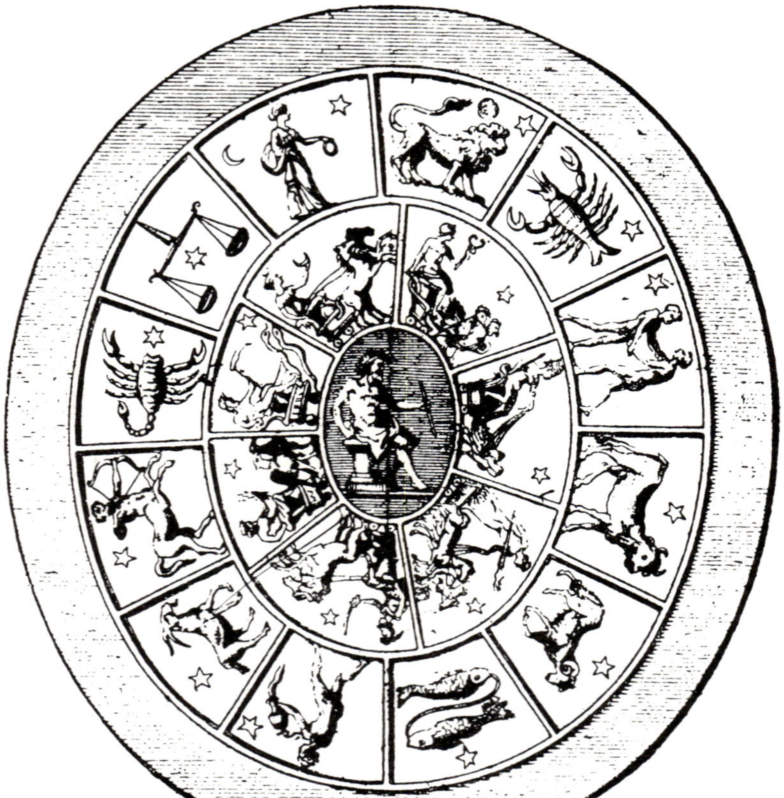

Die Astrologen, die in Rom arbeiten, waren ganz anders als die Chaldäer der Straßen. Sie waren Experten für Zahlen und geometrische Formen und fanden großen Anklang bei den Reichen und Gebildeten, die mehr brauchten als den einfachen Glauben der Eingebildeten oder rein philosophische Diskussionen.

Die Astrologie beeinflußte die Höchsten des Landes. Kaiser Augustus hatte – nach Suetonius – ‹so großes Vertrauen in die Astrologie, daß er sein geburtsbezügliches Schema bekanntgab und Silbermünzen mit dem Zeichen des Steinbocks prägen ließ – dem Zeichen, unter dem er geboren war›.

Der außerordentlich grausame Kaiser Tiberius glaubte auch an die Astrologie, obwohl er einige Vorbehalte gehabt haben muß, da er gelegentlich Astrologen von dem hohen Felshang, auf dem sein Palast stand, hinuntergeworfen hatte. Trotzdem wurde einer ihrer Gruppe, Thrasyllus, sein Vertrauter und ihm wurde die Aufgabe erteilt, für alle wichtigen Persönlichkeiten Horoskope zu erstellen, damit er sie denunzieren konnte, wenn ihre Zukunft zeigte, daß sie geneigt seien, die des Kaisers zu gefährden. So konnte Tiberius sich ihrer beizeiten entledigen. Domitian gebrauchte die Astrologie in gleicher Art und Weise. Aber 25 n. Chr. hatte der Kaiser Claudius die Astrologen aus Rom hinausgeworfen.

Als Nero an die Macht kam, holte er die Astrologen zurück. Es ist faszinierend, im *Satyricon* von Petronius zu lesen, wie gut die Astrologie zur Zeit Neros in der römischen Gesellschaft verankert war. Während eines luxuriösen Banketts, das Trimalchio, ein protziger Emporkömmling (milde gesagt), gab, wurde ein Tierkreis-Menü zur Erbauung seiner Gäste aufgetischt.

Dies war ein tiefer, runder Teller mit den zwölf Tierkreiszeichen am Rande. Über jedes Zeichen hatte der Küchenchef einige passende Leckerbissen gelegt, die sich vom Thema her anboten. Über den Widder Butterbohnen; über den Stier Beefsteak; über die Zwillinge Hoden und Nieren; über den Krebs eine Girlande (dies war Trimalchios eigenes Geburtszeichen, und da er in gutem Verhältnis zu seinem Horoskop bleiben wollte, vermied er, es mit irgendetwas anderem zu bedecken); über den Löwen eine afrikanische Feige; über die Jungfrau das Euter einer jungen Sau; über die Waage eine Waage mit einer Obsttorte in der einen und einem Kuchen in der anderen Waagschale; über den Skorpion einen Hummer; über den Schützen ein Ochsenauge; über den Steinbock einen Hornfisch (der Steinbock war ursprünglich ein Ziegenfisch und nicht unser einfacher Steinbock); über den Wassermann eine Gans, und über die Fische zwei Meerbarben.

Um seine zweifelhafte Gelehrtheit zur Schau zu stellen, sprach Trimalchion davon, wie seiner Meinung nach der Himmel die Menschen beeinflusse. Diejenigen, die im Widder geboren werden, hätten eine Menge Wolle, Herden und einen Dick-Kopf. Unter diesem Zeichen sind die meisten Gelehrten und Dummköpfe geboren worden. Da Trimalchio im Zeichen des Krebses geboren war, hatte er viele Beine, auf denen er stehen konnte. Unter der Jungfrau werden Verweichlichte, Wegläufer und Anwärter auf Kettensträflinge geboren; unter den Skorpion Giftmischer und Mörder; unter den Fischen Fische-Brater und Redner; unter der Waage Metzger und Parfüm-Verkäufer und jeder, der Dinge abwiegt.

Schielende Menschen sind unter den Schützen geboren.

77 n. Chr. schrieb Plinius der Ältere am Anfang seiner *Naturkunde* («Naturalis historia»), daß jeder seine eigene Zukunft kennen wollte und glaubte, der Himmel zeige klar und deutlich, was geschehen werde. Es ist offensichtlich, daß – wenn ein Brauch so verbreitet ist – es Leute gibt, die ihn mißbrauchen und die Leichtgläubigkeit der Menschen ausnutzen. Plinius zitiert einen Crinas aus Marseilles, ‹der seinen Kunden spezielle Speisen, entsprechend mathematischer Formeln verordnete, die auf den Bewegungen der Sterne

basieren, und der bei seinem Tode zehn Millionen Sesterze hinterließ . . .›

Einige Zeit später verfaßte der Dichter Juvenal einen satirischen Angriff, in dem er zeigte, wie die Astrologie die Gesellschaft der höheren römischen Schichten verdarb. Frauen wurden vor allem gescholten, Sterngucker zu Rate zu ziehen:

*Und wird ihr Geliebter sie überleben?*
*Welchen größeren Segen könnten die Götter schenken?*
*Sogar Tanaquil versteht nicht die dunkelwerdende Drohung des Saturn oder unter welchen Konstellationen die Venus lacht,*
*welche Monate die Zeit des Verlustes und welche die des Gewinns sein werden.*
*Aber gib acht, wenn das jemanden trifft, der einen abgenutzten Kalender wie einen Ball klebrigen Bernsteins umklammert, eine, die selbst nicht fragt, aber die gefragt wird, eine, die, wenn ihr Mann ins Ausland reist oder heimkehrt, nicht gehen wird, wenn Thrasyllus' ‹Zehlen› sie zurückrufen. Wenn sie eine Spazierfahrt zu dem ersten Meilenstein machen möchte, sagt ihr das Buch die Stunde; wenn ihr geriebenes Auge juckt, schaut sie in ihr Horoskop, ehe sie eine Salbe verlangt, und wenn sie krank im Bett liegt, ist die Essenszeit für sie die von Petorsiris verordnete . . .*

Trotzdem hatten solche amüsanten und nachdrücklichen Angriffe auf den blinden Glauben der Menschen an die Astrologie geringe Wirkung, vor allem als Ptolemäus' *Tetrabiblos* Rom erreichten.

Da Rom an Macht verlor, erreichte der Glaube an die Astrologie und andere okkulte Wissenschaften manische Ausmaße. In seinem Werk *Wissenschaft und Astrologie* deutet Michel Gauquelin an, daß dieser Faktor wohl zum politischen und moralischen Verfall des römischen Reiches beigetragen hat.

*Oben links:*
*Cicero war einer der wenigen gelehrten Römer, der die Astrologie verspottete. ‹Wenn Himmelszustand und Planetenstellung einen so starken Einfluß auf alle Lebewesen bei ihrer Geburt haben, muß man daraus folgern, daß sich dieser Einfluß nicht nur auf Menschen, sondern auch auf Tiere auswirkt. Kann etwas Absurderes behauptet werden?› Statue. Museo Nazionale, Neapel.*

*Oben rechts:*
*Petronius beschreibt die Speisen anläßlich des prunkvollen Festes von Trimalchio als Symbole des Tierkreises; der Schöpfer dieses Bildes aber gestaltete die Gerichte tatsächlich direkt nach den Tierkreiszeichen. Radierung einer holländischen Ausgabe aus dem 18. Jahrhundert von ‹Satyricon›.*

*Seite 44 oben:*
*Jupiter im Mittelpunkt des Tierkreises. Skulptur aus der Villa Albani, Rom. 2. Jahrhundert n. Chr.*

*Seite 44 unten:*
*In einen Onyx eingravierte römische Tierkreiszeichen.*

# Die chinesische Tradition

Kein Buch über Astrologie kann den Anspruch auf Vollkommenheit erheben, wenn es nicht auch die Beispiele, die nicht ursprünglich direkt aus Babylon und Griechenland kamen, mit einbezieht. Es überrascht nicht sonderlich, daß das Sterngucken in China auf Wesensmerkmalen von Astronomie und religiösem Glauben begründet war, die sich von denen des Westens unterschieden.

Für die meisten von uns ist das heutige China fast genauso geheimnisvoll wie vor mehreren hundert Jahren. Obwohl die Astrologie in der Vergangenheit immer eine bedeutende Rolle für das Leben der Chinesen gespielt hat, ist es unwahrscheinlich, daß das Regime Mao Tse Tungs solche alten Traditionen billigt – außer in herabsetzender Weise. Als die National-Regierung 1949 gestürzt wurde, verhielten sich die alten Astrologen, die schon durch ihre Verbindung dazu und den Einfluß auf die kaiserliche Macht in Mißgunst gefallen waren, entweder ruhig oder gingen in elendes und schäbiges Exil in Taiwan. Ihr Einfluß war schließlich zuende, aber sie konnten auf sehr lange und lohnende Erfolge zurückblicken.

Jetzt gibt es außerhalb Chinas noch Millionen Menschen reiner oder gemischter chinesischer Abstammung, die wie ihre Ahnen an eine von den unsichtbaren Kräften, die auch den Himmel beherrschen, geformte Zukunft glauben. Es gibt aber auch jene ostasiatischen Länder, deren Ursprünge schon unter den Einfluß zeitgenössischer chinesischer Ideen fielen.

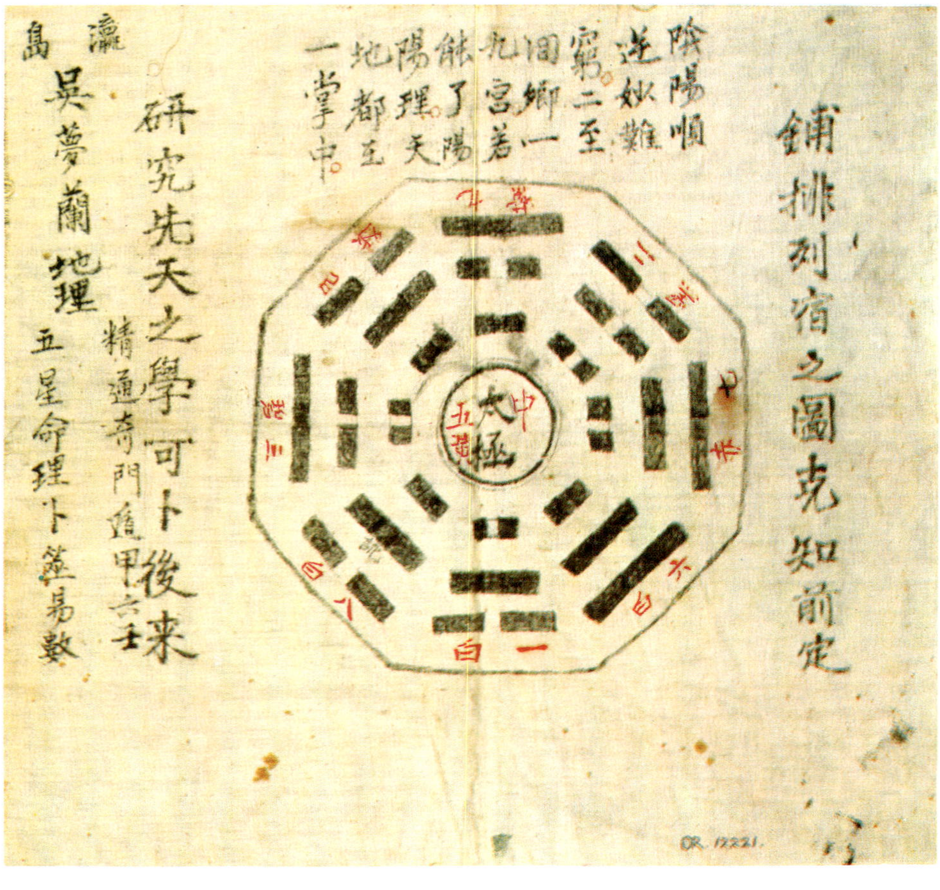


*Ein chinesisches quadratisches einseitig beschriebenes Tuch (1850), das eine Karte mit astrologischen Zeichen und Erklärungen darstellt. MS OR 12 221. Britisches Museum, London.*

Für viele orientalische Menschen werden Politik, Geschäft und persönliche Beziehungen alle von den Zeichen des Himmels beeinflußt, die meistens vollkommen ernst genommen werden. Z. B. veranlaßte das letzte Jahr des Feuerpferdes, 1966 (das zum Glück nur einmal alle sechzig Jahre vorkommt), eine Menge werdender asiatischer Mütter dazu, abzutreiben, da man glaubt, daß jedes unter diesem Zeichen geborene Kind der Familie Unglück bringen werde.

Taoistische und buddhistische Religionen schließen den Glauben an Astrologie in ihre Lehren mit ein und tragen deshalb sehr dazu bei, derartige Einflüsse zu fördern und zu unterstützen. Ein großer taoistischer Autor schrieb: ‹Der Tao (oder «Weg»), der im Himmel aufgezeigt ist durch die Sonne, ist auch im Herzen der Menschen sichtbar gemacht worden. Es ist die Lebenskraft, die das Dasein entstehen läßt. Hier unten bringt es fünf Getreidesorten hervor und oben bestimmt es die Bewegungen der Sterne›.

Der westliche Tierkreis muß über die frühen Handelswege nach China gekommen sein, aber bis zu der Zeit, als die Jesuiten im Jahre 1601 Peking erreichten und lehrten, wie er – ebenso wie vieles andere europäische Wissen – angewendet werden konnte, war den Chinesen westliche Astrologie vollkommen fremd. Sie hatten eine eigene umfassende Lehre, die vielleicht von indischen Ideen und in geringem Maß von babylonischen beeinflußt war. Hier sind einige astrologische Aussagen, die um 100 v. Chr. geschrieben wurden, aber wahrscheinlich älteres Material enthielten. Sie gleichen den Berichten, die wir schon mit Mesopotamien in Verbindung bringen: ‹Wenn Merkur in Begleitung der Venus im Osten erscheint, sie beide rot sind und Strahlen weit aussenden, dann werden fremde Königreiche unterworfen und die Soldaten Chinas siegreich sein›.

‹Wenn der Mond sich neben Ta-Chio (der Name eines einzelnen Sterns) verfinstert, wird dies für den Verwalter des Schicksals schreckliche Folgen bringen›.

Es ist schwer, genaue Daten über die frühe Entwicklung der Astrologie in China anzugeben, zum Teil, weil spätere Kommentatoren die alten Berichte auf den neuesten Stand brachten, indem sie alte Ideen änderten und neue hinzufügten und auch, weil durch die ‹Bücherverbrennung› 213 v. Chr. eine Unzahl wertvoller früher Werke wahrscheinlich vernichtet worden sind. Trotzdem wissen wir, daß gegen 2000 v. Chr. die alten Chinesen den Himmel anbeteten und seine Bewegungen beobachteten, um ihre Agrar-Gesellschaft zu steuern. Dann wurde, wie heute in China, der Kalender auf dem Mondzyklus begründet und nicht wie unserer auf dem der Sonne. Dieser Kalender ist vielleicht schon um 2637 v. Chr. eingeführt worden. Früher glaubte man auch fest daran, daß die Zeitalter der Geschichte auf gewisse Weise zum Himmel in Beziehung stünden.

Die Chinesen nannten ihr Land das ‹Reich der Mitte› und glaubten, daß es dem ‹Reich der Mitte› im

*Die Polos überreichen dem Großen Khan Briefe. Aus Erzählungen von Marco Polos Reisen wissen wir, wie stark der Einfluß der Astrologen zu seiner Zeit im Osten war. Aus einer bunt ausgemalten Handschrift in der Bodleian Library, Oxford.*

*Für die Chinesen war der Ochse ursprünglich ein Sterngott, aber seine Dummheit zwang ihn, auf der Erde zu bleiben, um Bauern beim Pflügen zu helfen, aber er hatte nichts gegen die Menschheit. Viele wurden – vor allem unter indischem Einfluß – als heilige Tiere angesehen. Jade aus dem 17. Jahrhundert aus der Ming-Dynastie. Victoria and Albert Museum, London.*

*Bei Chinesen im Ausland ist der Glaube an eine von den Sternen bestimmte Zukunft weitverbreitet. Dieses Poster anläßlich eines chinesischen Neujahrsfestes in London trägt den Büffel als sein Symbol (1973 war das letzte Jahr des Büffels). Postergestaltung von Keith Yeang.*

*Der chinesische Philosoph Konfuzius oder Kung-fu-tse ca. 551-478 v. Chr. Als Begründer des Systems von Kosmologie, Politik und Ethik, als Konfuzianismus bekannt, war er mehr an der Vernunft interessiert als an Übernatürlichem, aber er ignorierte nicht wichtige Planetenvorhersagen.*

Himmel entsprach, wo die Sterne nie untergehen. Der König wurde der ‹Sohn des Himmels› genannt, und man glaubte, er überwache die Harmonie zwischen Himmel und Erde. Der Herrscher kannte durch seinen Astrologen die genauen Daten der Jahreszeiten. Ihm war auch das Vertrauen in seine Fähigkeit übertragen worden, die Zeichen am Himmel vorherzusagen und zu deuten. Wenn es ihm nicht gelang, solche Zeichen zu sehen, hatte er die Gunst der unsichtbaren Mächte verloren. So war es wesentlich für die Ratgeber des Kaisers, Beobachtungen und vorsichtige Berechnungen anzustellen, um exakte Informationen zu liefern. Dies hieß offensichtlich, daß die Astrologen eine sehr bedeutende Rolle in der Gesellschaft spielten, da die Glaubwürdigkeit des Kaisers in den Augen seiner Untertanen stark von ihren Fähigkeiten abhing.

Es wurde vermutet, daß die Hsia-Dynastie (1994–1523 v. Chr.) eigentlich zusammenbrach, weil die Astrologen des Kaisers versäumten, eine Sonnenfinsternis vorauszusagen. Solch ein unangekündigtes Ereignis bedeutete für das Volk, daß sich der Himmel gegen die regierende Dynastie gewandt hatte. Um das Gleichgewicht zwischen Himmel und Erde wieder herzustellen, wurde ein neuer ‹Sohn des Himmels› gewählt.

Während der folgenden Shang-Dynastie war der Kaiser anscheinend verpflichtet, sich stark den Jahreszeiten anzupassen. Zu jeder Jahreszeit residierte er in einem entsprechenden Palast: im Frühjahrspalast, der nach Osten gebaut war; im Sommerpalast, der nach dem Süden gebaut war; im Herbstpalast, der nach dem Westen gebaut war; im Winterpalast, der nach dem Norden gebaut war. Der Kaiser gab Audienzen, wobei sein Gesicht dem Süden zugewandt war, weil er den Mittelpunkt des Reiches repräsentierte, was dementsprechend im himmlischen Reich der Polarstern sein sollte. Dieser Brauch war wahrscheinlich zu einer Zeit entstanden, als ein besonders strahlender Stern nahe am Pol beobachtet worden war.

Konfuzius – jener konservative Befürworter der ‹goldenen Mitte› bei allem – sagte, als er die Rolle des Kaisers beschrieb: ‹Jemand, der das Volk mittels seiner Tugend regiert, ist wie der Polarstern, der seinen Platz beibehält, während die anderen Sterne ihn umkreisen›.

Diese Vorstellung von den Palästen war Teil der chinesischen Astronomie. Die Astrologen-Astronomen beobachteten nicht die Sonnenbahn, der sie im ersten und zweiten Jahrhundert n. Chr. den Namen Gelbe Straße gaben, sondern zogen es vor, die Zirkumpolarsterne zu beobachten. Diese Sterne sind – wenn das Wetter es erlaubt – das ganze Jahr hindurch nachts zu sehen, im Gegensatz zur Sonnenbahn, von der man nur zu einem Zeitpunkt die Hälfte sieht. Das Königreich der Mitte des Himmels war in vier Paläste geteilt, nämlich in den nördlichen, südlichen, östlichen und westlichen. Die chinesischen Astronomen achteten nicht so sehr auf das Auf- und Untergehen der Sterne wie die Astronomen in Babylon, Ägypten und Griechenland. Stattdessen konzentrierten sie sich auf die zirkumpolaren Konstellationen. Es gab achtundzwanzig davon, die Asterismen, große Häuser oder hsui genannt wurden und sich innerhalb der vier Paläste befanden. Sie haben nichts mit unserem Tierkreis zu tun und sind wohl unabhängig davon zwischen 1000 und 800 v. Chr. entstanden oder um diese Zeit von Indien her bekannt geworden, da die indische Astrologie auch achtundzwanzig *nakshatros* oder große Häuser hat, obwohl die beiden Namengruppen vollkommen verschieden sind. Die Tatsache, daß es achtundzwanzig große Häuser gibt, rührt wohl von einer groben Berechnung der monatlichen Mondumlaufbahn durch die großen Häuser her. Fünf dieser Konstellationen scheinen rein chinesisch zu sein, siebzehn werden mit Indien geteilt und achtzehn mit Arabien. Es ist seltsam, daß viele Planetenstellungen, die in Babylon und Griechenland bekannt waren, von den Chinesen nicht angegeben wurden und umgekehrt.

*Bronzener Hochzeitsspiegel aus der Tang-Dynastie des frühen 8. Jahrhunderts n. Chr. Im Universum sind hier die vier Himmelsrichtungen durch die ihnen zugeordneten Tiere und Elemente dargestellt. Die quadratische Erde schwimmt im Ozean der Urzeit. Kunstmuseum, Seattle.*

Im Nord-Palast befinden sich: Greif, Ochse, Fledermaus, Ratte, Schwalbe, Bär und Stachelschwein. Im Süd-Palast leben: Tapir, Schaf, Jak, Pferd, Hirsch, Schlange und Wurm. Im Ost-Palast sind: Hornloser Drachen, Drachen, Dachs, Hase, Tiger und Leopard. Im West-Palast wohnen: Wolf, Hund, Fasan, Rabe, Affe, Menschenaffe und Hahn.

Um die Sache noch komplizierter zu machen, erscheinen einige dieser Tiere auch in dem, was wir den orientalischen Tierkreis nennen können. Diese Tiere geben nicht nur den zwölf Monaten ihren Namen, sondern auch den Einteilungen des Stundenkreises und später dem Zwölf-Jahres-Zyklus. Dieser Tierkreis scheint um 300 oder 400 v. Chr. eingeführt worden zu sein, wenngleich einige Historiker als Zeitpunkt dafür schon 500 v. Chr. angeben.

Niemand ist ganz sicher, wie der Tierkreis entstanden ist, aber es existiert die Legende, daß Buddha alle Tiere der Schöpfung einlud, zu Neujahr mit ihm zusammenzutreffen mit dem Versprechen, daß sie ein Geschenk bekämen, wenn sie der Feier beiwohnten. Nur zwölf erschienen, darum gab er jedem von ihnen ein Jahr. Die Ratte oder Maus (dies soll zuerst erwähnt werden, weil für die alten Chinesen ein neuer Tag um Mitternacht begann – die Stunde, in der Ratten erst richtig rege werden), der Büffel, Ochse, (oder in Thailand die Kuh); der Tiger (in der Mongolei der Panther); die Katze (Hase oder Kaninchen in Thailand); der Drachen (in Thailand der Große Drachen, in Persien das Krokodil); die Schlange (in Thailand kleiner Drachen); das Pferd, das Schaf oder die Ziege, der Affe; der Hahn oder die Henne; der Hund, der Eber oder das Schwein. Alle sechzig Jahre regiert das Feuer-Pferd anstelle des normalen Pferdes. Wenn Sie also einen Asiaten nach seinem Geburtszeichen fragen müßten, so würde er Ihnen das Jahr eines der oben genannten Tiere nennen.

Einen tieferen Einblick in die Bedeutung dieser Tiere kann uns ein buddhistischer Text geben: ‹Wenn die zwölf Tiere ihre anerkennenswerte Arbeit geleistet haben, legen sie in Gegenwart aller Buddhas den feierlichen Eid ab, dafür zu sorgen, daß Tag und Nacht immer einer von ihnen reisen, predigen und bekehren werde, während die anderen elf bleiben, um in der Stille Gutes zu tun. Die Ratte beginnt am ersten Tag des siebenten Mondes und bekehrt alle Wesen, die die Gestalt von Ratten haben. Sie überzeugt sie, böse Taten aufzugeben und ermahnt sie, Gutes zu tun. Die anderen Tiere machen der Reihe nach das gleiche, und wenn der dreizehnte Tag kommt, beginnt die Ratte wieder. Auf dieselbe Weise machen sie weiter bis zum Ende der zwölf Monate und der zwölf Jahre mit dem Plan, alle Lebewesen unter ‹die Herrschaft› zu bringen. Aus diesem Grunde gibt es so viele anerkennenswerte

*Tiger werden als Symbol des Westens verehrt, der Himmelsrichtung von Kun-lun und dem westlichen Paradies. Sie waren auch gefürchtet, da die Chinesen glaubten, daß die Seele eines Menschen, nachdem der Tiger ihn gefressen hatte, Sklave des Tieres wurde und anderen Menschen nachstellte. Gemälde von Chen Chuchung. Britisches Museum, London.*

*Detail der Hochzeitsrobe des Kaisers, die den kaiserlichen Drachen mit Klauen darstellt, ein Regengeist, der den Kaiser selbst darstellt und drei der zwölf Symbole des Kaisers. Oben die Konstellationen, denen der Kaiser am Himmelsaltar Opfer brachte; links das ‹fu›-Zeichen für Glück; rechts die Axt als Zeichen für die Macht der Strafe. 19. Jahrhundert. Victoria and Albert Museum, London.*

*Unten links:*
*Chinesische Grabfiguren aus Ton, die die Himmelsrichtungen verkörpern. Oben: Frau auf dem Weißen Tiger des Westens sitzend. Darunter: Frau, die auf dem Düsteren Krieger (Schildkröte und Schlange) des Nordens reitet. Zeit der sechs Dynastien (220–589 n. Chr.) William Rockhill Nelson Gallery. Kansas City, Missouri.*

*Unten rechts:*
*Chinesische Grabfiguren aus Ton, die die Himmelsrichtungen darstellen. Oben: Eine Frau, die auf dem Grünen Drachen des Ostens reitet. Unten: Eine Frau, die auf dem Roten Vogel des Südens reitet. Zeit der sechs Dynastien (220-589 n. Chr.) William Rockhill Nelson Gallery, Kansas City, Missouri.*

*Oben: Auf einen Talisman gestanzte Tiere des chinesischen Tierkreises. Unten: Ein chinesisches Medaillon, auf dem eine quadratische Erde und die Konstellation ‹Großer Bär› zu sehen sind.*

Taten auf der Erde, da sogar die Tiere predigen und bekehren und die unübertreffliche Lehre des Buddha verbreiten›.

Aufzeichnungen von etwa 200 v. Chr. zeigen Aufgaben und Wichtigkeit des kaiserlichen Astrologen: ‹Dieser erhabene Herr muß sich mit den Sternen im Himmel befassen, Aufzeichnungen machen über Veränderungen und Bewegungen der Planeten, der Sonne und des Mondes, um die Bewegungen der Erde zu untersuchen mit dem Ziel, ein gutes und schlechtes Schicksal vorauszusagen. Er unterteilt die Gebiete der neun Bezirke des Reiches gemäß ihrer Abhängigkeit von bestimmten Himmelskörpern. Alle Lehen und Fürstentümer stehen in Beziehung zu den Sternen und konnten ihr Glück oder Unglück daraus in Erfahrung bringen. Der Astrologe macht Voraussagen, die den zwölf Jahren der Jupiter-Bahn über Gut und Böse auf der Erde entsprechen. Aus den Farben der fünf Wolkenarten bestimmt er das Eintreffen von Überschwemmungen, Dürreperioden, Reichtum oder Hungersnot.

Aus den zwölf Winden zieht er Schlüsse über den Grad der Übereinstimmung von Himmel und Erde und schenkt guten und schlechten Zeichen Bedeutung, was sich aus ihrer Übereinstimmung oder Nichtübereinstimmung ergibt.

Im allgemeinen befaßt er sich mit fünf Arten von Phänomenen wie: den Kaiser zu ermahnen, der Regierung zuhilfe zu eilen und bei Feierlichkeiten den Umständen entsprechende Änderungen in Betracht zu ziehen. Die Brüder Sho und Shi – die nur legendäre kaiserliche Astrologen gewesen sein mögen – schienen nicht sehr geschickt in ihrem Fach gewesen zu sein, denn sie wurden enthauptet, weil sie eine Finsternis nicht vorhergesehen und verhindert hatten.

*Buddha sitzt auf einem Drachen. Der Buddhismus trug viel dazu bei, den Einfluß der Astrologie in China zu verbreiten. 17. oder 18. Jahrhundert (Wasserfarbe). Religionskundliche Sammlung der Universität Marburg.*

Wie dem auch sei, alte chinesische Astronomen stellten einige überraschend genaue Beobachtungen an, vor allem von Kometen, von denen sie annahmen, daß sie von jedem der Planeten stammten. 444 v. Chr. berechneten sie das Jahr mit 365 $^1/_4$ Tagen, und sie waren die ersten, die Halleys Kometen 240 v. Chr. sahen. Sonnenflecken, über die bis zur Zeit Galileis nichts geschrieben worden war, waren von den Chinesen seit 28 v. Chr. regelmäßig beobachtet worden. Sie hatten sie mit der Qualität der Ernte in Verbindung gebracht. Den Planeten waren Elemente und Richtungen zugeordnet worden: Jupiter, Holz, Osten; Mars, Feuer, Süden; Saturn, Erde, Mitte; Venus, Metall, Westen; Merkur, Wasser, Norden. Die Chinesen scheinen das einzige Volk gewesen zu sein, das Holz als eines der Grundelemente angesehen hatte. Die Regulierung des Kalenders und seine Bekanntmachung lagen in der Verantwortung der Regierung, was zeigt, wie wichtig diese Aufstellung der Tage war – nicht nur für die Zuteilung landwirtschaftlicher Arbeiten, für das Eintreiben der Steuern und die Justizverwaltung, sondern auch, um der Mehrheit der Menschen Hinweise zu geben, wie sie erfolgreich verhindern könnten, den Einklang der Welt zu vereiteln und gegen die Pläne der unsichtbaren Mächte anzurennen.

Ursprünglich waren die Tage in Gruppen von sechzig geordnet, aber dann wurde der Kalender umgestellt auf abwechselnd lange (dreißig Tage) und kurze (neunundzwanzig Tage) Monate, um die jahreszeitlichen Arbeiten den Bewegungen von Erde und Mond anzupassen. Gewöhnlich gab es zwölf Monate pro Jahr, aber um den Kalender in engem Bezug zur Erdumdrehung zu halten, wurde ein zusätzlicher – oder Schaltmonat alle zweiunddreißig oder dreiunddreißig Monate hinzugefügt, was bedeutete, daß ca. alle drei Jahre der Kalender, wie von den Astrologen vorgesehen, aussagte, daß das bestimmte Jahr dreizehn Monate haben werde.

104 v. Chr. begann der angesehene Astrologe und Archivar Ssu-ma Ch'ien zusammen mit anderen, den Kalender neu zu bilden: ‹Daraufhin legten sie die Punkte Ost und West fest, stellten Sonnenuhren und Sonnenuhrzeiger auf und entwarfen Wasseruhren. Mit solchen Hilfsmitteln bestimmten sie die achtundzwanzig großen Häuser gemäß ihrer Lage an verschiedenen Punkten in den vier Teilen, wobei sie den ersten und den letzten Tag jeden Monats, die Tagundnachtgleichen und Sonnenwenden, die Bewegungen und entsprechende Stellungen der Himmelskörper und die Mondphasen festlegten›.

Die vier Jahreszeiten begannen mit dem Neumond des ersten, vierten, siebten und zehnten Monats, und der zweite, fünfte, achte und elfte Monat schloß Tagundnachtgleichen und Sonnenwenden ein. Bis 1927 blieb dies der offizielle Kalender und wird, obgleich inoffiziell, noch benutzt.

Der moderne asiatische Kalender unterscheidet sich von unserem durch das Neujahrsdatum. Als Ergebnis der etwas abweichenden Mondbahn beginnt das orientalische Neujahr ein wenig später als unser übliches vom 1. Januar und kann auf die Monate Januar oder Februar fallen. So könnte jemand, der in einem dieser Monate geboren wurde und sein Geburtszeichen nach dem chinesischen Tierkreis herausbekommen wollte, einige Schwierigkeiten haben beim Ermitteln, ob sein Geburtsdatum ins alte oder ins neue Jahr fällt. Ein anderer Unterschied besteht darin, daß der Sino-vietnamesische Kalender mit Zyklen von sechzig Jahren berechnet ist und sich nun in seinem Siebenundsiebzig-Jahr-Zyklus befindet.

Dieser begann 1924 und wird – erschreckend für die westlichen Denker – 1984 enden! Diese Sechzig-Jahr-Periode wird auch in sechs Zehn-Jahres-Zyklen unterteilt, und jedes zweite oder dritte Jahr hat einen Schaltmonat.

Von jedem, der am ersten Tag des asiatischen Jahres geboren wird, meint man, daß er die für das bestimmte

Jahr überwiegenden Eigenschaften besitzt und die besten Voraussetzungen mitbringt, Erfolg zu haben. Volkstümlicher Glaube behauptet, daß sich alles, was man an diesem ersten Tag tut, das ganze Jahr hindurch wiederholt. So wird jedem geraten, sich gut zu unterhalten und Auseinandersetzungen, Gläubiger, die Polizei und harte Arbeit zu vermeiden.

In östlichen Ländern ist der Neujahrstag ein sehr wichtiges Fest und viele Feuerwerkskörper werden entzündet, um die bösen Geister fortzujagen.

Alte chinesische Wissenschaftler zeigten eine Vorliebe für den Verstand anstelle von Glauben an unsichtbare okkulte Kräfte. In den ersten Jahrhunderten des Christentums entwarfen sie einen primitiven Seismographen, maßen die Neigung der Sonnenbahn und berechneten die elliptische Umlaufbahn des Mondes fast exakt. Aber solche Entdeckungen hemmten nicht den Strom des Aberglaubens an unsichtbare Mächte, die günstig gestimmt werden mußten und deren Zahl bei politischen und sozialen Umstürzen stark anstieg.

Wang Ch'ung (27–100 n. Chr.) war ein aufgeklärter und vernünftiger Kritiker seiner Zeit. Er schrieb: ‹Es gibt durchschnittlich etwa eine Mondfinsternis in ca. 180 Tagen und eine Sonnenfinsternis etwa alle 41 oder 42 Monate. Finsternisse sind regelmäßige Ereignisse und werden nicht durch politische Handlungen hervorgerufen. Für Unregelmäßigkeiten und Katastrophen gilt das gleiche, auch sie sind nie abhängig von politischen Vorgängen›.

Er hebt hervor, daß Erdbeben, Kometen und ähnliches nicht von den Geistern geschickt sind, um den Kaiser vor ihrem Unwillen zu warnen, sondern von der Natur verursacht wurden. Er bestritt nicht, daß der Mensch Opfer des Schicksals sei, dachte aber nicht daran, daß man das Schicksal durch Zaubereien oder symbolische Feiern beinflussen könne. Wang Ch'ung schien dem Glauben an die persönliche Astrologie beizustimmen, die zu seiner Zeit anwuchs, und er fühlte anscheinend, daß der menschliche Wille wenig erreichen konnte gegen das vorbestimmte Schicksal.

Seine vernünftige Einstellung gegenüber Naturkatastrophen wurde von einem gewissen Wei Chui nicht geteilt, der im sechsten Jahrhundert n. Chr. Katastrophen verschiedenen Kreaturen zuschrieb. Katastrophen ereigneten sich immer, wenn ein Ungeheuer auf der Erde geboren wurde oder ein übernatürliches Wesen am Himmel erschien, z. B.: ein zweiköpfiges Kalb prophezeite die Zerstörung des Ahnen-Tempels; ein Pferd am Himmel bedeutete Krieg; und ein Hahn mit Hörnern sagte voraus, daß königliche Privilegien durch einen niedrigen Beamten umgestürzt würden. Am schlimmsten von allem waren die Schicksalsschläge des Schweines. ‹Von allen Zeichen böser Vorbedeutung sind diese wirklich am meisten verbreitet; sie bedeuten, daß eine Persönlichkeit des öffentlichen Dienstes schlecht ist›. Wang Ch'ungs Skeptik deutete auf eine Entscheidungsunabhängigkeit hin, wenige aber hatten ein Interesse daran, sie sich zu eigen zu machen. Tatsächlich hing der kaiserliche Beamten-Apparat von Menschen ab, die ehrfürchtig glaubten, daß geheimnisvolle Mächte das Schicksal des Kaisers lenkten. Solche Vorstellungen konnten geschickt manipuliert werden, um von leichtgläubigen Menschen Gehorsam zu verlangen: die Vergangenheit konnte mit dem Einfluß dieser okkulten Mächte erklärt werden, und die Gegenwart konnte so beschaffen sein, die Prophezeiungen ihrer Handlungen der Zukunft anzupassen. Alles in allem war die Astrologie ein wertvolles Instrument, um das Leben der Menschen zu kontrollieren, und es gab Astrologen und Priestern eine Macht, die aus Furcht vor der unsichtbaren Rache nicht leicht zu stürzen war.

Taoistische Zauberer des ersten Jahrhunderts n. Chr. glaubten, daß jeder Teil des Körpers Götter in

*Seite 54:*
*Der ‹Lung›-Drachen. Darüber ein Medaillon, das den weißen Hasen darstellt, von dem die Chinesen meinen, er lebe auf dem Mond, stehe am Fuße des Kassienbaumes und zermahle das Elexier der Unsterblichkeit für Hang-o, das sie in eine unsterbliche Kröte verwandelt. Ausschnitt aus einem bestickten Kaisergewand. 18. Jahrhundert. Victoria and Albert Museum, London.*

*Seite 55:*
*Der japanische Tierkreis. Vieles der japanischen astrologischen Tradition geht auf chinesische und indische Quellen zurück. Aus dem Horyuji-Tempel, Nara.*

*Pekings Observatorium wurde am Ende des 13. Jahrhunderts während der mongolischen Dynastie gebaut. Der Gegenstand im Vordergrund, der vier an der Erde angebundene und die Sphären haltende Drachen zeigt, ist ganz aus Bronze gegossen.*

*Ein Beispiel für ein orientalisches Horoskop.*

*Seite 57 oben:*
*Orientalischer Tierkreis. Im Osten wurde der Tierkreis von westlichen Vorstellungen zweckentsprechend verändert.*

*Seite 57 unten:*
*Der japanische Wahrsager oder ‹uranaisha› ist bei gewöhnlichen Leuten sehr beliebt. Außer Zukunftsprophezeiungen treiben diese Wahrsager auch Teufel aus und erfinden Zaubersprüche zur Abwehr gegen alles Böse.*

sich hatte, die auch Herrscher von Himmel, Erde, Sternen, Bergen und Wasser waren. Wieder einmal taucht hier das Konzept von Makrokosmos und Mikrokosmos auf. Durch Meditation könnte ein Individuum mit diesen Gottheiten verkehren und von ihnen moralische Lehren für Gesundheit und Wohlergehen empfangen. Richtiges Atmen, ausgewählte Ernährung und der Einfluß von Sonne und Mondlicht könnten alle dazu beitragen, den Körper zu reinigen, sodaß er sich zum Himmel erheben könnte, wo Körper und Seele Unsterblichkeit erlangen würden. Diese Theorien bilden offensichtlich die genaue Antithese von Ch'ungs Philosophie, daß Gesundheit und Wohlstand des Menschen nicht von seinen moralischen Qualitäten oder seinem Verhalten abhängig sind.

Ursprünglich betrafen Horoskope nur den Kaiser und sein Land, und erst später wurde das individuelle Horoskop bekannt. Die alte chinesische Weissagung basierte auf: der Höhe des Mondes und Konjunktion mit Planeten und Fixsternen; der Sonne, ihrer Position und Farbe und dem Auf- und Untergehen und der Konjunktion der Planeten und ihrer Beziehung zu Fixsternen. Die Astrologen achteten nicht so sehr darauf, in welchem Stern oder in welcher Konstellation sich der Aszendent zu einer bestimmten Zeit befand. Volkstümliche Astrologie war oft recht primitiv, wie man in dem *Fen-Chui* (‹Wind und Wetter›) Jahrbuch liest. Das war eine einfache Mischung aus Astrologie und Zauberkunst für die Landbevölkerung, die zeigte, wie man die Wege von Sonne und Mond in den achtundzwanzig großen Häusern verfolgen konnte, und wie ihr Einfluß auf den Körper und die Farben der Natur war. Ein Planet war gut, wenn er sich strahlend und klar zeigte, aber böse, wenn er schwach und ‹verwundet› war.

Das kaiserliche Jahrbuch, das jährlich herausgegeben wurde, beeinflußte lange Zeit hindurch das Leben unzähliger Chinesen. Es gab spezielle und detaillierte Vorhersagen für das bestimmte Jahr wie auch für jedes Zeichen in Verbindung mit dem bestehenden Jahr und enthielt weitreichende Wettervorhersagen und Rituale, um die Geister zu beruhigen. Es enthielt auch Tabellen von verbotenen Dingen für das Jahr, wie die Heirat zwischen gewissen Zeichen (der Tiger darf nicht einen Büffel, das Pferd aber eine Ratte heiraten), und es standen auch Rezepte für Medikamente und Lebensmittel darin. Dieses Jahrbuch muß eine ganze Menge Leid und Elend verursacht haben. Wie viele erfolgversprechende Laufbahnen oder Romanzen waren im Keim erstickt worden! Aber es veranschaulicht die Art der Macht, die die Obrigkeit in allen Bereichen, von der Ehe bis zur Politik, in einer Gesellschaft, die gezwungen war, astrologische Prophezeiungen anzunehmen, ausüben konnte.

Wir gewinnen einen tieferen Einblick in den Einfluß der Astrologen im dreizehnten Jahrhundert, als Marco Polo China bereiste. Er schrieb, daß in der Stadt Kanbalu 5000 Astrologen und Wahrsager lebten und von dem Kaiser unterstützt wurden. Sie benutzten Astrolabien und machten sowohl Vorhersagen über das Wetter als auch Voraussagen von Epidemien, Kriegen und Verschwörungen gegen die Regierung. Niemand trat eine Reise an, ohne diese Gelehrten um Rat gebeten zu haben. Die Gelehrten jedoch dachten nicht im Traum daran, einen Rat zu geben, ehe sie nicht Jahr, Monat, Tag und Stunde der Geburt eines Menschen wußten.

Marco Polo erzählte ferner, daß in den höheren Schichten keine Bestattung durchgeführt werden konnte, bis das Datum von einem Astrologen gebilligt wurde. Das Geburtsbild eines Verstorbenen mußte durchgesehen werden, um einen geeigneten Tag für seine Einäscherung zu errechnen! Manchmal mag uns der Verdacht kommen, die Astrologen seien böswillig gewesen, einfach um sich aufzuspielen. Eine Familie konnte bis zu sechs Monate auf den ‹richtigen› Bestattungstag warten, was natürlich sehr schwere Särge, Konservierungsmittel und süßlich riechende Duftessenzen erforderte. Selbst noch an dem vereinbarten Tag konnte der Astrologe seine Launen auslassen, denn er konnte anordnen, den Körper in einer bestimmten Richtung aus dem Haus zu tragen, so daß es erforderlich wurde, ein Loch in eine Wand zu schlagen!

Die Astrologen hielten sich viele Jahrhunderte hindurch. Obwohl sie vom kaiserlichen Hof unterstützt wurden, zogen sie es vor, unabhängig zu bleiben. Auf diese Weise konnten einzelne ihr Können dazu benutzen, um eigene Ideen und Interessen voranzutreiben. Der Symbolismus verbarg geschickt solche Praktiken. Wenn ein Vorschlag den Erwartungen nicht entsprach oder eine Vorhersage schiefging, so bedeutete dieser Symbolismus eine gute Tarnung; die andere Möglichkeit war: die Astrologen konnten zu verstehen geben, daß ihre Botschaften von den Beamten falsch gedeutet worden waren.

Während des Tai Ping-Aufstandes in der Mitte des neunzehnten Jahrhunderts halfen die Astrologen, militärische Feldzüge zu planen, und in den frühen Jahren der Republik nahmen die Kriegsherren ihren Rat für Manöver und Truppenbewegung in Anspruch. Die Kaiserin Tzu Hsi, die China während des Boxeraufstandes regierte, verdankte ihrte politische Ideen dem Rat der kaiserlichen Astrologen. Zu ihren Lebzeiten legte sie ihre Begräbnisstätte fest, um sich den Anordnungen der Astrologen zu fügen, obwohl dies erforderte, daß erst die sterblichen Überreste einer königlichen Ahnin weggeschafft werden mußten. Als ihre Beerdigung am 27. November 1909 um 17.17 Uhr stattfand, war das genau der von den Astrologen angeordnete Zeitpunkt.

Nachdem 1912 die Republik ausgerufen wurde, gab die Mehrheit der Astrologen entweder den Beruf auf oder wurde zu einfachen Wahrsagern. Da die Astrologie mit dynastischen Regimen in Zusammenhang gebracht wurde, war die neue Regierung nicht geneigt, sie mit Wohlwollen anzusehen.

## Die japanische Tradition

Ehe wir China verlassen, wollen wir einen kurzen Blick auf Japan werfen, wo die alte Astrologie eine Menge ihrer Lehre aus indischen und chinesischen Quellen entnahm. In dem Jahrtausend vor Christus war der königliche Hof daran interessiert, die Zukunft durch Bewegungen der Himmelskörper zu deuten; dieses Interesse nahm zu durch das Aufkommen des Buddhismus. Gewisse japanische Kaiser, Generäle und Admirale gebrauchten die Astrologie, um politische Maßnahmen und das Wetter vorherzusagen, aber auch, um militärische Feldzüge und Flottenangriffe zu planen.

Die Beliebtheit der Astrologie wuchs und fiel mit den Jahren, aber bei dem Bemühen, sein Land an die Erfordernisse des zwanzigsten Jahrhunderts anzupassen, versuchte der Kaiser Meiji (1867–1912), astrologische Praktiken zu verhindern. Es ist seltsam, daß im Jahre 1922 der Leiter des Kyoto-Astronomie-Observatoriums, Kumamoto Arihasa eine Übersetzung und Bearbeitung von Raphael (ein englischer Astrologe des frühen neunzehnten Jahrhunderts) herausgab. Das Buch fand aufgrund der hervorragenden Leistungen des Astronomen große Anerkennung.

Seit dem Zweiten Weltkrieg ist das Interesse Japans an der Astrologie wiederaufgeblüht. Gegenwärtig wird geschätzt, daß es etwa 200 000 Mitglieder einer japanischen Vereinigung gibt, die aus Astrologen, Hellsehern und Graphologen besteht. Ein Lehrer des Faches, Youko Shiojima, der Privat- und Fernunterricht gibt, nimmt nur Universitätsabsolventen als Studenten an. Er hat über dreißig Schüler ausgebildet, die in den wichtigsten Groß- und Kleinstädten Japans ihren Beruf ausüben.

Die Japaner berechnen den Beginn des Jahres nicht mehr nach dem Mond. Das bedeutet, daß ihr Jahr wie unseres am 1. Januar beginnt, obwohl sie den orientalischen Tierkreis benutzen. Auf volkstümlicher Ebene treiben die Straßenastrologen oder *Ekisha* einen lebhaften Handel. Nachts stellen sie in Eingängen Stände auf, wo sie – gekleidet in traditionelle schwarze Kimonos – bis in die frühen Morgenstunden arbeiten und die Aufmerksamkeit der Passanten auf sich ziehen.

Ihre Methoden der Prophezeiung sind eine Mischung aus fundamentaler Astrologie und Handliniendeuten mit einer hübschen kleinen Ausweichklausel. Sie brauchen von den Kunden Datum und Stunde der Geburt und vergleichen die sich daraus ergebenden Vorhersagen mit den Linien der Hand. Um herauszufinden, wie aussichtsreich die Vorhersage sein wird, werden besondere Stöcke in einem Behälter geschüttelt, einige weggenommen und der Rest wird gezählt. Die Genauigkeit der Prophezeiung soll von den restlichen Zahlen abhängen.

# Indien und Mexiko

*Seite 59:*
*Die Krönung König Birendra Bir Bikrams von Nepal 1975, die entsprechend brahmanischer astrologischer Überlieferungen durchgeführt wurde.*

## Indien

Als der letzte Hindu-König, Birendra Bir Bikram Sha Dev von Nepal am 24. Februar 1975 gekrönt wurde, geschah das genau um 20.37 Uhr, weil die Hofastrologen diesen Zeitpunkt als den günstigsten für den jungen König und sein Land ansahen. Diese einflußreichen Männer stammen aus der obersten Hindu-Kaste, den Brahmanen, die Priester und Gelehrte sind. Sie haben drei Jahre dazu gebraucht, den geeigneten Augenblick für die Krönung auszuwählen. Während des ersten Jahres trauerte der König um seinen Vater, und das zweite Jahr, 2030 nach dem Katmandu-Kalender, wurde als weniger glücklich angesehen, da die Jahreszahl mit einer Null endet. Trotz einer modernen Erziehung in Eaton und Harvard pflegt der König diese Traditionen, die die meisten Hindus und Nicht-Hindus in jenem Teil der Welt sehr ernst nehmen. Die Astrologie bestimmt fast jeden Bereich des täglichen Lebens von beiden Gruppen, den Einfachen und den Gebildeten, und es ist der Versuch unternommen worden, die Astrologie in die indischen Universitäten wieder einzuführen.

Obwohl Jawaharlal Nehru, Indiens erster Ministerpräsident, den Versuch unternahm, den Gebrauch der Astrologie zu verhindern, in dem Bemühen, sein Land zu modernisieren, schrieb er trotzdem in einem Brief an seine Schwester über die Geburt seines ersten Enkelsohnes im Jahre 1944: ‹In meinem Brief an Indu machte ich ihr den Vorschlag, Dich darum zu bitten, ein von einer fähigen Person angefertigtes genaues Horoskop zu beschaffen. Solche bleibenden Aufzeichnungen über Datum und Stunde der Geburt sind wünschenswert. Was die Zeit angeht, so nehme ich an, daß die genaue Sonnenzeit genannt werden sollte und nicht die natürliche Zeit, die heute überall draußen in der Welt benutzt wird. Die Kriegszeit ist mindestens eine Stunde vor der normalen Zeit›.

Vorhersagen, die auf den Bewegungen der Himmelskörper basieren, haben Jahrhunderte lang zu den indischen Bräuchen gezählt. Demnach ist die Astrologie im Subkontinent nicht so alt, wie ursprünglich angenommen wurde, obwohl indische Astrologen behaupten, der Westen habe vieles seiner Lehre von der ihren übernommen. In sehr früher Zeit wurden der Astrologie andere Formen der Weissagung vorgezogen, wie Traumdeutung und Sammeln von Vorzeichen. Zur Zeit der Gupta Dynastie (viertes Jahrhundert n. Chr.) aber stand das Sternlesen an erster Stelle und ist auch heute noch zu tief verwurzelt mit Religion und Struktur der indischen Gesellschaft, daß es nicht einfach verworfen werden kann, nur weil die Menschen zum Mond fliegen können.

Es ist nicht viel über die alte indische Astronomie bekannt, aber sie mag wohl zu einem gewissen Grad von Mesopotamien beeinflußt worden sein. Die *Rig-*

*Dieser maskierte Hund aus Mexiko mag Xolotl, den Gott des Todes und Bruder von Quetzacoatl, versinnbildlichen, der maskiert ist, um die Toten in die Welt nach dem Tode zu begleiten. Der Hund trat oft in dem Wahrsage-Kalender der Azteken auf. National Museum of Anthropology, Mexiko City.*

*Jawaharlal Nehru (1889-1964), Indiens erster Premierminister, unternahm den Versuch, die weitverbreiteten Praktiken der Astrologie zu verhindern.*

*Seite 61 oben:*
*Eine Tierkreis-Abbildung aus dem Jamnapattra des Prinzen Navanibal Singh von Lahore. Dieses große und ausführliche Sanskrit-Werk behandelt in umfangreichen Details alle Aspekte der Astrologie wie auch das Erstellen des Horoskopes. Sanskrit MS OR 5259. Britisches Museum, London.*

*Seite 61 unten:*
*Brihaspati, eine sinhalesische Gottheit und das Hindu-Gegenstück zu Jupiter. Handschrift. Nationalbibliothek, Paris.*

*weda,* das älteste der heiligen Hindu-Bücher, stellte den Himmel mit siebenundzwanzig großen Häusern (Sterngruppierungen) oder *nakshatras* dar. Diese wurden später auf achtundzwanzig erweitert und beeinflußten die zeitgenössische chinesische und später arabische Astronomie. Nach der Gründung Alexandrias sickerten griechische Theorien über Astronomie und Astrologie in Indien durch und brachten die zwölf Tierkreiszeichen und die Sieben-Tage-Woche. Ursprünglich scheint Indien zwei Namensgruppen für den Tierkreis gehabt zu haben: Die eine war die phonetische Umschrift der griechischen Wörter in Sanskrit, ehe ihre Bedeutung verstanden wurde, und die andere war die eigentliche Übersetzung wie: Widder oder Steinbock, Stier, Paar (Mann und Frau), Krebs, Löwe, Jungfrau, Waage, Skorpion oder Biene, Bogen, Seeungeheuer oder Antilope, Topf und Fisch. Übrigens nennen Hindus die 30 Grad-Bogen in jedem Kreis nach den zwölf Zeichen.

Indien machte regen Gebrauch von den neuen Erkenntnissen und bereicherte sie durch eigene Mathematik. Eventuell ist diese weiterentwickelte Astrologie und Mathematik den Weg über die Araber nach Europa zurückgekommen.

In *‹Der Ursprung des Tierkreises›* hebt Rupert Gleadow hervor, daß einige moderne indische Astrologen eine von zwei Arten des Tierkreises benutzten, den tropischen oder sich bewegenden – *sayana* genannt – (von den Wendekreisen aus gemessen), und mehrere feste Formen oder Sternformen, die *nirayana* (durch die Planetenstellungen gekennzeichnet) heißen. Da der ursprüngliche Bezugsstern mit den Jahren verlorengegangen ist, versuchen die Astrologen, die wirkliche Differenz zwischen den beiden – die *ayanamsha* – zu berechnen. Als indische Astrologen das Ende der Welt für den 5. Februar 1962 vorhersagten – die folgenschwerste Aussage indischer Astrologie – schrieb ein britischer Astrologe, Edward Whitman, in der *Sunday Times* vom 4. Februar, daß er nicht übermäßig besorgt sei durch diese Vorhersage, da die Hindus einen festen Tierkreis benutzten, während er und andere westliche Astrologen den sich bewegenden verwendeten. Ob das nun die Erklärung dafür ist, daß die Welt am folgenden Tag nicht untergegangen ist oder was man damit bewiesen hätte, wenn es doch geschehen wäre, die Antwort auf diese Frage überlasse ich dem Leser.

Während der Wohlhabende regelmäßig einen gelehrten Astrologen aufsuchen wird und der Privatpatient genauso seinen Arzt (er bestellt ihn sogar zu sich, wenn sich jemand unwohl fühlt, um festzustellen, ob die Krankheit lange genug dauern wird, so daß es sich lohnt, nach dem Arzt zu schicken), so wird der Arme immer, wenn etwas passiert, was eine besondere Vorhersage erforderlich macht, zum Astrologen an der Straßenecke gehen.

Privathäuser und öffentliche Gebäude werden unter der Beratung von Astrologen errichtet. Reisen und Umzüge werden nur an astrologisch erfolgreichen Tagen unternommen. Sogar die Medizin erhält Hilfe vom Himmel: Operationen werden an Tagen, die für den Patienten günstig sind, durchgeführt, obwohl ein unglücklicher Tag für den Arzt ebenso unheilvoll für den Kranken ausgehen könnte. Es ist sogar erörtert worden, daß in Krankenhäusern das Horoskop des Patienten am Fußende des Bettes neben der üblichen Fiebertafel angebracht werden soll. Indische Astrologen haben auch einige äußerst erfolgreiche Prophezeiungen gemacht: vom Ausbruch des Ersten Weltkrieges, des Zweiten Weltkrieges und der Niederlage Hitlers.

*Im Februar 1962 verursachte die Konjunktion von acht Planeten überall unter der astrologisch orientierten Bevölkerung Indiens große Panik. Die indische Regierung richtete besondere Zentren ein, von denen hier eines zu sehen ist, wo die heiligen Männer beteten, daß eine Katastrophe abgewendet werden möge.*

Ein grundlegender Unterschied zwischen indischer und westlicher Astrologie besteht darin, daß die indische eng verbunden ist mit Religion und Philosophie, die das Gerüst der Gesellschaft bilden. Die meisten Astrologen kommen aus der Brahmanen- oder Priesterkaste, und so wird ihre Kunst allgemein als göttlich angesehen. Astrologie ist eine der sechs *angas*-Hilfen, um die heiligen Vedic-Texte zu verstehen. Viele Inder haften an den Vorstellungen von Kasten, Reinkarnation und Karma. Das Karma ist das Prinzip des ethischen Kausalitätsgesetzes, durch das das Ergebnis allen menschlichen Tuns auf die Gegenwart oder auf ein zukünftiges Dasein Auswirkungen haben wird. Dies gilt ebenso für Gruppen und Nationen wie für Einzelpersonen und bildet das Fundament für die hinduistische und buddhistische Philosophie. Viele Europäaer sehen das Karma als reinen Fatalismus an, aber von der Astrologie glaubt man, daß sie dem menschlichen Wesen die Wahl und die Chance gibt, gerettet zu werden: denn das Karma kann dadurch beeinflußt werden, daß man den Anhaltspunkten, die im Horoskop gefunden werden, nachgeht – was zeigt, daß der Glaube nicht eine völlige Unterwerfung unter ein unausweichliches Schicksal ist.

Die indische Astrologie sieht den Kosmos – vor allem Sonne und Planeten – so, daß er mit dem Individuum zusammenwirkt, um Charakter und Verständnis des Ichs mit dem Bemühen zu entwickeln, befreit werden von all dem, was minderwertig ist. Der Inder schaut in das Horoskop, um herauszufinden, was ihm auf der Erde und im Himmel das Beste bringen wird, denn die Geburtskarte beschreibt die allgemeinen Tendenzen im Leben des einzelnen. Einige westliche Psychologen haben vorgebracht, daß Inder in ihren Horoskopen nachsehen, um ihre wahren Wünsche herauszufinden, und diese Theorie könnte gleichermaßen von Nicht-Indern angewandt werden, die sich auf den Rat von Astrologen verlassen. Man glaubt, daß der Charakter eines Menschen und seine unmittelbare Zukunft von seinen eigenen Handlungen in einem vergangenen Leben geformt wurden, und während er vielleicht Geschehnisse, die schon begonnen haben, durchstehen muß, kann das Horoskop Aufschluß geben über versteckte Faktoren seines Charakters, was zukünftiges Unglück vermeiden könnte. Folglich ist Astrologie für den Inder nicht nur ein Indikator dessen, was noch kommt, sondern auch eine Hilfe, das zukünftige Dasein zu meistern.

Natürlich spielt die Astrologie eine wichtige Rolle für die Heirat in Indien, für sexuelle Beziehungen und für die Geburt. Wenn wir uns zu einer im Voraus vereinbarten Heirat entschließen, würden wir es als wesentlich erachten, ein Foto von unserem möglichen Lebensgefährten zu sehen; ein Inder wäre vielmehr gespannt darauf, ein Horoskop seiner angehenden Braut anzuschauen. Heiratsanzeigen in den Privatrubriken der Tageszeitungen geben die üblichen Details über Erscheinung, Keuschheit, finanzielle Lage, Kaste, und auch die Zeichen, unter denen jeder Interessent geboren sein sollte. Horoskope werden angeboten und verlangt als Bedingung für die Eröffnung von Heiratsverhandlungen. Wenn sich die Horoskope nicht gegenseitig ergänzen, ist die Möglichkeit einer Heirat ausgeschlossen. Trotzdem sind Astrologen menschlich, und ein finanzieller Anreiz kann sehr wirkungsvoll sein, um sie zu veranlassen, wichtige Geburtskarten abzuändern, wenn die Herzen sprechen, die Sterne aber etwas anderes vorschlagen.

Astrologen glauben, daß das Horoskop die Grund-Charaktere von Braut und Bräutigam angibt, von denen sie drei Typen anerkennen: *deva* («göttlich»), *manusha* («menschlich»), *rakshasa* («teuflisch»). Es ist unwahrscheinlich, daß einem göttlichen oder menschlichen Typ erlaubt wird, einen teuflischen zu heiraten, obwohl dies in gewissem Grade abhängig ist von dem Geschlecht der Typen.

*Sonnenpyramide in Teotihuaćan, Mexiko, die der ‹Schlange mit Federn› Quetzalcoatl und dem Regengott Thaloc geweiht war.*

*Der Sonnenstein oder aztekischer Kalenderstein. Dieses Stück olivfarbenen Basalts wiegt 25,5 Tonnen. Es wurde von den Azteken im 15. Jahrhundert angefertigt, und die Reliefs zeigen den Sonnengott Tonatiuh oder ‹Erdbeben›. Die ihn umgebenden vier Rechtecke enthalten die vier früheren Sonnen, die ‹Wind›, ‹Tiger›, ‹Regen› und ‹Wasser› genannt wurden. Die Azteken glaubten, sie lebten im Zeitalter der fünften Sonne, die die Menschheit zerstören würde. National Museum of Antropology, Mexiko City.*

*Abbildung aus dem Jamnapattra des Prinzen Navanibal Singh von Lahore, die den Widder darstellt. Dieses großartige Buch enthält sehr viele allgemeine astrologische Informationen. Sanskrit MS OR 5259. Britisches Museum, London.*

Was versucht der Astrologe sonst noch aus den Horoskopen zu erfahren? Mögliche sexuelle Triebe können errechnet werden und – obwohl sie nicht unbedingt eine Heirat zu verhindern brauchen – sind sie doch Grund genug für eine ernste Überlegung. Nicht nur sexuelle Harmonie zwischen den Partnern wird prophezeit, sondern auch physische und seelische und anlagemäßige Verträglichkeit. Andere wichtige Erwägungen sind: Langes Leben, Erbkrankheiten, mögliche Promiskuität, und ob der jeweilige Partner dem anderen und auch beiden Familien Glück oder Unglück bringt. Wenn nun die Horoskope untersucht und als zusammenpassend anerkannt werden, legen die Astrologen den Tag der Eheschließung fest, denn es gibt gewisse Zeiten, zu denen keine Hochzeit stattfinden darf.

Ein Paar muß versuchen, zu der von dem Astrologen festgesetzten Zeit ein Kind zu zeugen. Samstag, Dienstag, der vierte, achte, neunte und vierzehnte Tag des Mondkreislaufs sind ungeeignet für eine Empfängnis, ebenso Neu- und Vollmond. Ist eine Frau einmal schwanger, so kann sie das Geschlecht ihres Kindes bestimmen, indem sie zu astrologisch festgesetzten Zeiten gewisse Rituale durchführt. Die Astrologie legt fest, wann das Baby seinen Namen erhält, und der Anfangsbuchstabe seines Namens ist das Ergebnis von Berechnungen in Zusammenhang mit den Sternen, unter denen das Kind geboren wurde. Ein Kind wird bei allem von dem Astrologen beraten, von dem Zeitpunkt seines ersten Haareschneidens an bis zum Beginn der Ausbildung.

Ein anderer interessanter Gesichtspunkt indischer Astrologie sind die *Nadi Granthas.* Diese Palmenzweig-Manuskripte, die unzählige unpersönliche Horoskope enthalten, sind angeblich sehr alte – eines hat den Ruf, das Werk eines Astrologen aus dem Jahre 30 v. Chr. zu sein. Die *Nadi*-Anhänger erläutern, daß es 3600 Grundtypen des Schicksals an jedem Tag gibt: 150 gehen in einer Stunde über dem Horizont auf. Der Astrologe ist gewöhnlich auch mit Fähigkeiten des Straßenwahrsagers ausgestattet. Er benutzt das Nadi Horoskop, das entsprechend der Geburtszeit der Per-

*Ein indischer Tierkreis. Er wird von der oberen linken Ecke ab entgegen dem Uhrzeigersinn gelesen.*

*Trotz seines offensichtlichen östlichen Anstriches ist das westliche Auge durchaus an die meisten Zeichen dieses indischen Tierkreises gewöhnt.*

son oder manchmal nach seinem Händedruck ausgewählt wird, und macht alle möglichen persönlichen Enthüllungen über Geburt, Erziehung, Beruf, Heirat, Heim, Krankheit und gibt sogar Details über das Leben der Eltern.

Der Zweifler mag darüber lächeln und die *Nadi Granthas* als Messespitzfindigkeit bezeichnen – kein Unterschied von den großen Standwaagen, die zusammen mit Gewichtsangaben ausspucken: ‹Sie werden einem großen, dunklen, gut aussehendem Fremden begegnen und das Wasser überqueren›. Viele Leute aus dem westlichen Teil der Erde jedoch, die sehr gespannt darauf waren, ihre Zukunft durch diese Methode zu erfahren, waren aufs äußerste überrascht von der Genauigkeit der Enthüllungen und Prophezeiungen.

## Mexiko

Das mächtige Aztekenreich, das durch das Heer der spanischen Konquistadoren im frühen sechzehnten Jahrhundert fiel, hatte die Religionen und Bräuche früherer Zivilisationen übernommen, die jenen Teil Mittelamerikas bewohnt hatten. Wie sie war auch diese unglaublich kurzlebige, aber hochentwickelte Gesellschaft davon besessen, den Zeitverlauf zu messen. Unter Verwendung gewisser Fixsterne wurden Kalender entwickelt, um die Bewegungen der Sonne, Mond und Planeten zu notieren, die Jahreszeiten zu bestimmen wie auch die Zeiten für die Durchführung der Rituale, die jedem Monat zugeordnet waren. Die Azteken glaubten, daß das Schicksal jedes Menschen auf Erden, die Todesart und das Leben nach dem Tode durch das Zeichen, unter dem er geboren war, bestimmt wurde. So war es der Glaube an Vorzeichen und unerklärbare Phänomene, der die größte Macht über Leben und Gedanken dieser frühen Mexikaner besaß.

Die *tonalpouhque* oder Wahrsager waren eine Gruppe von Priestern, die geschult waren, die Lehre der *tonalpoualli* – die Wahrsage-Kalender – zu verstehen, die eine der Grundlagen höherer Bildung darstellten. Waren die Wahrsager einmal ausgebildet, so gingen sie nicht in einen Tempel, sondern übten ihren Beruf unter den Menschen aus. Da die Rituale für Geburt, Taufe und Hochzeit oder der Zeitpunkt für eine Reise oder einen Feldzug nicht durchgeführt wurden, ohne sich auf die hoch komplizierten Wahrsage-Kalender zu berufen, hatten diese Priester viel zu tun; ihr Ratschlag wurde in Lebensmitteln, Kleidung und Mahlzeiten bezahlt.

Die Azteken besaßen eine Menge von stolzem Pessimismus. Aus unserer Sicht gesehen war solcher Pessimismus gerechtfertigt, aber der Stolz entstammte ihrem Kampf um Leben und Überleben, während sie sich selbst als die unglücklichen Opfer unsichtbarer Mächte fühlten. Sie waren keine Defätisten und in gewissem Sinne war sie erfüllt von der glorreichen Gewißheit, wieder aufzuerstehen. Aus Naturbeobachtungen schlossen die Azteken, daß weder sie, noch die Menschheit überhaupt, für immer sterben, denn obgleich die Sonne jeden Abend untergeht, geht sie am Morgen wieder auf.

Kometen, Erdbeben und andere Phänomene wurden sorgfältig registriert, und die meisten von ihnen als günstige Vorzeichen angesehen. Als 1509 ein großes Licht erschien und von der Erde zum Himmel flutete (wahrscheinlich Zodialkallicht), nahm man später an, daß dies die Ankunft der Spanier vorhergesagt hatte. Die Begeisterung der Azteken, Vorzeichen zu sammeln, bedeutete, daß sie für massenhafte Aufzeichnungen in Hieroglyphen sorgten. Die Spanier, die nicht die Toleranz ihrer neuen Gefangenen gegenüber anderen Göttern und Bräuchen teilten, zerstörten viele dieser Werke mit der Begründung, sie seien schwarze Magie. Zum Glück für spätere Historiker überlebten einige Werke. Von diesen und aus eigenen Berichten der

Eroberer und Siedler ergibt sich ein Bild aztekischer Kosmologie. Dieses Bild – obwohl vollkommen verschieden von dem, was wir schon untersucht haben – zeigt deutlich, daß die Azteken Opfer vieler Hoffnungen und Ängste waren, die sie mit Menschen, die in anderen Ländern und zu anderen Zeiten lebten, teilten.

Der Wahrsage-Kalender der Azteken fußte, wie die Kalnder anderer mexikanischer Zivilisationen, auf dreizehn Zahlen (1–13), zwanzig Namen und ihren Zeichen. Hier nun die Übersetzung: Krokodil oder Wasserungeheuer, Wind, Haus, Eidechse, Schlange, Tod, Hirsch, Kaninchen, Wasser, Hund, Affe, totes Gras, Riedgras, Ozelot, Adler, Geier, Erdbeben, Feuerstein, Regen, Blume.

Das Wahrsage-Jahr hatte 260 Tage (13 × 20) und begann an 1 Krokodil und endete an 13 Blumen. Es wurde in zwanzig Teile zu dreizehn geteilt, wobei jeder mit der Zahl 1 und einem anderen Zeichen begann. Jede Gruppe wurde als glücklich, unglücklich oder unbestimmbar angesehen, was von dem jeweiligen ersten Tag abhing. Da auch andere Zahlen und Zeichen und ihre Kombination glückbringend, unheilvoll oder gleichgültig sein konnten, war das Wahrsagen keine leichte Aufgabe: In Wirklichkeit gab es wahrscheinlich 260 verschiedene Arten von Glück! Zahlen, die eine sieben enthielten und zehn und mehr, waren für gewöhnlich vorteilhaft, während alles mit einer neun das ganze Gegenteil bedeutete.

Jeder Teil stand unter der Herrschaft eines oder zweier Götter: Sonne, Mond, Venus und andere Gottheiten. Die vier Himmelsrichtungen überwachten jeweils fünf Zeichen. Die Kompaßstriche beherrschten auch Tag und Jahr in dieser Reihenfolge: Osten, Norden, Westen und Süden. So besaßen Jahr und Tag Eigenschaften, die jeder Himmelsrichtung zugeordnet wurden: Der Osten wurde gleichgesetzt mit Fruchtbarkeit, der Norden mit Unfruchtbarkeit, der Westen mit Versagen, Schwäche, Alter, Tod, der Süden hatte eine schwer zu beschreibende Eigenschaft. In derselben Reihenfolge herrschten auch die Himmelsrichtungen über die Dreizehner-Gruppen.

Da die Azteken offenbar fühlten, daß es keinen Weg gab, ein unerbittliches Schicksal abzuwenden, versuchten sie, das Schicksal durch kleine Tricks zu überlisten. Wenn ein Kind unter einem unheilvollen Zeichen geboren wurde, so war es erlaubt, bis zu vier Tagen zu mogeln, damit es unter einem günstigeren Zeichen geführt werden konnte.

Die unter der Gruppe 1 Ozelot Geborenen waren dazu verurteilt, als Gefangene zu sterben; 2 Kaninchen erzeugte Trinker; 4 Hunde gab großen Reichtum; 4 Winde war gut für Zauberer; 1 Haus begünstigte Ärzte und 7 Blumen förderte Künstler und Weber. Hochzeiten konnten nicht stattfinden, ehe nicht der Wahrsager die Zeichen, unter denen das Paar geboren war, geprüft hatte. Günstige Tage für die Eheschließung waren: Riedgras, Affe, Krokodil, Adler und Haus.

Die Sonnen- und Wahrsage-Kalender waren recht unterschiedlich, was bedeutet, daß ein Tag auf zwei verschiedene Arten benannt werden konnte. Das 365 Tage umfassende Sonnenjahr wurde in 18 Monate von je 20 Tagen unterteilt, und die 5 ‹hohlen› Tage wurden als besonders ungünstig angesehen. Jeden Monat benannte man nach irgendeinem jahreszeitlichen Ereignis oder nach in ihn fallende Feste. Das Jahr selbst wurde nach seinem ersten Namen benannt. Da dieser Name aus dem Wahrsage-Kalender stammte, war festgelegt, ob das bestimmte Jahr glückbringend sei. Aufgrund mathematischer Berechnungen waren nur vier Namen möglich: Riedgras, Feuerstein, Haus und Kaninchen, und 1 Riedgras war ungünstig. Nach unserem Kalender war das im Jahre 1519 – dem Jahr der europäischen Invasion.

Die Azteken befaßten sich besonders mit der Venus, und ihr Gott war Quetzalcoatl (‹Schlange mit Federn›) – der Gott der Priester, der Schutzherr der Selbstaufopferung, der Kalender, Bildung, Buße und Kultur. Wegen des Auftretens des Planeten zu beiden Zeiten, morgens und abends, war die Venus das Symbol für Leben und Tod. Aus eigenen Beobachtungen und denen früherer Kulturen vermerkten die Azteken, daß 5 Venus-Jahre 8 Sonnenjahren gleichen. Diese Bahnen liefen nur nach 65 Sonnen- und 104 Venus-Jahren zusammen. Die Zahl 104 ist die längste Periode in

*Xochipieti, der mexikanische Gott der Freude, der Musik, des Tanzes, der Vegetation und Fruchtbarkeit bestrafte auch vielerlei Verbrechen.*

*Quetzalcoatl, der aztekische Schirmherr über Kalender, Weisheit, Kultur und Selbstaufopferung, wurde in Verbindung gebracht mit dem hochverehrten Planeten Venus. Museum voor Volkerkunde, Holland.*

mexikanischer Zeitmessung und wurde ein ‹altes Zeitalter› genannt, da es aus zwei ‹Jahrhunderten› bestand. Das mexikanische ‹Jahrhundert› von 52 Jahren wurde durch ein Bündel von zusammengebundenen Halmen versinnbildlicht. Alle 52 Jahre fürchteten die Azteken, daß der letzte Sonnenuntergang des Jahrhunderts tatsächlich für immer der letzte sei. Um die bedrohlichen und schrecklichen Mächte der Dunkelheit und die Leere zu vertreiben, führten die Priester die Rituale des ‹Jahre Zusammenbindens› durch, wobei ein Gefangener geopfert und eine brennende Fackel in die Wunde des Opfers gestoßen wurde. Auf diese Weise war das Feuer mit Blut wieder entzündet worden, und die Sonne würde wieder einmal aufgehen. Die Welt war für ein weiteres ‹Jahrhundert› der Zerstörung entgangen.

## Andere Gegenden

Wir sind zeitlich und räumlich inzwischen weit von all dem entfernt und könnten den Rest dieses Kapitels benutzen, um einen Blick darauf zu werfen, wie Menschen in anderen entfernten Gegenden der Astrologie gegenüberstehen.

Unverkennbar haben Einwanderung und Kolonisation bewirkt, daß bestimmte Länder und Kontinente unter dem Schutz verschiedener astrologischer Traditionen stehen. Einige stützen sich auf Europa, andere auf China und etliche auf Indien. Es wurde sogar vermutet, daß mexikanische Astrologie durch alte chinesische Lehren, die über die Inseln im Pazifik dahin gelangt sind, beeinflußt worden sind. Für eine endgültige Antwort darauf, müssen wir auf Historiker und Archäologen warten.

*Tierkreisfiguren aus dem Jamnapattra des Prinzen von Navanibal Singh. Astrologische Ideen breiteten sich über Rom und Byzanz nach Indien aus. Sanskrit MS OR 5259. Britisches Museum, London*

Ausgenommen dort, wo Afrika auf die Kunst von Hindu-Astrologen durch Niederlassen von Indern und Pakistani an der Westküste gestoßen ist, scheinen Astrologen in Afrika wenig bekannt zu sein. In Südafrika jedoch mißbilligt die niederländische Reformierte Kirche das Sterngucken, da es ihrer Meinung nach der Lehre Gottes widerspricht, und sie hat sogar in einer afrikanischen Zeitung eine Spalte für Wahrsagungen verboten.

Neben einigen umherziehenden Scharlatanen und Geschäftemachern gibt es eine Anzahl achtbarer Studenten der britischen astrologischen Fakultät, die ihre Kunst im stillen ausüben und deren Kunden hauptsächlich englischsprechend und weiblich sind. Nicht europäische Südafrikaner scheinen an den Prophezeiungen der Sterne in Tageszeitungen, von denen sich die meisten zusammengeschlossen haben und weniger Aufmerksamkeit gefunden haben müssen als gewöhnlich sonst bei solchen Lesern, interessiert zu sein.

Einer der bekanntesten australischen Astrologen ist L. Furze-Morrish, dessen Werke weit und breit in England und in den Vereinigten Staaten gelesen werden. Die australische theosophische Gesellschaft erteilt Astrologie-Unterricht. Trotzdem scheinen Australier an diesem Thema desinteressiert, obwohl es eine Anzahl ernsthafter Astrologen, wie auch jene allgemeinen Sternspalten in den Zeitungen gibt. Die amerikanische Astrologie ist zu diffus, um hier genauer aufgeführt zu werden, und wir wollen in den Kapiteln, die sich auf die Bräuche des neunzehnten und zwanzigsten Jahrhunderts beziehen, einige ihrer Aspekte untersuchen.

# Das Mittelalter

*Der Kaiser Julian unterstützte den Mithraismus und hatte großes Interesse an der Astrologie. Statue. Museo Capitolino, Rom.*

*Mithras-Tempel unter der Kirche St. Clement in Rom. Vertreter des Mithraismus behaupteten, daß jeder Planet Teile der Persönlichkeit beeinflusse.*

Die Geschichte ist ein Drama ohne Ende, aber ihre Epochen – anders als in den Akten eines Theaterstückes – hören nicht klar, von der nächsten durch einen Vorhang getrennt, auf. Als das römische Reich in endgültigem Chaos zusammenbrach, aber seine mächtige Knechtschaft über Geist und Körper noch in vielen Ländern beibehielt, begann ein kleines Leuchtfeuer die Dunkelheit zu erhellen. Das war das Christentum.

Seine Anhänger kamen aus den unterschiedlichsten Milieus und waren natürlich noch stark beeinflußt vom Glauben ihrer Vorfahren, den sie mit dem neuen Glauben in Einklang zu bringen versuchten. Da die Kirchenväter niemals hoffen konnten, all die so tief im Denken der neuen Christen verankerten Ideen zu unterdrücken, übernahmen sie einige heidnische Bräuche und änderten sie ab, während sie viele Praktiken, wie die Astrologie, als Ketzerei oder Werk des Teufels ablehnten. Dies verhinderte häufig weitere Erforschung und Diskussion des bestehenden Wissensstandes und brachte zeitweise die wissenschaftliche und philosophische Entwicklung in Westeuropa zum Stillstand. So wurde die klassische Weisheit der Obhut jüdischer und islamischer Gelehrter anvertraut, die vielleicht dafür verantwortlich waren, daß sie auf dem Weg über Südspanien wieder nach Europa zurückkehrte.

Heidnische Gottheiten waren die Vorgänger der christlichen Teufel, obwohl einige – entsprechend verändert – viele Merkmale späterer Heiliger teilen mußten. Wo es möglich war, wurden heidnische Heiligtümer mit christlichen in Verbindung gebracht, und hohe christliche Feste wurden an schon lange heidnischen und astrologischen Ritualen gewidmeten Tagen gefeiert. Seltsamerweise hatte dies zur Folge, daß die alten Traditionen vielmehr beibehalten als ausgerottet wurden, so daß eine Epoche wie die unsere – die entfernt ist von den ersten Ursprüngen des Glaubens – sogar noch schwach mit jenen alten Vorstellungen verbunden ist.

Ehe wir untersuchen, wie die frühen Christen auf die Astrologie reagierten, müssen wir das Verhalten des Mithraismus und Judentums betrachten. Der Mithraismus wurde seit dem ersten Jahrhundert n. Chr. beliebt und verdrängte fast das Christentum in seinem Anfangsstadium, und das Judentum war der Vorläufer und Zeitgenosse des christlichen Glaubens.

## Mithraismus

Diese Religion, die auf dem Sonnengott Mithras, dem Gott des Lichtes und der Wahrheit, beruhte, hatte sich von chaldäischen und persischen Ursprüngen nach Westen ausgedehnt und brachte astrologische Bräuche mit sich. Wir finden Tierkreiszeichen unter den Skulpturen in den verfallenen Tempeln des Mithras. Die geheimen Rituale waren nur den Anhängern des Kultes bekannt, von denen viele römische Soldaten waren, was erklärt, wie sich der Glaube bis zu den äußersten Vorposten des römischen Reiches ausdehnte. Als Rom an Macht verlor, ging auch die Religion zurück. Dieser Faktor und der Ausschluß von Frauen mag das Ende dieser Religion erklären, und es

ist ebenfalls wahr, daß die Anbeter des Mithras sich nicht für die eifrige Bekehrung, die mit dem frühen Christentum verbunden war, interessierten. Viele mithraische Bräuche sind den christlichen sehr ähnlich, einschließlich des Geburtstags ihres Begründers am 25. Dezember zur Zeit der Wintersonnenwende und des Sonntags, der auch als heiliger Tag noch heute beibehalten wird.

Die Religion erreichte um 275 ihren Höhepunkt und wurde im vierten Jahrhundert vom Christentum abgelöst. Während seiner Regierungszeit (331-363) versuchte Kaiser Julius, als der Abtrünnige bekannt, das Christentum durch den Mithraismus zu ersetzen, und er war ein begeisterter Anhänger der Astrologie, von der er behauptete, sie ohne Bücher und Lehrer erlernt zu haben.

Der Mithraismus vertritt die Ansicht, daß die Seele vom Himmel auf die Erde niedersteigt, wobei sie durch die Planetensphären reist und dabei die für jeden Planeten typischen Eigenschaften erwirbt. Nach dem Tode unternimmt die Seele wieder eine Reise, wobei sie die auf der Erde erlangten Triebe abwirft: Zum Mond gehen Persönlichkeitsmängel; zu Merkur die Habsucht; zur Venus sexuelle Wünsche; zur Sonne Intelligenz; zum Mars Begeisterung für den Krieg; zum Jupiter Ehrgeiz; zu Saturn Faulheit. In der achten Sphäre verweilt die Seele im Himmel der Götter. Diese Reise wurde durch eine aus verschiedenen, jedem Planeten entsprechenden Metallen bestehende Leiter versinnbildlicht.

*Das Zeichen des Steinbocks aus einer Synagoge in Dura-Europus. 1. oder 2. Jahrhundert n. Chr. Louvre, Paris.*

## Die jüdische Tradition

Wenn wir uns anschauen, wie viele der großen Werke, die religiöse und philosophische Thesen bestimmter Kulturen enthalten, sich unzählige Male auf die Astrologie als Teilwissenschaft und Teiltheologie beziehen, ist es seltsam festzustellen, wie wenige im Alten Testament davon zu finden sind. Gewiß, es werden darin die Juden gewarnt, sich mit okkulten Dingen zu befassen. In Kapitel 18 des 5. Buches Moses finden wir: ‹. . . , daß nicht jemand unter dir gefunden werde, der seinen Sohn oder seine Tochter durchs Feuer gehen läßt oder Wahrsagerei, Hellseherei, geheime Künste oder Zauberei treibt oder Bannungen oder Geisterbeschwörungen oder Zeichendeuterei vornimmt oder die Toten befragt. Denn wer das tut, der ist dem Herrn ein Greuel . . .›.

Während die anderen Völker zum Himmel schauten und auf ihre Zeichen reagierten, wird den Juden in Jeremia der Rat gegeben: ‹So spricht der Herr: Ihr sollt nicht den Gottesdienst der Heiden annehmen und sollt euch nicht fürchten vor den Zeichen des Himmels, wie die Heiden sich fürchten›. Nachdem die Juden die Gesetze mißachtet hatten, beschloß der gute König Josua, alle Zeichen heidnischer Praktiken zu vernichten: ‹Und er setzte die götzenverehrenden Priester ab, denen die Könige von Juda befohlen hatten, an bedeutenden Plätzen der Städte von Juda und den Orten um Jerusalem Weihrauch zu entzünden; auch jene, die Baal, der Sonne und dem Mond und den Planeten und allen Herren des Himmels Weihrauch entzündeten›.

*Die Magier, die bekannt sind durch ihre Rolle in der Geschichte von der Geburt Jesu, waren alte in Astrologie und okkulten Dingen bewanderte persische Priester. Gemälde. 14. Jahrhundert. Römische Schule, Badia.*

Die Worte des jüdischen Propheten hatten wenig mit den Prophezeiungen der sternguckenden Priester anderer Völker zu tun, sondern waren vielmehr die während eines traumähnlichen Zustandes der Verzückung gemachten Äußerungen.

Von der Zeit Nebukadnezars an lebten viele Juden in Babylon, und wir können annehmen, daß einige an der Schule für Astrologie studierten, während andere sich für in Umlauf befindliche astrologische Ideen interessierten oder dadurch beeinflußt gewesen sein müssen. Entsprechend chaldäischer Überlieferung symbolisierte die Konstellation Fische die Mittelmeerländer. Für die Juden waren die Fische das Symbol für Israel und den ersehnten Messias. In seinem faszinierenden Buch *‹Die Bibel als Geschichte›* unterbreitet Werner Keller den von einigen Astrologen geteilten Vorschlag, daß der berühmte Stern von Bethlehem in Wirklichkeit die Konjunktion von Jupiter und Saturn in den Fischen war. Dies geschah dreimal in einem Jahr. Aus astronomischen Berechnungen geht hervor, daß das Datum der eigentlichen Geburt des Christentums 7 v. Chr. hätte sein können. Alle Kulturen betrachteten Jupiter als glückbringenden und majestätischen Stern, und nach jüdischem, auf babylonischen Ideen fußendem Brauch galt der Saturn als Beschützer Israels. Der römische Historiker Tacitus beschreibt Saturn genauso. So konnten astrologisch orientierte Juden jener Zeit nicht umhin, sich über die Zeichen am Himmel zu wundern. Vielleicht kam endlich ein mächtiger König, um sie zu führen.

Die Magier waren ursprünglich ein persicher Priesterstamm mit viel Geschick für Traumdeutung, Astronomie und Astrologie. Sie mögen die Konjunktion in dem Jahr gesehen haben und folgerten nach astronomischer und astrologischer Lehre, daß sie wieder auftreten werde und dieses Phänomen eine bedeutungsvolle Ankündigung war. Ehe drei von ihnen zum Stall nach Bethlehem gekommen waren, hatten sie König Herod aufgesucht und gefragt: ‹Wo ist er, der als König der Juden geboren wurde? Denn wir haben seinen Stern im Osten gesehen und sind gekommen, ihn anzubeten›. Solches Interesse mag auch auf einem Horoskop basieren, das andeutete, in jenem Jahre werde eine Geburt von höchster Wichtigkeit stattfinden. Es ist seltsam, sich vorzustellen, daß die frühen Kirchenväter, obgleich sie die Astrologie herabsetzten, der Tatsache ins Auge sehen mußten, daß ihr eigener Glaube entstanden war, indem er von etwas, was als bedeutendes astrologisches Ereignis angesehen werden mußte, angekündigt wurde.

Nach ihrer Ausbreitung im Jahre 135 n. Chr. waren die Juden über ein weites Gebiet verstreut. Viele ließen sich schließlich in Südspanien nieder, wo jüdische und arabische Ärzte besonders von maurischen und später christlichen Herrschern geschätzt waren. Zwischen dem zwölften und vierzehnten Jahrhundert standen Medizin, Mathematik und Astrologie in Wechselbeziehung zueinander, und so besaßen jüdische Gelehrte einen starken Einfluß auf alles, was mit der Astrologie zu tun hatte. In die medizinische Praxis verstrickt waren die alten Vorstellungen, daß Teile des Körpers von bestimmten Planeten beeinflußt werden, daß medizinische Kräuter zu bestimmten Zeiten der Mondbahn oder unter bestimmten Zeichen gepflückt und daß eine Krankheit nach Überprüfen der Geburtskarte behandelt werden sollte. Viele Juden beherrschten die arabische und griechische Sprache und waren verantwortlich für die Übersetzung klassischer griechischer

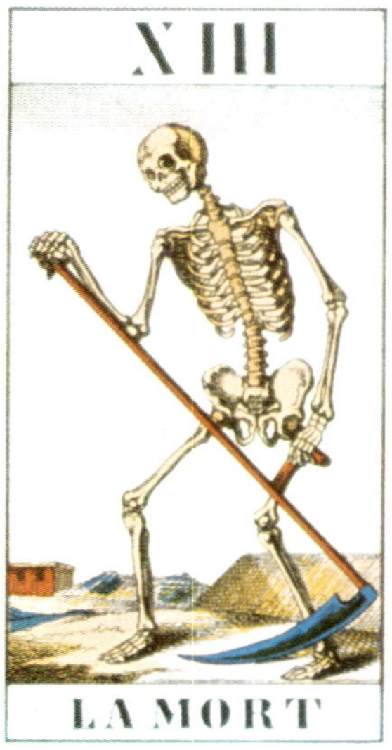

Werke der Astrologie, von denen sie aus den Bibliotheken von Byzanz und Alexandria Abschriften mitgebracht hatten.

Der Vorleser der Synagoge von Toledo, Isaak Ibn Sid, gab die berühmten astronomischen Tafeln heraus, die als die *Alfons-Tafeln*, nach dem König Alfons X., dem Weisen von León und Kastilien genannt, bekannt sind. Sie regelten astronomische Berechnungen im Mittelalter, und geographische Länge und Breite wurden, bis zur Errichtung des Greenwich Observatoriums, von Toledo aus grob geschätzt. Ein anderer jüdischer Gelehrter, Abraham Ben David, glaubte, daß Gott das Schicksal der Menschen den Sternen übergeben hatte, aber daß der eigene Intellekt des Menschen helfen konnte, ihren ungünstigen Mächten entgegenzuwirken. Nahmanides, ein Arzt am Hofe von Barcelona im dreizehnten Jahrhundert, verteidigte die Astrologie als eine Wissenschaft. Er behauptete, daß die Sterne das Schicksal des Menschen überwachen, Gebet und tugendhaftes Leben, aber alles, was das Schicksal an Unglück noch vorrätig habe, auf ein Minimum herabsetzen könnte.

Nicht alle großen jüdischen Astrologen waren der Astrologie wohlgesonnen. Moses Maimonides, der in Cordoba geboren war und später Saladius Leibarzt wurde, war recht skeptisch und schrieb: ‹Jeder, der an diese und ähnliche Dinge glaubt und felsenfest davon überzeugt ist, daß sie wahr und weise sind, obwohl der Torak sie doch verboten hat, gehört zu den Narren und Dummköpfen und ist in die Gruppe der Frauen und Kinder einzuordnen›.

Das vielleicht berühmteste jüdische Werk, das astrologische Traditionen beeinflußte, war die Kabbala, eine Sammlung von Lehren, die Moses angeblich den Rabbis übergeben hatte. Es handelt sich um einen grundlegenden symbolischen Kommentar über die Thora (die ersten fünf Bücher des Alten Testaments) und ist eines der ältesten Verfahren allegorischen Denkens, das einst als Schlüssel zu allen Geheimnissen des Universums betrachtet wurde. Davon wurden Philosophen, religiös Denkende, Astrologen, Alchimisten und Zauberkünstler aller Glaubensrichtungen vom Mittelalter bis zum heutigen Tage angezogen und beeinflußt. Die Ursprünge liegen im dunkeln, aber sie mag den ägyptischen Mysterien einiges verdanken: Die Kabbala besteht hauptsächlich aus zwei Werken: dem *Buch der Bildung*, das zwischen dem zweiten und sechsten Jahrhundert n. Chr. geschrieben ist, und dem *Buch der Herrlichkeit*, das hauptsächlich in Spanien gegen 1275 von Moses Leon veröffentlicht wurde.

Die Verfasser der Kabbala müssen mit der Philosophie von Aristokles und Pythagoras vertraut gewesen sein, denn sie teilten das Konzept der planetarischen Entsprechung. Zwölf von den zweiunddreißig wegen zu verborgener Herrlichkeit, die die Grundlage kabbalistischen Denkens und Meditierens bilden, gab man Tierkreis- und Planeten-Entsprechungen. Der Zodiakus stellt Erlebnisstufen dar, die von menschlichen Seelen ständig durchlaufen werden müssen. Ähnliche Entsprechungen findet man in den zweiundzwanzig Trümpfen des höchst interessanten Tarot-Spieles, das ebenfalls von der Kabbala beeinflußt wurde.

Moses Leons Worte sind gewiß ein Echo astrologischer Einstellungen, denen wir schon begegnet sind: ‹Es gibt sieben Planeten, die sieben Firmamenten entsprechen und von denen die ganze Welt gelenkt wird. Die Worte «es werde Licht» beziehen sich auf den Mond, und «sie werden zu vier Lichtern» deutet auf

*Die 22 Trumpfkarten des Tarot. Niemand weiß genau, wann die Tarotkarten entstanden sind. Sie werden noch zum Wahrsagen verwendet und bei einem Spiel, das ‹tarocchini› heißt und in Italien und Mitteleuropa beliebt ist. Die 22 Karten sind an die Bahnen in der Kabbala angeschlossen und deshalb mit den mystischen Aspekten der Astrologie verbunden.*

die Sonne hin. Sie sollten die vier Jahreszeiten darstellen, denn Jahreszeiten, heilige Tage, Neumonde und Sabbat werden durch sie festgelegt. Die übernatürlichen Welten liegen oberhalb von ihnen. Es gibt zwei Welten, eine höhere und eine tiefere, wobei die tiefere nach dem Vorbild der höheren gestaltet ist›.

Dies und viele andere astrologische Werke übten eine gewaltige Anziehungskraft auf Gelehrte anderer Glaubensrichtungen aus, und viele aufrechte Christen müssen gefühlt haben, daß für ihre eigenen Gelehrten, die in von jüdischen und arabischen Wissenschaftlern gesammelten und beibehaltenen Weisheiten herumpfuschten, die große Gefahr bestand, verdammt zu werden. So sahen sich im zwölften und dreizehnten Jahrhundert die Dozenten an den jungen Universitäten in Westeuropa mit der Aufgabe konfrontiert, die Bildung der Antike, die viel astrologische Lehre beinhaltet, mit den Lehren der Kirchenväter, die solches Heidentum mißbilligt hatten, in Einklang zu bringen.

## Die Haltung der Kirche

Die ersten Jahrhunderte des Christentums wimmelten von dem, was später von den Orthodoxen als Ketzerei angesehen wurde. Von unserem Standpunkt aus ist es leicht zu sehen, daß die Denker solcher Sekten nur versuchten, das neue Christentum mit bestehenden Lehren zu verschmelzen, hauptsächlich mit denen orientalischer und griechischer Philosophen, darunter ganz besonders den metaphysischen Ideen von Pythagoras und Platon. Trotz der klaren Zeitdatierung, die ‹Anno Domini› beginnt, griffen das Christentum und andere Glaubensrichtungen für lange Zeit ineinander über.

Bis zu der Erklärung des hl. Augustinus gegen die Astrologie, die einen der größten Einflüsse auf die Haltung der Kirche hatte, taten christliche Verfasser ihr möglichstes, um ihren Glauben mit den Lehren in Einklang zu bringen, die astrologische Inhalte einschlossen. Wir können uns durch das apokryphe christliche Werk *Die Klementinischen Erkenntnisse*, das vorgab, Schriften eines Klementin an Jakob, den Bruder Jesu, zu sein, der in der Zeit zwischen Kreuzigung und Auferstehung mit einer kleinen Gruppe von Christen in Verbindung stand, eine Vorstellung davon machen, wie einige der frühen Christen zur Astrologie standen.

Zu einer dieser ketzerischen Sekten gehörten die

*Die Synagoge in Toledo. Die jüdischen und arabischen Gelehrten, die in den frühen Jahrhunderten des Christentums in Spanien lebten, taten viel, um die Kenntnisse über die Welt der Antike einschließlich der Astrologie zu pflegen und zu fördern.*

Arabische Astrologen, die Berechnungen durchführen. 16. Jahrhundert. Kupferstich.

Gnostiker, die ihren Hauptsitz in Alexandria hatten. Alexandria und die Gebiete, die unter islamische Herrschaft fielen, hielten die Astrologie aufrecht, während sie im Westen zwischen dem fünften und zwölften Jahrhundert zurückging. Wenn ein Mensch geboren wurde, kam nach gnostischem Glauben die Seele vom Himmel herunter und mußte die durcheinanderwirbelnden kristallenen Sphären der Philosophie des Pythagoras durchqueren, die die Gnostiker nicht mehr als mathetmatische Konzepte, sondern als Barrieren zwischen Mensch und Himmel ansahen. In jeder Sphäre erlangte die Seele Eigenschaften, die ihre Vollkommenheit minderte. Nach dem Tode versuchte der Archon (oder Herrscher) jeder Sphäre, die Seele daran zu hindern, zu ihrem göttlichen Ursprung zurückzukehren. Die Gnostiker glaubten, daß der Einfluß der Sterne auf das Schicksal des Menschen ungünstig sei. Wir sollten über ihre Gründe, die zu dieser Schlußfolgerung führten, nicht zu sehr überrascht sein. Seit die frühen Christen damit beschäftigt waren, die Götter des Olymp in Dämonen zu verwandeln, konnten heidnische Praktiken wie die Astrologie leicht mit boshaften Einflüssen durchdrungen werden.

Das große Hindernis für die frühen Christen war der Determinismus, der aus dem Glauben an die Astrologie resultierte. Grundsätzlich hätte die Astrologie von ihrem Standpunkt aus mißverstanden werden können, da sie zahlreichen Göttern, anstatt eines einzigen allmächtigen Gottes, wie auch Naturkräften zugestand, menschlichen Willen zu beeinflussen. Der hl. Ephraim, der im vierten Jahrhundert schrieb, zeigt diese Verwirrung auf: ‹Wenn Gott gerecht ist, kann er nicht geburtsbezogene Sterne geschaffen haben, wodurch der Mensch notwendigerweise zum Sünder wird›.

Der Stern von Bethlehem stellte eine besondere astrologische Schwierigkeit für die Christen dar, die beides wollten, einerseits die Gültigkeit der Prophezeiung durch Himmelskörper in Abrede zu stellen und andererseits Anspruch auf seinen dämonischen Ursprung zu erheben. Für den hl. Hieronymus, der zu Beginn des Christentums lebte, schien es dabei weniger Schwierigkeiten gegeben zu haben. Er räumte ein, daß die Weisen aus dem Morgenlande selbst Astrologen gewesen seien. Erst die spätere Überlieferung machte sie zu weisen Königen. Die Kirchenväter, die in ihrer Frömmigkeit in höchstem Grade gewitzt waren, beschlossen, daß der Stern über dem Stall ein echtes, unverfälschtes Beispiel der Astrologie sei, aber nichts zu tun habe mit der Art von Dingen, die Scharlatan-Astrologen erfunden hatten: Es war ein Zeichen und

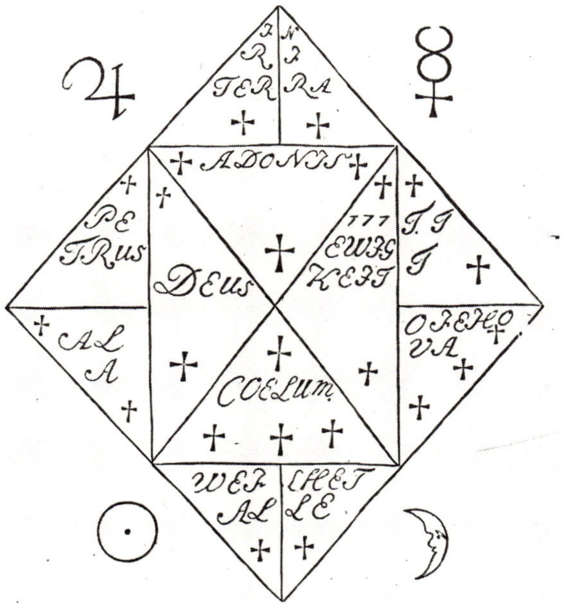


Der Kabbalismus schloß in seine umfassende Lehre astrologische Ideen mit ein. Dieses kabbalistische Diagramm sollte alle bösen Geister herbeirufen und kontrollieren, um verlorene Schätze zu finden.

Marmorner Intarsienboden, San Miniato, Florenz. 13. Jahrhundert. Die Tierkreisbilder zeigen starke arabische Einflüsse.

*Dieser schöne und typische persische Teller, 1563-1564, ist von Abd al-Wahid signiert. Die traditionellen Tierkreiszeichen wurden von den Arabern übernommen, die stark beeinflußt waren von der Astrologie und der Idee vom Schicksal. Staatliches Museum, Berlin.*

*Seite 75: Der hl. Augustinus beim Arbeiten. Botticelli. Uffizi Galerie, Florenz.*

nicht eine Ursache. Während der Stern einen festen Platz im Evangelium des Matthäus und im Geist der meisten Christen hat, ist es schwer zu verstehen, wie die Kirchenväter das neue Testament und darin die Offenbarung des hl. Johannes ansahen, die angefüllt ist mit symbolischen, hellseherischen Details, von denen viele starke astrologische und zodiakale Bedeutungen haben.

In Alexandria nahm die Philosophie des Neuplatonismus – einer der Rivalen des Christentums, wie auch sein spitzfindiger Veränderer – ihren Anfang, die versuchte, östliche und westliche Konzepte in einer Ehe zwischen der Philosophie Platons und orientalischer Mystik zu verbinden. Einer seiner Hauptvertreter war Plotinos, der 205 n. Chr. in Ägypten als Sohn griechischer Eltern, die später nach Italien auswanderten, geboren wurde; und dieser Neuplatonist legte eine Theorie vor, die Christentum und Astrologie miteinander in Einklang brachte. Seine Theorie war, daß Gottes Wille stärker als der Einfluß der Sterne sei, die nicht wirklich Ereignisse auf der Erde hervorrufen, sondern nur die Zeichen seien, die diese Ereignisse ankündigten. Mit seinen eigenen Worten: ‹Die eigentliche Ursache ist die Seele, die Inspiration des großen belebenden Geistes›.

Dank Plotinos konnten später orthodoxe Christen wie Thomas von Aquin und einige Päpste der Renaissance sicher Anhänger der Astrologie werden, ohne in theologischen Irrtum zu fallen, und dies mag erklären, warum so wenige Astrologen zu späterer Zeit wirklich verfolgt wurden, während andere mit unerklärlichen Fähigkeiten schrecklich leiden mußten.

Wir sollten nicht glauben, daß die Astrologie unter dem Christentum einfach für längere Zeit in Winterschlaf gefallen war. Selbst als der hl. Augustinus die Astrologie anprangerte, hatte sie immer noch ihre gelehrten christlichen Rechtfertiger, deren Werke zur gleichen Zeit wie die der Kirchenväter gelesen worden

*Tierkreis, Stundenglas, Fachbuch und Kristallball bilden die Ausstattung dieses arabischen Astrologen. Frühes 17. Jahrhundert. Randzeichnung eines Blattes aus ‹Jehangirs Album›.*

*Königlicher Astrologe mit Instrument. Miniatur der arabischen alten Handschrift von Allah al-Kaswirs ‹Kosmographie›, die 1390 in Damaskus geschrieben wurde.*

sein müssen. Die *Mathesis*, das Werk eines römischen Intellektuellen und Aristokraten, Julius Firmicus Maternus, wird immer noch als Klassiker seiner Art angesehen. Maternus glaubte, der Astrologe müsse ein rechtschaffenes Leben führen, weil er zwischen Seelen und Himmelskörpern schlichten müsse. Für ihn war die menschliche Seele ein Funke des göttlichen Geistes, der seine Kraft durch die Sterne gebraucht.

Ein anderer Christ, der schließlich Bischof wurde, war Synesios von Kyrene. Er betrachtete das Astrologen-Studium als Vorbereitung auf das höhere Studium der Theologie. Er folgerte, daß die Astrologie akzeptiert werden könnte, weil sich die Geschichte selbst immer wiederholt, da die Sterne zu ihrer früheren Stellung zurückkehrten. Nach Synesios ist das Universum eine Einheit, und seine Teile werden durch Sympathie zusammengehalten. Diese Theorie wurde im 20. Jahrhundert von dem Psychologen C. G. Jung wiederaufgenommen und weiterentwickelt.

Während jedoch diese gebildeten und aufrichtigen Männer ihr Bestes gaben, den Ruf der Astrologie zu verbessern und zu erhalten, hatten sie wenig Macht, den schrecklichen Bischof von Hippo, den hl. Augustinus (354–430), zu beeinflussen. Seine Ansichten über Astrologie waren seltsam, ähnlich seine Haltung gegenüber Keuschheit, von der er verlangte, daß sie ihm lieber später als früher zugesprochen würde: Er sah die Astrologie als etwas Böses an und lehnte sie sogar als nachweislich untauglich ab. Vielleicht gingen seine Ansichten auf seine Jugend zurück, in der er zugestand, an die Astrologie zu glauben und Astrologen um Rat zu fragen. In der *Stadt Gottes*, die der hl. Augustinus nach dem Sturz Roms 410 n. Chr. schrieb, erklärte er: ‹Diejenigen, die meinen, Sterne bestimmten unser Tun und unsere Leidenschaften, ob gut oder schlecht, ohne Gottes Einwilligung, müssen und dürfen nicht angehört werden . . . Denn was bedeutet diese Meinung anderes als den Ausschluß jeglicher Gottheit . . .›. Da er zustimmte, daß gewisse astrologische Vorhersagen sich als nichtig erwiesen, erklärte er, daß Astrologen ‹so oft Antworten fanden, die wunderbar wahr sind, aber nicht aufgrund ihrer angeblichen Kunst, sondern durch Eingebung von bösen Geistern›.

Astrologie war für die Kirchenväter eher unmoralisch als nicht zutreffend, aber das frühe Christentum war geneigt, jede Art von Wissenschaft als Ketzerei abzutun, nur weil es sich eben um eine Wissenschaft handelte. In einem Brief schrieb der hl. Augustinus, daß es besser sei, den Fehlern der Astrologen keine

Beachtung zu schenken ‹als gezwungen zu sein, die göttlichen Gesetze oder sogar die Kontrolle über uns selbst zu verdammen und zu verwerfen›. Er zitiert ein ziemlich gelungenes und unterhaltsames Beispiel darüber, wie ein Astrologe, der fest an seine Berufung glaubt, auch das Gesetz der Sterne auf seinen eigenen Herd anwenden muß. Wenn er also seine Frau beschimpft oder sogar schlägt, nicht wegen wirklicher Untreue, sondern wegen etwas Belanglosem wie zu lange aus dem Fenster schauen, so hat sie das Recht, seine Rohheit mit seiner eigenen Philosophie zurechtzuweisen und zu sagen, er solle lieber Venus schlagen als sie, da dieser Planet ihr Verhalten beeinflußte.

Der Fatalismus griechischer Philosophie, der Neuplatonismus und der gnostischen Christen war das genaue Gegenteil der Lehre vom freien Willen des hl. Augustinus. Wie heftig er auch gegen die Astrologie war, ging er doch nie so weit, sie zu verbieten: Etwas, das eigentlich seit dem Konzept des Tierkreises unmöglich gewesen sein sollte, war nun tief im Denken der Menschen verwurzelt.

Wahrscheinlich wegen der starken griechischen und östlichen Einflüsse schien das andere große christliche Zentrum, Byzanz, die Astrologie vollkommen akzeptabel zu finden. Konstantin, der Begründer dieser Stadt, war als Christ gestorben, aber seine Stadt war

*Der arabische Astrologe Albumazar, der zwischen Einflüssen von Planeten und den Fixsternen unterschied.*

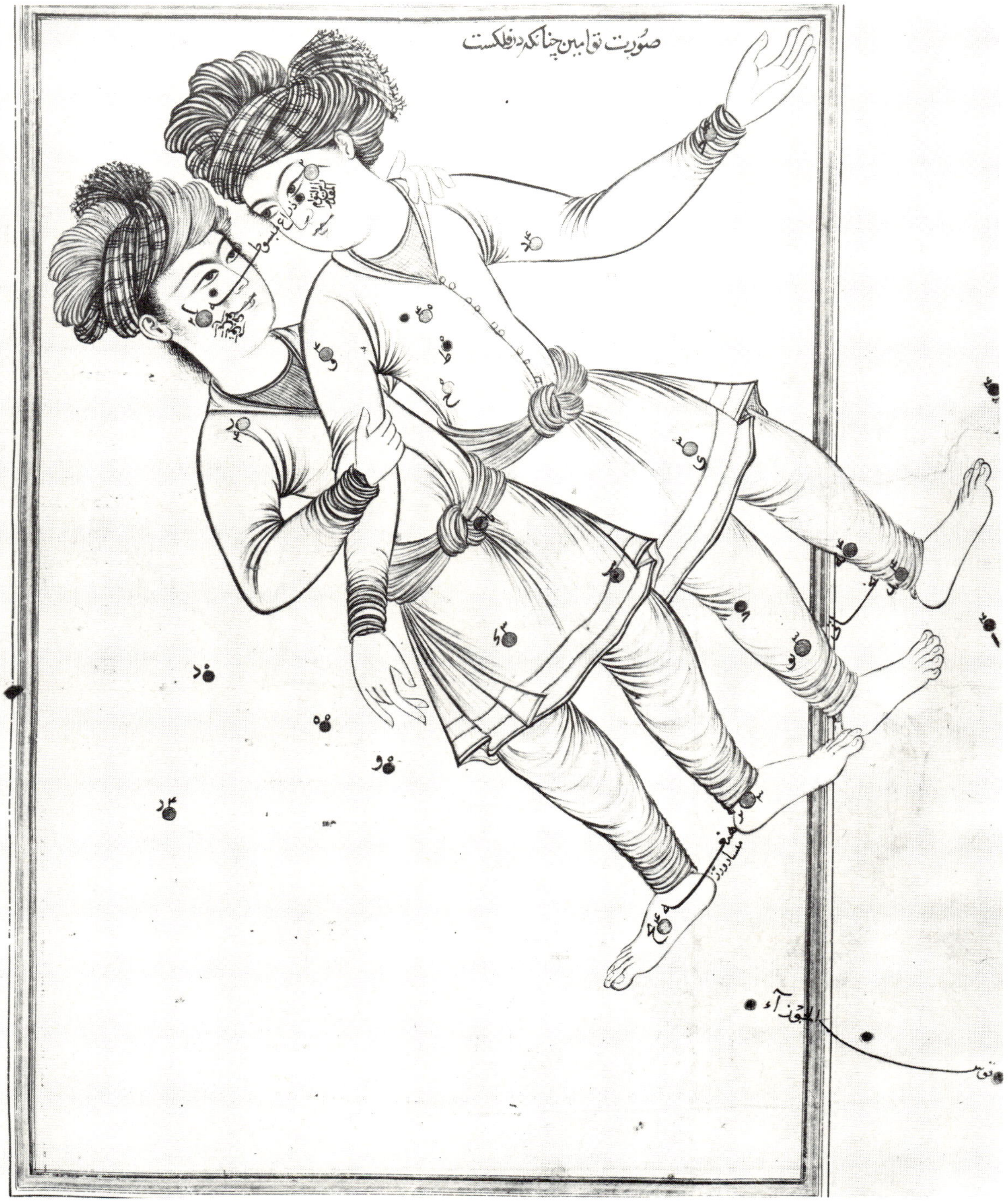

*Zwillinge. Ein Beispiel aus der Reihe der zwölf Tierkreiszeichen aus ‹Das Buch von Sternen und Konstellationen›. Persische Handschrift aus dem 17. Jahrhundert. Spencer Collection, The New York Public Library.*

venus
olibros
teodosi
seneca

nach heidnischem Ritual eingeweiht worden, und ein Astrologe hatte die Geburtskarte erstellt: Die Astrologie war offensichtlich ein beliebtes und blühendes Geschäft in Byzanz, und sogar die berühmten Wagen-Rennen waren von den vermeintlichen Diktaten der Planeten beeinflußt.

Da unsere Gedanken sich nach Osten gewandt haben, sollten wir anschauen, wie die zeitgenössische arabische Welt auf die Astrologie reagierte. Tatsächlich schien der größte Teil ihrer Wissenschaft in einer Weise damit verbunden zu sein. Der berühmte Arzt Avicenna (980–1037) benutzte astrologische Berechnungen für seine medizinische Tätigkeit.

In Bagdad baute der Kalif Harun el-Rashid ein großes Observatorium für astronomische und astrologische Zwecke. Es wurde von dem berühmten Astrologen Albumazar benutzt, dessen Buch über dieses Thema die Grammatik und Kunstfertigkeit der griechischen und ägyptischen astrologischen Überlieferungen enthielt. Albumazar versuchte auch, die von den Neuplatonisten aufgeworfenen Probleme zu lösen: nämlich die Stärke des Einflusses, den die Planeten ausüben und wie viel freien Willen der Mensch über sein eigenes Schicksal hat. Dennoch ließ er die Dinge in so kompliziertem Zustand zurück, daß Astrologen treffend durch feine Argumente Fluchtwege finden konnten, wenn Schicksal und Horoskop eines Kunden voneinander abwichen. Obwohl die Araber eine große Sammlung schriftlichen Materials über die Astrologie herausgaben, schien es ihnen an griechischem Erfindungsgeist zu fehlen, und sie ließen zu, daß die Astrologie nach dem 12. Jahrhundert in das Reich der Zauberei gleiten konnte.

Gegen Ende des zehnten Jahrhunderts ging es mit dem Kalifat von Bagdad zu Ende, aber islamische Gesetze galten in Spanien noch Jahrhunderte weiter. Spanien war das Sprungbrett für den Islam nach Europa, und dies war einer der Hauptwege, auf dem das Wissen aus dem Altertum über Astrologie und Astronomie in den Westen zurückkam. Am Ende des zehnten Jahrhunderts wurde ein gewisser Gerbert, der in Spanien erzogen worden war, Papst Sylvester und brachte so seinen Wissensschatz und seine Interessen mit nach Italien. Dieser Papst war besonders an der Astronomie interessiert und verwandelte sogar einen der Türme des Lateran-Palastes in ein Observatorium.

*Mond und Jupiter im Schütze, darunter die anderen Planeten. Aus einer astrologischen Abhandlung von Albumazar. Arabische Handschrift des 13. Jahrhunderts. Bibliotheque Nationale, Paris.*

*Seite 78:*
*Dieser Buchschmuck aus dem 14. Jahrhundert veranschaulicht, wie einzelne Planeten in Verbindung standen mit bedeutenden Menschen, die von ihnen gelenkt wurden. Österreichische Nationalbibliothek, Wien.*

*Der 1066 erschienene Komet ist wohl von den Engländern als unglückliches Vorzeichen gedeutet worden. Unabhängig von der Haltung der Kirche rief das Erscheinen ungewöhnlicher Phänomene am Himmel im allgemeinen unter dem Volk Furcht hervor. Ausschnitt aus dem Bayeuxteppich.*

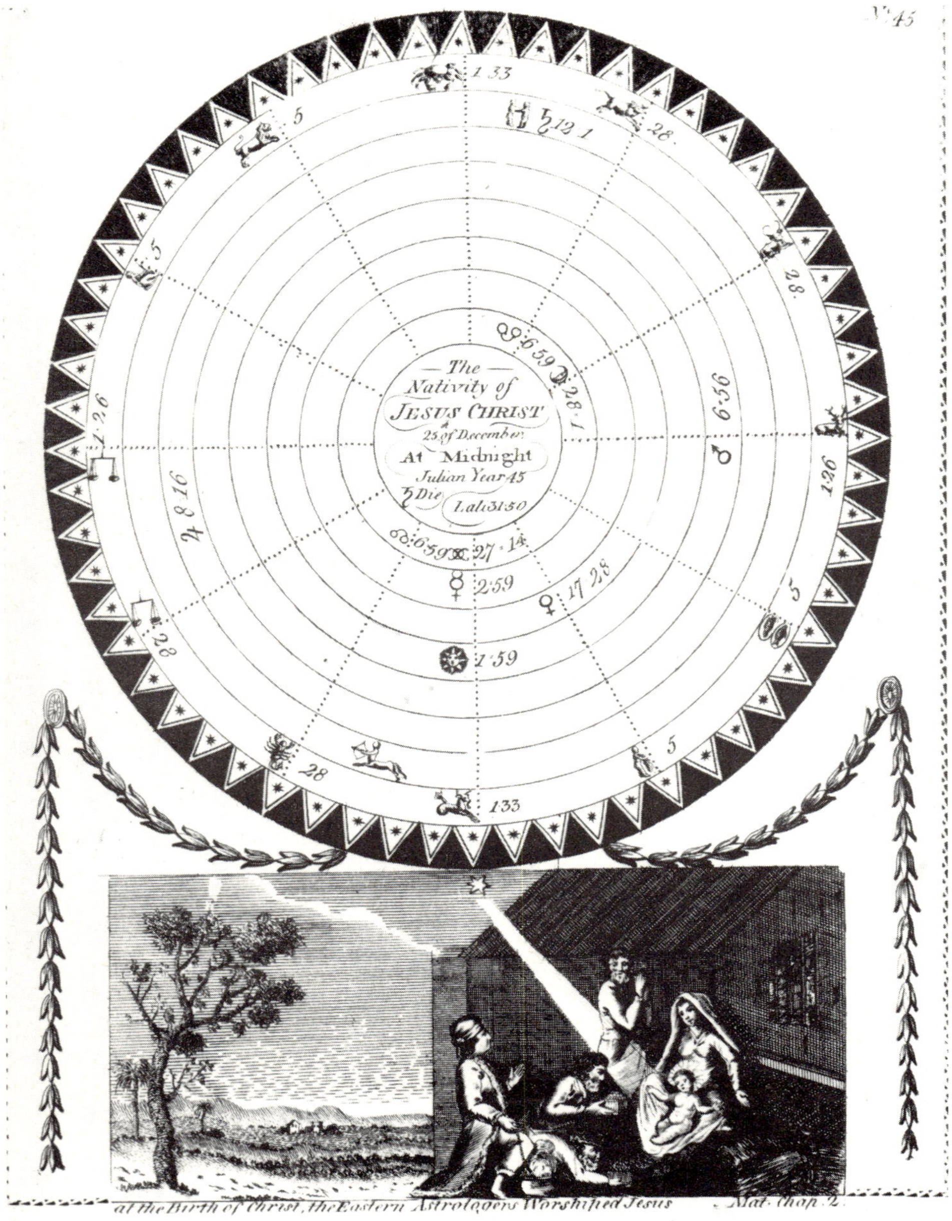

*Wenn auch spätere Astrologen versuchten, das Horoskop Jesu Christi zu erstellen, so betrachteten die frühen Kirchenväter solch einen Versuch als ketzerisch. Horoskop Christi aus ‹Eine umfassende Darstellung der okkulten Wissenschaften› (‹A Complete Illustration of the Occult Sciences›) von Ebenezer Sibly, 1790.*

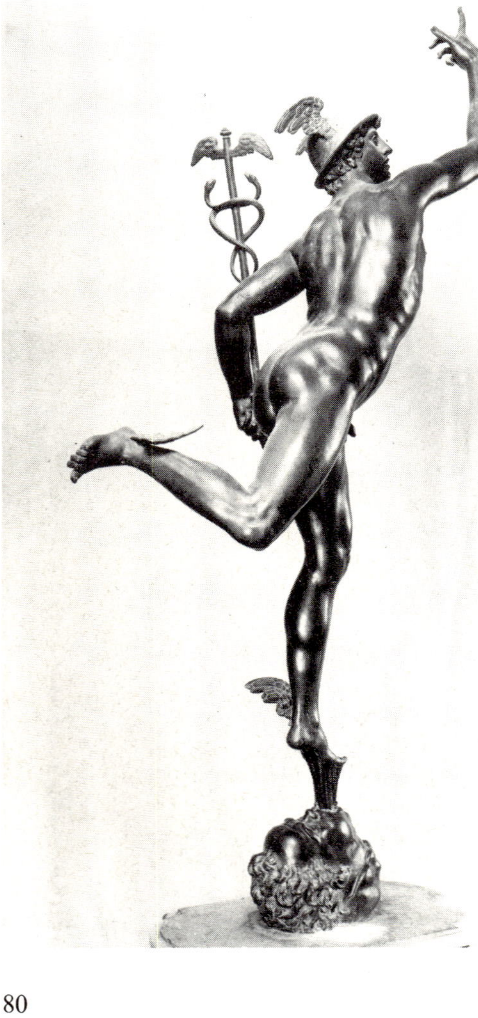

*Merkur, der Götterbote. Man glaubte, der Planet Merkur sei der Herrscher über das Christentum, und im 13. Jahrhundert waren heidnische und christliche Ideen untrennbar miteinander verbunden. Statue von Gian Bologna. Museo Nazionale, Florenz.*

Viele seiner Zeitgenossen müssen empfunden haben, daß er zweifelhafte Motive hatte, denn er bekam einen bösen Ruf als Zauberer. Hauptsächlich durch den Einfluß Sylvesters jedoch verdrängte das Konzept des Pythagoras von einem kugelförmigen Universum, bestehend aus sieben Sphären, den Glauben an eine flache scheibenförmige Erde, der im Denken der Westeuropäer verankert war. Obgleich die Theorie des Pythagoras nicht ganz den Tatsachen entspricht, war es doch ein Schritt näher auf die Wahrheit zu.

Im elften und zwölften Jahrhundert kam die Astrologie langsam wieder nach Europa zurück. Die Kirche mag noch die Ausübung verurteilt haben, aber als einige folgenschwere Prophezeiungen drohten, die Gesellschaftsordnung umzustürzen, konnten selbst Priester und andere überzeugte Christen nicht riskieren, ihnen keine Beachtung zu schenken. 1179 veröffentlichte ein Johannes von Toledo in deutschen Landen ein Werk, in dem er vorhersagte, daß 1186 alle Planeten im Sternbild der Waage in Konjunktion stehen werden, was fürchterliches Unwetter und eine Flutkatastrophe zur Folge habe. Überall, wo diese Nachricht bekannt wurde, begann man, sich darauf vorzubereiten. In Byzanz wurden die Fenster des Palastes zugemauert, in England eine Fastenzeit angeordnet, und anderorts Keller als Schlupfwinkel hergerichtet. Vielleicht hatten einige schreckliche Stürme in dem besagten Jahr gewütet, aber Aufzeichnungen aus der damaligen Zeit gibt es nicht darüber.

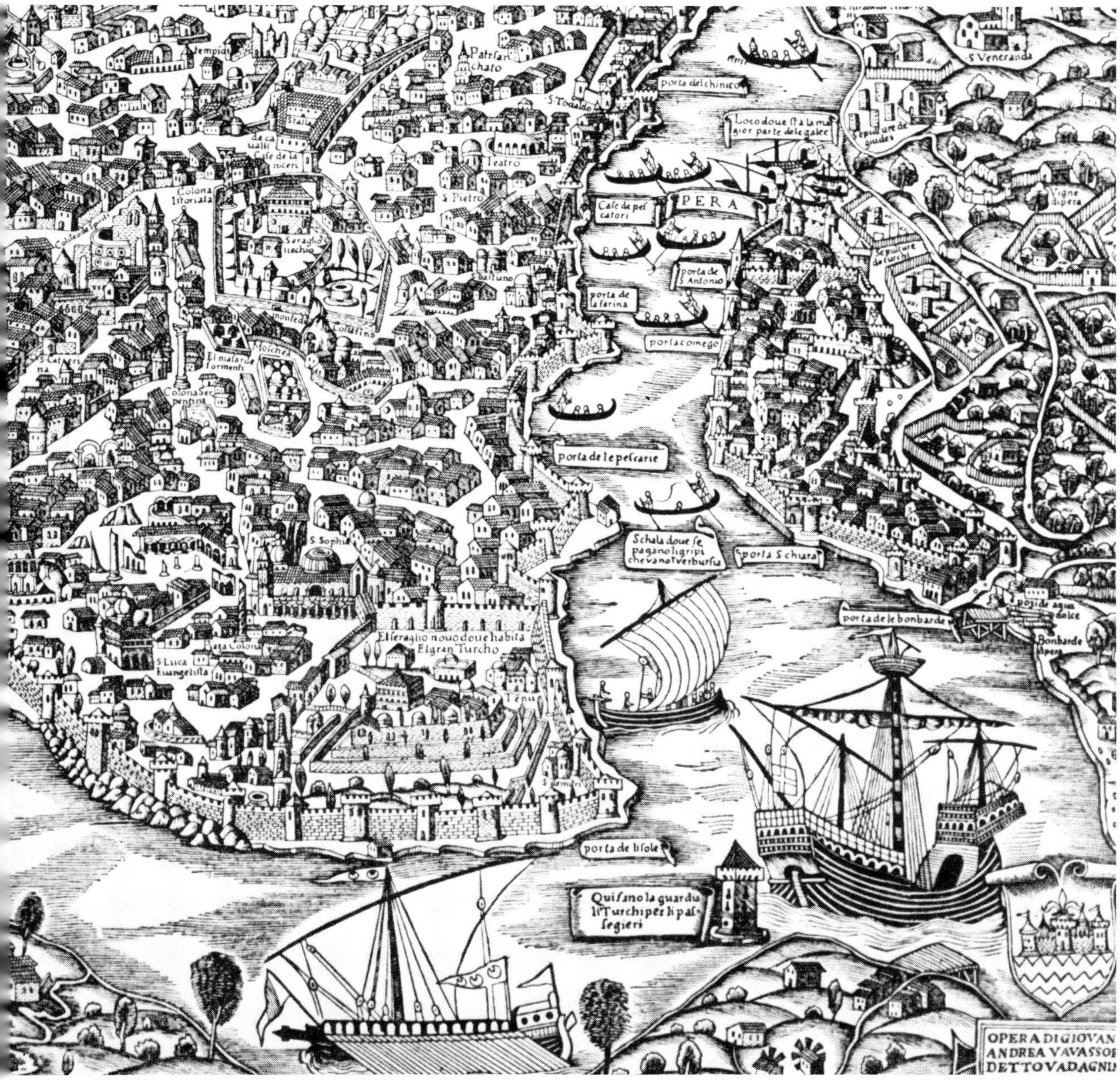


*Konstantinopel, die Hauptstadt des byzantinischen Reiches, wo die Astrologie sich gut entwickelte. Kupferstich. 16. Jahrhundert. Italien.*

Als einmal die Astrologie sich wieder als anerkannter Wissenszweig durchgesetzt hatte, unterteilten die Astrologen ihr Fach in acht Bereiche: medizinisch beurteilende Astrologie, landwirtschaftsbezogene Astrologie, Alchimie, Wissenschaft von Sinnbildern, Wissenschaft von Abbildern, Illusionen oder Magie und Nekromantie. Die beiden letzten verbesserten kaum den Ruf der Astrologen, denn sie setzten ihr Geschick ausschließlich für die Welt der Zauberkunst ein, vor allem nach Meinung der mißtrauischen Geistlichen. Tatsächlich waren einige der angezweifelten Ausübenden wahrscheinlich Scharlatane, die nur geringes astrologisches Wissen hatten. Natürlich änderte sich die Haltung der Kirche und wurde flexibler, denn die Astrologie verbreitete sich derart, daß sie in viele Bereiche eindrang: weder Mathematik noch Medizin konnten gelehrt werden, ohne sie einzubeziehen. Sogar die einzelnen Religionen wurden verschiedenen Planeten zugeschrieben. Wie schon erwähnt, gehörte das Judentum zu Saturn; der Islam wurde wegen seiner kriegerischen und sinnlichen Aspekte Mars und Venus zugeordnet, und der heilige Zug des Islam, Freitag, war der Venus gewidmet. Unter römischer Herrschaft glaubte man, das Christentum sei von der Sonne und Jupiter beherrscht, aber später wurde dieser Glaube an Merkur weitergegeben. Roger Bacon, ein Philosoph des dreizehnten Jahrhunderts, glaubte, daß die geheimnisvolle Bahn des Merkur den christlichen Mysterien entsprach. Das Konzept klassischer astrologischer Typen wurde auch langsam akzeptiert und wirkte auf alle literarische Gattungen und Philosophien ein. Bald verstanden gewöhnliche Leute, daß ein Venustyp ein Genießer ist und ein Saturntyp kalt und distanziert, während der Jupitertyp gelassen und maßvoll ist.

*Der eherne Kopf von Friar Roger Bacon, den einige der Zauberei beschuldigten. Er besaß genug Interesse an der Astrologie, um den günstigen Augenblick für bestimmte Vorhaben zu suchen und zu finden.*

*Eine Seite aus einem Weissagebuch von Matthew Paris mit dem Titel ‹Prognosen des Pythagoras›. Pythagoras' Theorien über Astronomie und Himmelsordnung beherrschten mittelalterliche Vorstellungen vom Universum. Englisch, 13. Jahrhundert. Bodleian Library, Oxford.*

*Kirchenfenster mit dem Fischmotiv aus der Kathedrale von Chartres. Die Fische sind sowohl christliches wie auch astrologisches Symbol, aber als im 13. Jahrhundert die Kathedrale gebaut wurde, hatte sich die Astrologie wieder einen Platz im Christentum verschafft.*

Widerwillig begann die Kirche den Einsatz der Astrologie in der Diagnose von Tod und Vorhersage von Naturereignissen wie Wetter zu akzeptieren, und bald gestand die Theologie ein, daß die Planeten die Pflanzen- und Tierwelt beeinflußten. Während die Kirche diese Tür dem Wissen öffnete, schlug sie alle Türen fest zu, die zu Magie und okkulten Künsten führten, deren Ausübung sie unterband.

*Wassermann. Aus ‹Das Buch von Sternen und Konstellationen›, einer persischen Handschrift aus dem 17. Jahrhundert. Spencer Collection, The New York Public Library.*

# Die Renaissance in der Astrologie

Wir wollen jetzt eine Reihe von europäischen Wissenschaftlern, Schriftstellern, Astrologen und Abenteurer kennenlernen, die sich alle mit dem Studium der Sterne beschäftigten, manche amateurhaft, manche aber auch in ernster Forschung. Die meisten von ihnen unterstützten die Astrologie, doch manche taten alles, um sie in Mißkredit zu bringen. In diesem überfüllten Pantheon werden wir sowohl Fürsten und Herrscher als auch gewöhnliche Leute treffen, deren Leben durch die astrologischen Ideen ihrer Zeit beherrscht wurde.

Im England des 13. Jahrhunderts erlebte die neue Universität von Oxford eine Wiedergeburt der Wissenschaften. Ihr erster dokumentarisch erwähnter Rektor, Robert Grosseteste, hielt sehr viel von Astrologie und war der Ansicht, daß sie für fast alles verwendet werden könne, von Landwirtschaft und Alchimie bis zur Heilkunde und Wettervorhersage.

Der Franziskanermönch Roger Bacon (1219–1294) war ein berühmter Schüler Grossetestes, der nach seinem Tode etwas unverdient den Ruf erntete, sich auf okkulte Dinge eingelassen zu haben. Es ist allerdings richtig, daß er daran dachte, das Eingehen auf die Magie berechtigt erscheinen zu lassen und die Verbindungen zwischen der Magie der Antike und der Astrologie nachzuweisen. Er schrieb darüber in seinem *Speculum Astronomiae*. Diese literarische Arbeit war allerdings der Grund, daß er durch den Einfluß des Oberhauptes der Franziskaner eingesperrt wurde. Bacon, wie übrigens die meisten Gelehrten seiner Zeit, war stark durch die Kabbala beeinflußt und beschäftigte sich eingehend mit dem, was wir wohl mit Experimentalwissenschaften bezeichnen könnten. Insbesondere schätzte er die Methode der Beobachtung für wissenschaftliche Zwecke und experimentierte auf optischem und alchimistischem Gebiet. In diesen Zeiten beinhalteten solche Studien selbstredend auch die Beschäftigung mit der Astrologie, in der Bacon zwei fundamentale Unterschiede fand: die eine hat mit Magie zu tun und die andere mit der richtigen Anwendung der beurteilenden Astrologie. Er glaubte, daß der echte Astrologe sich nicht mit Prophezeiungen beschäftigen, sondern seine Wissenschaft dazu verwenden sollte, Grundlagen und Möglichkeiten aufzuzeigen. Er teilte auch den Fatalismus der zeitgenössischen Astrologen nicht.

Zur Zeit von Geoffrey Chaucer (1340–1400) sehen wir bereits, daß die Engländer gut mit volkstümlicher Astrologie vertraut waren. Als Zeugnis hierfür mag dienen, daß des Dichters Bild in den *Canterbury Geschichten* mit astrologischen Hinweisen gewürzt ist, die offensichtlich vom Leser gut verstanden wurden. Im Prolog liest man, daß der Doktor der Physik sehr

*Geoffrey Chaucer. Sein bekanntestes Werk «Die Canterbury Geschichten» gibt uns ein lebhaftes Abbild zeitgenössischen Lebens und enthält viele Bezugnahmen zur volkstümlichen Astrologie. Henry E. Huntington Bibliothek und Kunst Museum San Martino, Californien, USA.*

wohlfundierte astrologische Kenntnisse hatte, und im Kapitel *Wife of Bath* erklärt die Heldin ihre Liebesabenteuer mittels Allegorien aus den Sternbildern.

In seinem Werk *Franklins Tales* zeigt Chaucer seine Mißachtung für skupellose Sterndeuter und beschreibt mit ziemlicher Akribie, wie ein Astrologe seine Berechnungen anstellt, um einen jungen Kunden weidlich zu düpieren.

In vielen seiner anderen Erzählungen wird gesagt, daß die Erfolge seiner Helden durch die Stellung der Planeten in bestimmten Häusern erzielt wurde. Die Darstellungen des Zeitenlaufs haben beträchtliche astrologische und astronomische Hinweise: «Die junge Sonne hat im Widder ihren halben Weg getan».

Obwohl Chaucer sagte, daß er verhältnismäßig wenig über Astrologie wisse, war es ihm dennoch möglich, eine Abhandlung über den Astrolab (antikes astronomisches Meßgerät) zu schreiben.

Graf Bollstätt (1206–1280), gebürtiger Schwabe und besser bekannt als Dominikanermönch Albertus Magnus, war ein angesehener Gelehrter und Philosoph, der der Philosophie des Aristoteles verschrieben war. Dies aber kam einer Anerkennung der Astrologie gleich. Er glaubte, daß Astrologen nur solange auf festem Grund stehen, als sie Ereignisse voraussagen, die einen natürlichen Ursprung haben und schrieb: «Jeder Astrologe, der so handelt, begeht keinen Fehler, sondern leistet einen guten Dienst und schützt viele Dinge vor Verderb. Jeder jedoch, der eigenmächtig weissagt, ist ein Schwindler und sollte deshalb mißachtet werden». Dies sind wohl starke Worte für einen Gelehrten, der an die magischen Kräfte der Pflanzen glaubte. Auch das volkstümliche Werk *The secrets of women* (Die Geheimnisse der Frauen) wird Albertus Magnus zugeschrieben. Dieses Werk enthält Beobachtungen, die zeigen sollten, daß das Kind im Mutterleib während jeder der neun Monate durch einen anderen Planeten kontrolliert werde, der verschiedene Eigenschaften an das Ungeborene verteile, und daß auch verunstaltete Kinder durch gewisse Konstellationen bedingt seien.

Albertus Magnus ist außerdem dadurch bekannt, daß Thomas von Aquin (1225–1274) sein Schüler war. Thomas hat der Astrologie dazu verholfen, die Anerkennung der Ehrenhaftigkeit zu erringen, da das thomistische System der Logik die westliche Christenheit für viele Jahrhunderte beeinflußte. Er war ebenfalls

*Der heilige Thomas von Aquin. Dieser Dominikanermönch hat viel damit zu tun, daß die Astrologie im christlichen Europa Anklang fand. Gemälde von Fra Angelico, Museum San Marco, Florenz.*

*Dante verdammte persönliche Prophezeiungen als ruchlos, doch verwandte er in seiner «Göttlichen Komödie» die Symbolik der Astrologie. Gemälde von Domenico di Francesco, Kathedrale von Florenz.*

Rechts:
*Dieses Fresko aus dem 15. Jahrhundert wurde durch den Hofastrologen des Herzogs von Ferrara entworfen und von Francesco del Cossa gemalt. Der März wird von einem jungen Mädchen dargestellt, der Frühling schwebt über dem Widder. Schifanoia, Ferrara.*

*Saturn wird gewöhnlich als alter Mann mit einer Sense dargestellt. Dieser Planet, der Schottland beeinflußt, kontrolliert den Steinbock und den Wassermann. Illustration aus dem Werk von Guido Bonatti (1491).*

Dominikaner und Anhänger der aristotelischen Philosophie. Es gelang ihm, diese so zu interpretieren, daß sie mit der christlichen Lehre übereinstimmte und dadurch auch einem heidnischen Philosophen den Weg in das Christentum ebnete.

Wir können uns vielleicht vorstellen, wie erstaunt Aristoteles und die frühen Kirchenväter gewesen sein würden, sich unter solchen Umständen zu begegnen. Thomas war der Ansicht, daß die Sterne die Körper der Menschen beeinflußten, da diese als die Mittler des Schöpfers handelten; doch ließ er vorsichtshalber eine Klausel offen für die Betätigung des freien Willens, wodurch der Mensch seine niedrigen Instinkte meistern könne. Während er die Verwendung der Astrologie als absolut richtig empfand für die Voraussage des Wetters und für medizinische Zwecke, kritisierte er sie, wo sie persönliche Prophezeiungen machte und schrieb: «Tatsächlich gibt es nur wenige, die so weise sind, daß sie ihre eigenen Leidenschaften und Vorurteile kontrollieren und richtig prophezeien können» und «Wenn irgend jemand die Beobachtungen der Sterne dazu benutzt, bestimmte Ereignisse vorauszusagen, oder solche, die sich durch Zufall ereigneten, oder sogar mit Bestimmtheit zukünftige Taten des Menschen prophezeit, so handelt er täuschend». Wenn ein Astrologe dies aber dennoch tut, so erklärt Thomas, so hat er dämonische Kräfte angesprochen.

*Lodovico Sforza, Herzog von Mailand, Mäzen der Künstler, glaubte stark an die Astrologie. Gemälde von Leonardo da Vinci, Mailand.*

## Italien

Der beachtliche Einfluß der Thomistischen Lehre auf den italienischen Dichter Dante (1265–1321) mag wohl in der *Göttlichen Komödie* erkannt werden. Ebenso wie Thomas, der heilige Doktor, verurteilte Dante diejenigen Astrologen, die der Kunst der persönlichen Vorausschau huldigten, nicht deshalb, weil sie irrten, sondern weil er sie für ruchlos hielt. In der Darstellung des *Paradieses* findet man viele astrologische und astronomische Brauchtümer erwähnt, und Dante bezeichnet sein eigenes Tierkreiszeichen, die Zwillinge, als den Spender für sein dichterisches Talent.

«Oh Sterne des Ruhms, deren Licht von oben mächtig Tugenden verteilt, Dir schuld' ich den Genius, der mich beschwingt».

Im Fegefeuer befrägt der Dichter einen der gequälten Geister über den Grund der Sünde und erhält folgende Antwort:

«Ihr, die Ihr lebt, durchs Denken
an die Bahn der Sterne stark gebunden,
als ob sie Euch in ihre festen Wege zwingen könnten
Und wenn dem so wär'?
Den freien Willen tät' es allzeit schier vernichten,
in Euch, und wär' in der Tat nicht recht;
Freud' sei Euch zuteil für's Gute,
und Schmerz für alles Üble,
da, was Ihr treibt, von Sternen ward befohlen.
Ich sag zwar nicht, daß all dies Tun so wär',
und wenn schon dem so wär' was tät's?
Und Wissen ist gegeben, Euch zu scheiden,
rechts von falsch zu jeder Zeit,
und freier Wille kann mit gutem Stern genützt
er jedem Ansturm halten wacker stand
und gut versorgt, den ersten Kampf mit einem Stern
gewinnen kann die ganze Schlacht.
Ein edler Geist, mit hehrem Mut
kann Kraft von innen her erzeugen,
kein Stern kann Euren Sinn verwandeln,
er ist für Euch und Euch allein,
und wenn die Welt auf krummen Krücken wandelt,
in Euch allein nur liegt darin der Grund,
um aufzudecken es zu jeder Stund».

Der heilige Augustin hätte eine solche Antwort gutgeheißen, es hieße aber zuzugeben, daß des Menschen freier Wille gegen die Sterne anzukämpfen hätte, was gleichbedeutend wäre, daß diese Sterne eine große Macht ausübten.

Dante zeigte, was er von berufsmäßigen Astrologen (oder auch Magiern) hielt, wenn er Guido Bonatti in den vierten Abgrund des achten Kreises der Hölle verbannte, und noch dazu in Gemeinschaft mit dem schottischen Zauberer Michael Scott. Beide werden

*Himmelskarte aus dem Werk «Harmonica Macrocosmica» von Andreas Cellarius (1661). Ein ptolemäisches Weltbild. Baynton-Wiliam Galerie, London.*

für ihren Versuch, die Zukunft vorauszusagen, mit umgedrehten Kragen gezwungen, ständig nach hinten zu sehen dargestellt.

Guido Bonatti war einer der bekanntesten berufsmäßigen Astrologen des dreizehnten Jahrhunderts. Von Beginn an war Italien führend im neuerwachten Interesse an der Astrologie. Wahrscheinlich lag der Grund daran, daß die italienischen Gelehrten die Theologie hart ins Gebet nahmen und auch deshalb, weil in Italien das Interesse an der Antike erst die Europäische Renaissance zum Erblühen brachte. Man konnte an den Italienischen Universitäten des 13. bis 16. Jahrhunderts bereits Professoren der Astrologie finden und es heißt, daß es in Bologna bereits im 12. Jahrhundert einen Stuhl für Astrologie an der dortigen Universität gab. Es nimmt einen daher keineswegs Wunder, daß Bonatti Adelige, Herrscher und Kriegsherren zu seinen Anhängern zählen konnte wie beispielsweise den Stauferfürsten Guido da Montefeltro, dem er dabei behilflich war, Schlachten gegen die Welfen durch seine astrologischen Ratschläge zu gewinnen. Einmal jedoch wurde Bonatti als Ratgeber durch einen Bauern beschämt, der sagte, daß es regnen würde, während der Astrologe darauf schwor, es würde nicht zum regnen kommen. Die Tatsache, daß es dennoch regnete, schien den Ruf des Astrologen jedoch nicht zu schmälern, denn die Republik Florenz beschäftigte ihn weiter und die nüchternen Florentiner Kaufleute waren sicherlich nicht gewillt, gutes Geld für nur illusorische Gewinne zu bezahlen.

Sein in lateinischer Sprache abgefaßtes Werk *Liber Astronomicus* (Buch der Astronomie), das bei Amateuren und berufsmäßigen Astrologen gleicherweise beliebt war, enthielt eine Mischung von griechischem und arabischem Wissen, angereichert durch Mythologie und seinen eigenen Ideen. Selbst als spätere wissenschaftliche Erkenntnisse den Beweis erbrachten, daß das meiste purer Unsinn war, wurde das Buch weiterhin mit Begeisterung gelesen und durch den Astrologen William Lilly im Jahre 1676, zehn Jahre nach Newton's Entdeckung der Schwerkraft ins Englische übersetzt. In seinem Buch beleidigte Bonatti sowohl Doktoren als auch Priester, indem er bezüglich des Wissens Astrologen und Astronomen über diese setzte. Er zeigte auch auf, daß Mitglieder des Klerus sich keineswegs scheuten, Astrologen zu Rate zu ziehen, trotz ihrer Abneigung gegen diese Wissenschaft. Bonattis Anwendungsgebiet der Astrologie beschränkte sich keineswegs nur auf sehr wichtige Angelegenheiten: er riet dazu, daß sie verwendet werden könnte, den richtigen Zeitpunkt für fast Alles zu finden.

Um den Streit zwischen Welfen und Staufern in seiner Geburtsstadt Forli beizulegen, überredete Bonatti die Bevölkerung, die Stadtwälle wieder aufzubauen, die während der internen Kämpfe beschädigt worden waren, und zwar nach einer von ihm selbst berechneten Konstellation. Je ein Mann aus jeder der streitenden Parteien wurde ausgewählt, um den Grundstein für die Wälle zu legen, doch als Bonatti das Signal zur Grundsteinlegung gab, legte nur der Staufer einen Stein. Der Welfe weigerte sich, sein Teil beizutragen, da man wußte, daß der Astrologe für die Gegenseite Sympathien hegte und Gelegenheit hätte, den Welfen zu schaden. Bonattis ärgerliche Antwort darauf war: «Gott verdamme Euch und die Welfen mit Eurem böswilligen Mißtrauen! Die heutige Konstellation wird für unsere Stadt in den nächsten 500 Jahren nicht wieder so günstig sein». Nicht lange danach wurden die Welfen geschlagen, doch wie dies in der Geschichte nun so ist, nach zwei Jahrhunderten waren ihre Streitfragen weitgehend in Vergessenheit geraten.

Für einen Mann, der mit so weitsichtigen Kräften ausgestattet war, scheint Bonatti aber ganz besonders unglücklich in der Beurteilung, sein eigenes Ende betreffend, gewesen zu sein. Er wurde am Rückweg nach Forli von Räubern ermordet, nachdem er an französi-

*Papst Leo X., dem in seiner Kindheit vorausgesagt wurde, daß er Oberhaupt der Kirche werden würde. Gemälde von Raphael, Galleria Palatina, Florenz.*

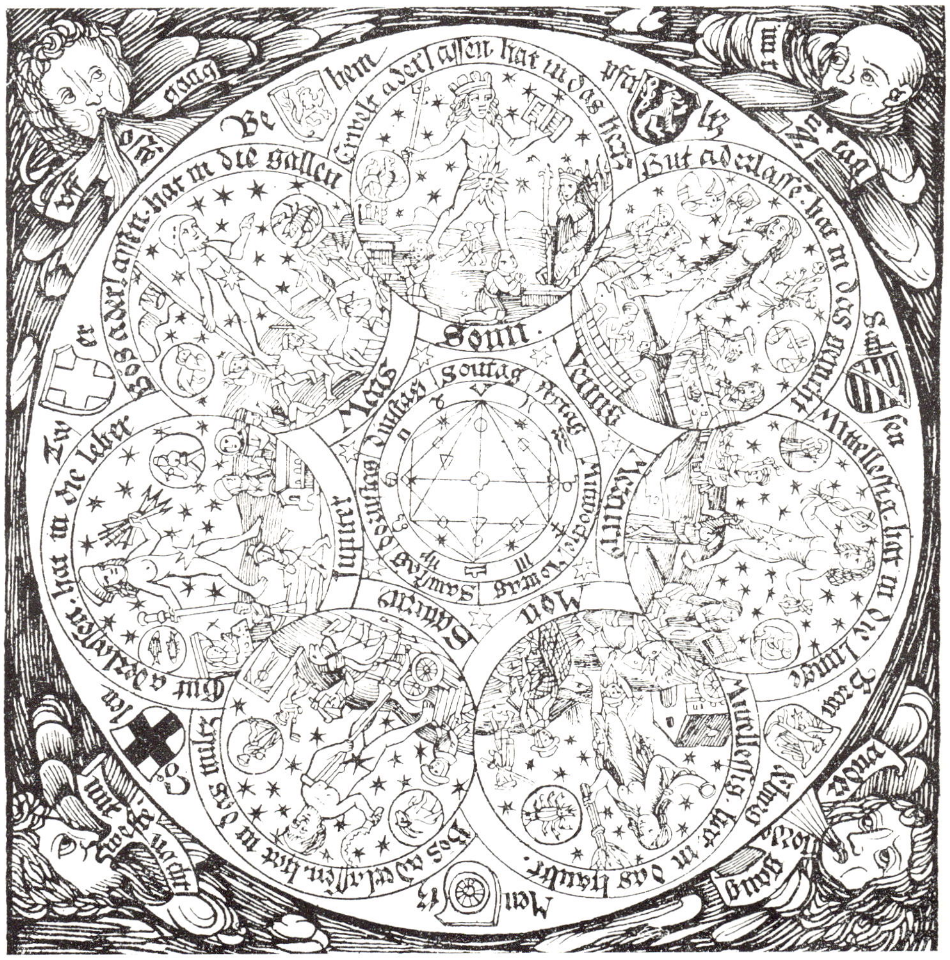

*Die Erde von den sieben Planeten umgeben, sowie das Verhältnis zwischen den sieben Tagen der Woche und den Planeten. Holzschnitt aus einer astrologischen Tafel (1480 bis 1490).*

*April, ein Gemälde von Francesco del Cossa ungefähr 1470. Während das Jahr voranschreitet, läßt Mars, der Herr über den Stier, Venus den Vorrang. Die Frühlingsmerkmale werden ringsum in der Tierwelt und bei den Menschen dargestellt. Palazzo Schifanoia, Ferrara.*

schen und italienischen Universitäten Astrologievorlesungen gehalten hatte. Irgendwie hat man den Eindruck, daß er seine Reise hätte verschieben können, wenn er seine Sterne nur befragt hätte.

In dem großen Werk Jacob Burckhardts *Die Zivilisation der Renaissance in Italien* erfahren wir, daß es in allen besseren Familien selbstverständlich war, den Kindern ein Horoskop zu erstellen und es geschah manchmal, daß Menschen ein halbes Leben lang durch vergebliche Erwartung von Ereignissen, die sich niemals verwirklichten, geplagt wurden. Der Fall des Astrologen und Doktors Pierleoni von Spoleto soll einem jeden zur Warnung dienen, zu sehr an sein eigenes Horoskop zu glauben. Er prophezeite sich seinen eigenen Tod durch Ertrinken und vermied den größten Teil seines Lebens sorgsam das Wasser. Aus diesen Gründen weigerte er sich auch, eine Arbeit in Venedig anzunehmen. Er verübte jedoch schließlich Selbstmord durch Ertrinken, als er des Verrats angeklagt war.

Burckhardt sagt uns auch: «Die Sterne wurden befragt, wann immer ein großer Mann zu einer wichtigen Entscheidung zu kommen hatte, und sie wurden sogar befragt, zu welcher Stunde irgendeine Angelegenheit in Angriff zu nehmen sei. Die Reisen von Fürsten, der Empfang von fremden Botschaften, Grundsteinlegungen öffentlicher Gebäude hängten weitgehend von diesen Antworten ab».

Lodovico Sforza, Regent von Mailand, im allgemeinen als nüchtern bekannt, hielt sich für einen Experten der Astrologie und versuchte, wichtige Dinge nur an solchen Tagen zu erledigen, die von seinem Astrologen dazu ausersehen waren. Als Lodovico am 17. Januar 1491 Beatrice d'Este, die zweite Tochter des Herzogs von Ferrara ehelichte, war dieser Tag von seinem Astrologen bestimmt worden, da er für die Zeugung eines Erben günstig schien. Tatsächlich wurden ihm zwei Söhne geboren.

Nicht nur weltliche Herrscher sahen ratsuchend zu den Sternen auf. Wie immer auch die ursprünglichen Standpunkte der römisch katholischen Kirche in Bezug auf die Astrologie waren, die Päpste des 15. und 16. Jahrhunderts hatten ihre Hofastrologen, die sie in Ehren hielten und deren Rat sie sehr ernst nahmen. Der politisch eingestellte Papst Julius II. wählte den Tag seiner Inthronisation auf Grund des Rates seines Astrologen und weigerte sich, Bologna zu verlassen und nach Rom zu gehen, bis ein astrologisch günstiger Tag anbrach. Der Hof Leos X. respektierte Astrologen ganz besonders. Dies ist keineswegs erstaunlich, wenn man weiß, daß Leo Giovanni de Medici hieß, bevor er auf den päpstlichen Thron kam, und daß er als kleiner Junge in seinem Horoskop die Verheißung erhalten hatte, daß er Papst werden würde. Paul der III. hielt kein Konsistorium ab, bis der richtige Zeitpunkt von den Astrologen ausgewählt worden war, was aber bedeutete, daß sich das innere Kräftespiel der Kirche auf heidnische Praktiken verließ.

Die Begünstigung der Astrologie war nicht allgemein. Der Geschichtsschreiber des 16. Jahrhunderts, Francesco Guiccardini, der im Dienste der Mediceischen Päpste stand, schrieb: «Astrologen wissen nicht, was sie sagen. Wenn sie etwas richtiges sagen, so ist das purer Zufall». Lange vor dieser Zeit bezeichnete der große Dichter und Gelehrte Petrarca (1304–1374) die Astrologen als diejenigen, die er am wenigsten schätzte und er schien genügend über ihre Kunst zu wissen, daß er darüber schrieb, wie sie ihre Täuschungen handhabten. Er ließ sich sogar in ein öffentliches, hartes Streitgespräch mit dem Astrologen der Familie Visconti ein, obwohl beide vom Herzog von Mailand abhängig waren.

Florentinische Chronisten zeigten ihre eigene Skepsis, wenn sie darstellten, wie sehr die meisten ihrer Mitbürger es zuließen, durch die Astrologie geleitet zu werden und erklärten die Astrologie und anderen Aberglauben als ererbte Laster ihrer römischen Vor-

*Lorenzo de' Medici. Dieser adelige Kaufmann und tatsächliche Herrscher von Florenz beschäftigte, wie die meisten seiner Zeit, Astrologen. Statue von Verrucchio, Sammlung Volpi, Florenz.*

fahren. Einer von ihnen schrieb: «Keine Konstellation kann den freien Willen des Menschen oder den Willen Gottes unterwerfen». Darüber haben Gelehrte, Astrologen und Geistliche während des ganzen Mittelalters und der Renaissance gestritten.

Die Unterstützung der Astrologie provozierte manchmal den Zorn der Kirche, wenn sie der Ansicht war, daß ihre Vorschriften durch derartige Praktiken beeinträchtigt wurden. Einige der Schriften der Physiker Arnold von Villanova und von Peter von Abano (auch von Padua), der an astrologische Vorstellungen und Medizin glaubte, wurden für ketzerisch erklärt. Unter diese ketzerische Tatsache fiel eine Zeichnung des Sternstandes der Geburt Christi mit der Konjunktion von Jupiter und Mond, was in orthodoxen Köpfen in Zusammenhang gebracht wurde mit der Voraussage des Falles des Christentums und der Errichtung des Reiches des Antichrists.

Cecco d'Ascoli, ein Lehrer der Astrologie in Bologna und Astrologe des Herzogs von Florenz genießt die zweifelhafte Ehre, einer der wenigen Astrologen gewesen zu sein, die auf dem Scheiterhaufen verbrannt wurden (1327). Die Lehre des unglücklichen Cecco beinhaltete, daß Christus nach den Regeln und Gesetzen der Astrologie auf die Welt kam, was die Kreuzigung unausweichlich machte. Die Kirche konnte es kaum zulassen, Astrologen zu gestatten, zu argumentieren, daß die Bewegungen der Planeten das Christentum geschaffen hätten und es also auch zu einem Ende bringen könnten.

Trotz dieser Rückschläge gibt es genügend Belege, wie die Astrologie in der Renaissance Fuß fassen konnte. Jedweder Lebensabschnitt wurde mit astrologischen Symbolen ausgestattet. Gemälde, wie beispielsweise die wunderschönen Fresken in Ferrara und Padua wurden geschaffen, um das klassische Konzept der Astrologie zu preisen und die Künstler, die diese Werke schufen, wurden von den Mächtigen dieser Erde geschützt, deren Glauben sie widerspiegelten und auch teilten.

Scharfsinnige Führer wie Cosimo de Medici und sein Enkel Lorenzo beschäftigten Astrologen und offensichtlich glaubten sie auch ihren Künsten. Im Jahre 1478 erlaubte die Florentiner Regierung unter der Herrschaft von Lorenzo ihrem Astrologen, einen günstigen Tag zur Wahl des Kommandanten der Florentinischen Truppen auszusuchen, obwohl Florenz zu diesem Zeitpunkt im Krieg stand.

In Lorenzos glanzvollem Kreis platonistischer Gelehrter treffen wir auf zwei ganz verschiedene Einstellungen zur Astrologie. Marsilio Ficino verteidigte sie und erstellte für alle Kinder der Medici Horoskope inklusive ein solches für den vorerwähnten Giovanni. Pico della Mirandola hingegen wies in einem weisen Werk die Beschäftigung mit der Astrologie energisch zurück und beeindruckte damit wahrscheinlich den gebildeten Mann wesentlich mehr als dies das Gedonner der kirchlichen Reformation tat. Er machte den Unterschied zwischen astronomischer Beobachtung und der Astrologie klar und wehrte sich gegen den

Fatalismus, den die Astrologie bedingte, indem er die Philosophie des freien Willens obenanstellte. Pico stellte heraus, daß, falls die Planeten tatsächlich das menschliche Schicksal regierten, sie über Gott stünden und als solche anstelle Gottes verehrt werden müßten. Er betrat auch den Weg in die gewöhnlichen Wissenschaften, indem er die tatsächliche Witterung gegen die Voraussagen der Astrologen zum Vergleich heranzog. «Ich habe die Wetterbedingungen während eines ganzen Winters beobachtet und sie mit den Voraussagen verglichen. Von den 130 oder mehr Tagen, an denen ich meine Beobachtungen machte, waren nur 6 oder 7, die mit den Voraussagen übereinstimmten». klingt ziemlich vertraut für unsere Ohren und erinnert uns an die heutigen Wettervorhersagen zur Langzeitwetterlage, die auch nur selten das wirkliche Bild des Wetters zeigen. Pico untersuchte auch die Kunst der Astrologen näher und seine diesbezüglichen Ergebnisse erhärteten seine Auffassung.

Das Resultat seiner Widerlegungen war, daß einige Astrologen aufhörten, ihre Werke bekanntzumachen und andere sich entschlossen, ihre Künste dahingehend zu rechtfertigen, daß sie sich auf die Seite derjenigen schlugen, die den freien Willen des Menschen anerkannten. In gewisser Hinsicht kann diese leichte Akzentverschiebung in ihrer Anschauung in der Malerei beobachtet werden: früher zeigten die Bilder, wie die Planeten des Menschen Leben leiteten, und jetzt malt Raphael in den Dekorationen der Capella Chigi die Götter der verschiedenen Planeten, wie sie von

*Eine Illustration aus dem Werke «Prognosticatio in Latino» von Johann Lichtenberger, deutscher Astronom des 15. Jahrhunderts. Es zeigt die «schreckliche Konjunktion» des Planeten Jupiter (links) mit Stier und Saturn unter dem Skorpion. Dies soll angeblich großes Unheil anrichten.*

*Links:*
*Martin Luther, Reformator und Autor eines Vorworts zu einem Buch über Astrologie. Holzschnitt von Lucas Cranach (1552), Britisches Museum, London.*

*Mitglieder von Lorenzo de' Medicis platonistischer Gruppe, links: Picco della Mirandola, der Humanist, der schrieb: «Die Astrologie steht an erster Stelle der Aberglauben und ist deren Mutter und Stiefkind zugleich». Mitte: Marsilio Ficino, Gründer der platonischen Akademie zu Florenz, der schrieb: «Die Himmel beeinflussen nicht unseren Willen, aber sie beeinflussen unseren Körper». Rechts ist der Dichter und Humanist Poliziano. Gemälde von Cosimo Rosselli. Kirche Santo Ambrogio, Florenz*

*Philosophen am Gipfel des Berges Athos beim Betrachten der Sterne. Reisebilder aus den «Reisen des Sir John Mandeville», Manuskript aus dem 15. Jahrhundert. Britisches Museum, London MS 24 189.*

Engeln geleitet werden, die ihrerseits ihren Segen vom allerhöchsten Schöpfer empfangen.

## Frankreich

Im fünfzehnten Jahrhundert verfaßte Philippe de Mezières in Frankreich eine reizvolle Allegorie, *Der Traum des alten Pilgers*, die ein altes Weib namens «Alter Aberglaube» beschreibt, das für die Astrologie mit einer wunderschönen, jungen Dame namens «Bonne Foy» von der Universität in Paris wettstreitet. Die Argumente der Bonne Foy differenzieren zwischen Astrologie und Astronomie und sie gewinnt gegen die Alte, die sich mit der Behauptung zurückzieht, daß sie noch genügend Anhänger finden könnte, nicht nur unter gewöhnlichen Leuten, sondern auch unter Mitgliedern des Klerus und des Königshofes.

Das Argument der «Alten» war ziemlich überzeugend. Im Vorwort zu einem Buch des hervorragenden Astrologen Johannes Lichtenberger schreibt Martin Luther (1483–1546): «Die Zeichen am Himmel und auf der Erde fehlen nicht. Sie sind das Werk Gottes und der Engel, und sie warnen und bedrohen die gottlosen Länder und haben Bedeutung».

Der Reformator Calvin scheint Luthers Meinung aber nicht zu teilen: «Seit langem gibt es eine alberne Neugier, durch die Sterne alle Dinge zu beurteilen, die den Menschen betreffen und sich dieserart zu unterrichten und Rat einzuholen, was zu tun sei. Aber so wahr uns Gott helfe, erklären wir, daß diese Neugier nichts anderes ist als teuflicher Aberglaube und verderblich für die Menschheit, wie allgemein bekannt. Und doch hat sie zu diesem Tag die Oberhand gewonnen, daß viele, die sich für geistreiche Menschen halten und auch für solche gehalten werden, davon verzaubert wurden».

Trotz der Stimme der reinen Vernunft ist es nicht sonderlich verwunderlich, daß sich so viele Menschen

*Astrologe beim Erstellen eines Horoskops. Abbildung aus dem Werk des Gautier de Metz, eines Dichters des 13. Jahrhunderts, «L'image du Monde» (Das Abbild der Welt). Britisches Museum, London Harley MS 3234.*

durch die Voraussagen der Astrologen angesprochen fühlten. Für den Gelehrten mußte es schwer geworden sein, zu entscheiden, welchen Standpunkt er einzuschlagen hatte, insbesondere als die zeitgenössische Astrologie sich so oft in Voraussagen welterschütternder Ereignisse hineinmischte.

Zweifelsohne würden die zuständigen Behörden sorgsam Dämme, Flußbefestigungen und derartige Bauwerke begutachten lassen, wenn die Wettervorhersage starke Regenfälle und Überschwemmungen voraussagte; auch die Landwirte könnten ihre eigenen Vorkehrungen treffen. Wir sollten also nicht über die Haltung unserer Vorfahren in der Renaissance bei solchen Voraussagen lächeln. Im Jahre 1500 erklärte der Astrologe Nifo, er sähe schreckliche Fluten am Himmel voraus, die durch die Sünden der Menschheit verursacht worden seien. Zwanzig Jahre später stellte der österreichische Astrologe Virdung gewisse Meteoren am Himmel fest, die er als Omen für eine große Überschwemmung deutete, die im Jahre 1524 während einer großen Konjunktion der Planeten stattfinden würde. Astrologen und Autoren von Jahrbüchern stärkten diese fürchterliche Prophezeiung und die Idee dieser Flutkatastrophe beschäftigte die Aufmerksamkeit vieler Gelehrter. Die Menschen waren von Panik ergriffen, bauten Boote und zogen aus, um in höher gelegenen Regionen zu wohnen. Um den Propheten dieses Unheils gerecht zu werden, muß gesagt werden, daß tatsächlich ungewöhnlich starke Regenfälle in diesem Jahr niedergingen, und auch Überschwemmungen stattfanden, aber glücklicherweise nicht im Maße, wie sie prophezeit worden waren.

Die zeitgenössischen Gelehrten schien es nicht zu stören, daß die «Bonne Foy» und Pico della Mirandola einen Unterschied zwischen Astronomie und Astrologie zum Nachteil der letzteren festgestellt hatten. Johann Müller, bekannt unter dem Namen Regiomontanus, akkreditiert beim Hofe des Königs von

*Paracelsus, Schweizer Alchimist und Arzt des 16. Jahrhunderts glaubte, die Astrologie könne behilflich sein, zu verstehen, wie die menschliche Seele funktioniere.*

*Der Tierkreis aus der Sicht eines Bauern. Die verschiedenen Arbeiten stehen unter der Regentschaft der betreffenden Zeichen. Holzschnitt aus dem «Herz der Philosophie» Paris, 1504. (Le coeur de Philosophie).*

Ungarn im 15. Jahrhundert, liefert solch ein Beispiel. Obwohl er ein Mathematiker und berühmter astronomischer Beobachter war – er konstruierte zu diesem Zweck besondere Instrumente – fand er trotzdem noch Zeit, eine neue Methode zu erfinden, die Himmel in zwölf Häuser zu teilen, und diese ungleichen Teilungen werden heute noch von manchen modernen Astrologen angewandt. Paracelsus (Theophrastus Bombastus von Hohenheim) (1493–1541), der Naturforscher und Arzt, dessen etwas schwer verständliche Untersuchungen nicht nur der Beginn der medizinischen Wissenschaften waren, sondern auch einen Versuch darstellten, die Funktionen des Seelenlebens zu erforschen, war kein Astrologe, doch dachte er, daß die Astrologie in der Medizin verwendet werden könnte, um die Geheimnisse der menschlichen Seele zu erhellen. Er schrieb: «Die Sterne zwingen uns zu nichts, sie verleiten uns auch zu nichts. Man sagt, daß ein weiser Mann über die Sterne herrsche; das will aber nicht heißen, daß er über die Sterne im Himmel richte, sondern über die Kräfte, die in seinem eigenen Geist tätig sind und durch die sichtbaren Sterne am Firmament symbolisiert werden». Er glaubte, daß im Mikrokosmos das Gehirn mit dem Mond gleichgestellt wäre, wodurch auch erklärt werde, warum Geistesverwirrungen bei Voll- und Neumond stärker in Erscheinung träten.

Wir brauchen uns nicht vorzustellen, daß die Verflechtungen der Astrologie nur den Gebildeten, Belesenen und Reichen zu denken gaben. Durch die Erfindung der Buchdruckerkunst erreichte Wissen und natürlich auch Pseudowissen alle die, die lesen konnten, und trug dazu bei, mehr Menschen gebildet zu machen. Im Frankreich des 15. Jahrhunderts erschien ein sehr volkstümlicher Schäferkalender zur Belustigung und Belehrung. Dieser Kalender war weit verbreitet und wurde in verschiedene europäische Sprachen übersetzt. Sein anonymer Autor trug astrologisches Wissen durch den Mund von Schäfern unter das Volk. Wir können durch dieses reizvolle Werk einen guten Einblick in den astrologischen Glauben jener Zeit gewinnen. Ein Bild zeigt uns, wie die sieben Planeten die Physiognomie der Menschen beeinflussen und welche Teile des Körpers durch die Zeichen des Tierkreises regiert werden.

Die Verschiedenheit der Menschen wird durch die Planeten, unter denen sie geboren wurden, erklärt, also: Alle Männer und Frauen, die unter dem Zeichen der Sonne geboren wurden, sind sehr anständig, angenehm von Angesicht, ihre Haut soll weiß und weich sein. Die Kinder, die unter der Sonne geboren sind, wünschen sich Ehren und Wissen und sollen sehr angenehm singen können. Sie sind mutig, gut und fleißig und sollen vor allem dem Herrgott dienen. Und von allen Teilen des Körpers übt die Sonne auf das Herz den stärksten Einfluß.

Die Männer und Frauen, die unter dem Zeichen des Mondes geboren sind, sollen niedriger Herkunft und dienstbar sein und sehr sanft, und sie sollen Mann und Frau gefällig sein, und ihre Gesichter rund und voll. Sie hassen geile Sprecher und unzüchtige Reden. Sie tragen gerne farbiges Gewand und zeigen leicht Schweißperlen auf der Stirn. Und sie wünschen sich, Herr und Herrin zu sein über Strom, Fluß und Fluten, und bauen viele Geräte, um Fische zu fangen und diese zu tauschen . . . Und die Augen und das Hirn des Mannes werden von Luna regiert.

Der wohlwollende Planet Merkur ist der Herr der Sprache. Wer unter Merkur geboren ist, ist scharfsinnig und sehr erfahren in vielen Wissenschaften, er hat gutes Benehmen, glücklich auf See und erfahren im Handel solcher Art. Er soll sehr graziös sein und als Mann Frauen gegenüber zurückhaltend. Sobald er aber verheiratet ist, soll er bei ihnen nicht so viel gelten wie vorher. Er ist ein braver Kirchgänger, fromm und zieht nicht gerne in den Krieg. Er soll eine hohe Stirn haben, langgezogenes Gesicht, schwarze Augen und einen dünnen Bart.

Die unter dem Zeichen der Venus geborenen sollen sehr fröhliche Liebhaber sein, angenehm und reizend . . . Sie sollen den Klang der Trompeten lieben und sollen gute Sänger sein, und sich erfreuen am Tanzen . . . und sich erfreuen am Schachspiel und den Spielkarten und sollen sich zu unterhalten wünschen in Lust und Liebe; sie schätzen Süßspeisen und Getränke wie Wein und sind oft betrunken und frönen der Wollust. Sie sollen den Glauben haben und andere so lieben wie sich selbst. Sie sollen ihren Freunden gegenüber freigebig und großzügig sein.

Der Planet Mars ist der ärgste von allen, denn er ist heiß und trocken und drängt den Menschen, eigensinnig zu sein und gleichzeitig eilig und zum Unglück neigend, er ist der Grund aller Kriege und Schlachten . . . Unter Mars sind alle Diebe und Räuber geboren, die auf den Straßen lauern, um braven Menschen zu schaden und solche, die nachts arbeiten; sie suchen Händel, sind Prahler und Spötter. Ein solcher Mensch liebt es, lange Märsche zu machen, fabriziert Schwerter und Messer zum Blutvergießen, er ist ein Wüstling und Sprecher unzüchtiger Reden; er hat roten Bart und rundes Gesicht und würde sich eignen zum Aderlasser, Zahnzieher, der gefährlich ist mit seiner Hand. Und er wird reich sein mit den Gütern anderer.

Jupiter ist ein edler Planet . . . sehr rein und klar von Natur aus, nicht sehr warm, aber voll aller Tugenden. Und mit Jupiter sind zwei Zeichen der Liebe verbunden, das der Fische und das des Schützen. Zeichen, die nicht von Übel oder Unglück zeugen. Dieser Planet kann nichts Übles tun, er ist der beste aller sieben. Er schützt des Menschen Leber und erhält sie fröhlich.

Wenn Saturn regiert, gibt es viel Diebstahl, wenig Wohltätigkeit, viel Lügen und viele Straffälle, einer gegen den anderen und viele Gefängnisse, Debatten und Flüche. Und alte Leute werden schwer krank sein . . . , und viele Krankheiten werden unter den Menschen sein, und dies hauptsächlich in den Stunden, die Saturn beherrscht. Deshalb ist dieser Planet in Zusammenhang gebracht mit dem Alter, schweren Zeiten, Hunger, Argwohn und Gier und mit Menschen, die selten oder nie zufrieden sind. Denn Saturn ist der

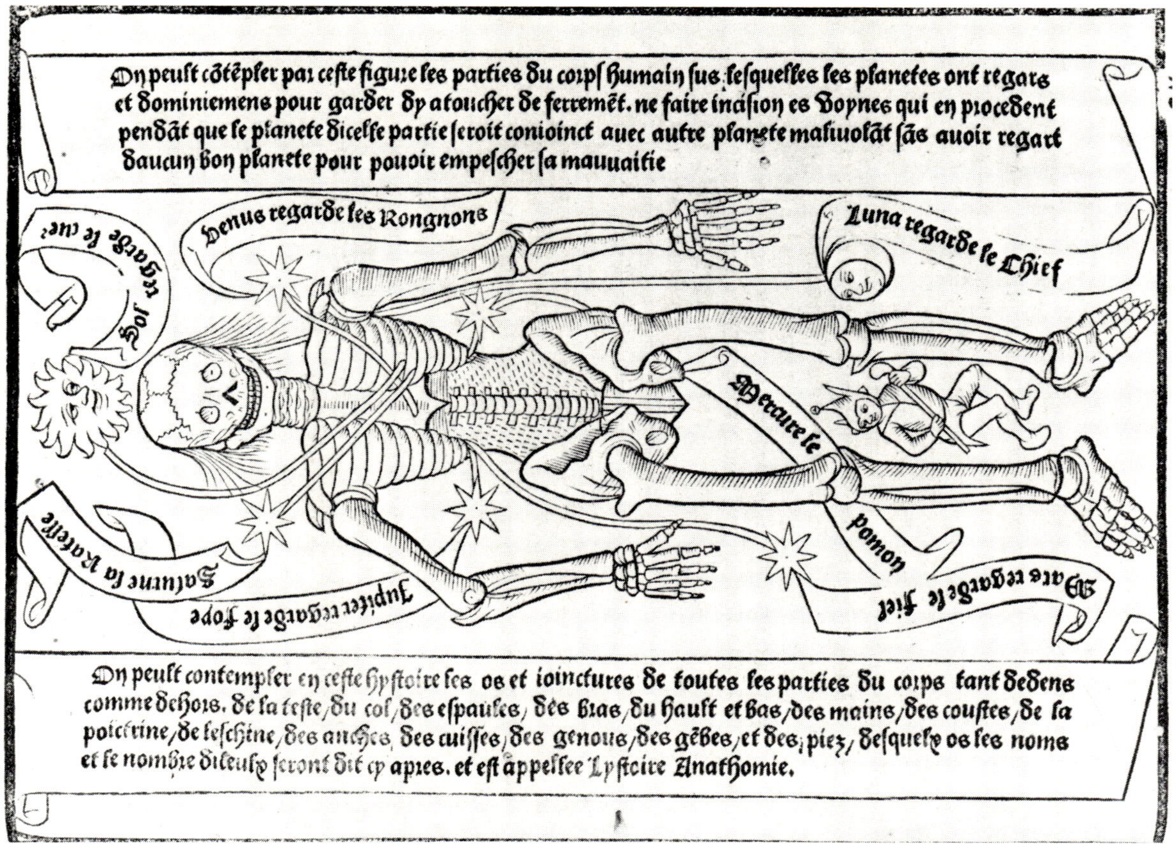


*Planetarisches Skelett. Man stellte sich vor, daß die Planeten die hauptsächlichsten Zentren des Körpers kontrollierten, z. B. regierte Venus über die Nieren, Jupiter über die Leber. Holzschnitt aus dem «Icy est le Compost)», 1491.*

Feind aller Dinge, die gedeihen und natürliches Leben der Natur tragen wegen der kalten und stürmischen Bitternis seiner Zeit . . . Der unter Saturn geborene wird falsch sein, neidig und voll Disput und rechthaberisch. Er ist ein kundiger Ledergerber, ein großer Brot- und Fleischverzehrer. Er hat einen stinkenden Atem, ist schwer, tief in Gedanken und bösartig; ein Räuber, ein Händelsucher, voll von Neid und doch läßt er sich gerne beraten . . . und er liebt es, hartnäckig zu sündigen.

Als die Almanachs die beliebteste Lektüre der einfachen Leute wurde, ähnelten sie ihren Gegenstücken aus der Antike und anderen alten Kulturen: Voraussagen hatten mit dem Wetter zu tun, es gab Ratschläge für die Bauern, Hinweise für die Gesundheit – insbesondere natürlich für solche Krankheiten, die mit der Astrologie verbunden waren, und selbst Vorschläge für die richtige Zeit zum Aderlassen, zum Purgieren oder ein Bad zu nehmen.

Selbstverständlich sind solche Astrologen am besten in der Erinnerung, deren Herren von königlichem Geblüt waren und, wenigstens bis zur Zeit Ludwigs des XIV., der Französische Hof war für Zeichner von Geburtstabellen und Sterndeuter ein ständiges und höchstwahrscheinlich einträgliches Geschäft. Beide der königlichen Häuser, die der Valois und der Capet, wurden durch die Astrologie beeinflußt. D'Almonsor war ein Astrologe, der oftmals von Ludwig den XI. (1461–1483) zu Rate gezogen wurde und es geht die Geschichte um, daß d'Almonsor eines nachts den Besuch zweier Edelleute erhielt, die ihn ersuchten, ihnen ihr Horoskop zu stellen. Tod wurde für beide vorhergesagt, einer von ihnen werde ritterlich sterben und der andere wahrscheinlich vergiftet werden, daß er offensichtlich von einer höchstgestellten Person bedroht werde. Der erstere war der Herzog von Burgund, der in einer Schlacht fiel und der letztere, der Herzog von Berry, starb kurz darauf und es wird allgemein angenommen, daß er von jemandem, der im Dienste des Königs stand, vergiftet worden sei.

Die Frau von Heinrich dem II. von Frankreich, die grausame und skrupellose Catherina de Medici beschäftigte sich mit aller Art von Wissen, doch insbesondere mit okkulten Dingen und hielt große Stücke von der Astrologie; dies allerdings überrascht keineswegs, da doch alle Medici ebenfalls stark durch ihren Glauben an Astrologen beeinflußt waren. Etliche berühmte Sterndeuter spielten in ihrem turbulenten Leben eine Rolle. Der erste war ein Italiener, Luc Gaurice, eigentlich ein Mathematiklehrer, der Horoskope für die Medicis entwarf und voraussah, daß das Kind Catherina Königin von Frankreich werden würde. Als sie tatsächlich die Frau des Thronfolgers, des Dauphins wurde, beriet sie sich sofort mit Gaurice. Er warnte den zukünftigen Heinrich den II., während seines 41. Lebensjahres Einzelkämpfe zu meiden, da

*Titelseite des «astrologischen Spiegels» von Johann Georg Sambach (Nürnberg 1680). Sie zeigt, wie die Tierkreiszeichen den Körper in Bezugnahme auf die Zeit der Geburt beeinflussen.*

*Nostradamus zeigt Königin Catherina von Frankreich einen Blick in die Zukunft durch einen magischen Spiegel. Druck aus dem 18. Jahrhundert.*

*Ludwig der XIV. besucht das Pariser Observatorium. Sein erster Minister Colbert war gegen die Ausübung der Astrologie. Stich von Sebastian Le Clerc, Historisches Museum des Pariser Observatoriums.*

ihm eine Kopfverletzung drohe, die ihm das Augenlicht oder das Leben rauben könnte. Heinrich schlug diese Warnung in den Wind, aber seine Frau glaubte daran.

Sie zog den damals wohl berühmtesten Propheten, Nostradamus (1503-1566) wegen dieser Voraussage zu Rate. Nostradamus war ein gelehrter Doktor und Astrologe, der sich sehr intensiv mit Mystik und Magie befaßte. Sein Werk *Die Jahrhunderte*, das zuerst im Jahre 1555 herausgegeben wurde, war eine Sammlung von rätselhaften Voraussagen, derartig in verschlüsselten Phrasen eingebettet, daß sie wohl schwerer zu deuten waren als die schwierigst zu lösenden Kreuzworträtsel unserer Tage und offen waren für die verschiedensten Interpretationen. Unter diesen Prophezeiungen mag man Bezugnahme finden zum großen Brand von London, die französische Revolution, die Entstehung des Britischen Weltreiches, die Wiedererscheinung Christi oder das Ende der Welt im Juli 1999, wie auch die verschiedensten Ereignisse, die sich bereits eingestellt haben oder erst kommen sollen. Keines dieser Ereignisse konnte aber für Catherina solch übergeordnete Bedeutung haben, wie der Vierzeiler, der sich auf den «Tod des Hauses der sieben» bezog, der das Ende des Hauses Valois zu prophezeien schien und Grund gab, die Warnungen Gaurices ernst zu nehmen, obwohl sie sieben Kinder hatten.

«Der junge Löwe schlägt den alten,
auf kriegsähnlichem Gefild im Einzelkampf,
im gülden Käfig wird die Augen er durchstechen,
aus zweier Wunden, eine dann, und dann des grausam Todes sterben».

Drei Jahre, nachdem Nostradamus dies veröffentlichte, wurde Heinrich der II. unglücklicherweise von einem jungen schottischen Hauptmann bei einem ritterlichen Turnier zur Feier der Hochzeit seiner Tochter erschlagen. Die Lanze drang ins Auge des Königs, ein Splitter davon durchschlug seinen Hals; der Helm des Königs glich einem goldenen Käfig.

Das gewöhnliche Volk war durch die Genauigkeit dieser Voraussage nicht so sehr beeindruckt wie Catherina. Man vermutete, daß Nostradamus des Königs Tod verursacht habe, verbrannte sein Bild und verlangte von der Kirche, den Mann selbst zu verbrennen. Glücklicherweise hatte Nostradamus eine große Fürsprecherin in der Person der königlichen Regentin, die ihn gebeten hatte, die Horoskope für ihre Kinder zu erstellen. Nostradamus muß wohl ein Mann ganz besonderer Talente gewesen sein, da es ihm gelang, die Gunst der Königin nicht nur zu erlangen, sondern sie auch zu behalten, obwohl sechs dieser Kinder sehr unglückliche Schicksale zu erleiden hatten. Genaugenommen ist das Werk *Die Jahrhunderte*, kein Buch astrologischer Berechnungen, sondern wahrscheinlich das Resultat von Kristallhellsehen, wie wenn heutzutage ein Medium ein Glas verwendet, um sich für eine Trance zu konzentrieren.

Am französischen Hof des frühen 16. Jahrhunderts lebte der berühmte sprachwissenschaftliche Doktor und Gelehrte Agrippa von Nettesheim (1486–1585), der sich besonders für okkulte Philosophie interessierte. Obwohl er glaubte, daß die Erfolge der okkulten Wissenschaften auf der Astrologie beruhten, fragte er dennoch: «Warum sorgen wir uns darum, zu wissen, ob das Leben und das Schicksal der Menschen von den Sternen abhänge? Können wir nicht Gott, der nicht irren kann und die Sterne am Himmel geschaffen hat, diese Dinge überlassen?» In seinem späteren Leben wandte er sich allerdings von der Astrologie ganz ab.

Deutsches Kalendarium um 1400. Die farbigen Illustrationen waren für jeden Monat mit Regeln für das Herz, den Tierkreiszeichen und Details für die Längen der Tage und Nächte versehen. Der Schütze. Britisches Museum, London, MS 15 701

Trotz seiner Anschauungen zwang ihn Catherina, den Propheten zu spielen und astrologische Prophezeiungen auszusprechen, über die er aber folgendes schrieb: Ich wünschte, ich könnte ihr etwas angenehmes voraussagen, aber was für Prophezeiungen kann man von Furien und von Hekate schon machen?

Ein anderer Astrologe, der im Dienste von Catherina stand, war der finstere Florentiner Cosimo Roggieri, für den die Königin ein Observatorium bauen ließ. Er war auch ein Magier, erzeugte Kosmetika und Gifte.

Heinrich der IV. von Frankreich war kein so überzeugter Anhänger der Astrologie wie Catherina, doch als sein Sohn geboren wurde, ließ er durch Doktor Roch le Baillif das Horoskop des Kindes erstellen und ernannte ihn als Belohnung hierfür zum Leibarzt des Königs. In der Nacht, bevor Heinrich von einem religiösen Fanatiker namens Ravaillac erstochen wurde, soll ein italienischer Astrologe folgendes vorausgesagt haben: «Morgen wird einer der größten Monarchen der Christenheit ermordet werden».

Voltaire hat später einmal berichtet, daß bei der Geburt Ludwigs des XIV. der Astrologe Jean Baptiste Morin de Villefranche, der außerhalb der Schlafräume der Königin auf das freudige Ereignis wartete, sich beeilte, das Horoskop für das Neugeborene zu erstellen. Dieser Gelehrte hatte einen Lehrstuhl für Mathematik am College de France und war der erste, der ernstliche Studien über die Längengrade anstellte.

Ein spanischer Hofastrologe sah voraus, daß Prinzessin Maria Theresa eines Tages die Gattin des größten Königs von Europa werden würde und daß diese Vermählung helfen würde, einen Krieg zu vermeiden. Im Jahre 1660 heiratete sie Ludwig den XIV., und diese Verbindung vermied tatsächlich einen Krieg beider Länder. Sechs Jahre später gründete Ludwigs erster Minister Colbert die Akademie der Wissenschaften und verbot Astronomen das Studium der Astrologie. Auf diese Weise entglitt diese alte Kunst den Händen der ehrenwerten und anerkannten Wissenschaften und fiel in die des niedrigen Volkes.

*Voltaires Meinung von der Astrologie ist zusammengefaßt in seiner Beschreibung derselben «Diese Chimäre». (Dieser närrische Unsinn). Skulptur von Houdon, Victoria und Albert Museum, London.*

*«Römischer Kalender» von Johannes Stöffler, 1518. Die Erfindung der Buchdruckerkunst ermöglichte es dem einfachen Volk, den Kalender für die Tage, die den Heiligen zugedacht waren, für astrologische und astronomische Daten und für entsprechende Arbeiten zu Rate zu ziehen. Der hier gezeigte August ist der Monat der Ernte, und um Trauben zu keltern.*

| KL | | | Augustus. ¶ Leo | Solis motus | | Lune motus medius | | | Lune Centrum | | | Lune argumētū medium | | |
|---|---|---|---|---|---|---|---|---|---|---|---|---|---|---|
| | | | | G | m̄ | S | G | m | S | G | m̄ | S | G | m̄ |
| 1 | c | | Petri ad Vincula | 18 | 1 | 9 | 16 | 34 | 5 | 3 | 16 | 8 | 22 | 51 |
| 2 | d | 4 Nō | Stephani pape | 18 | 58 | 9 | 29 | 45 | 5 | 27 | 38 | 9 | 3 | 54 |
| 3 | e | 3 Nō | Inuentio S. Sephani | 19 | 56 | 10 | 12 | 55 | 6 | 22 | 1 | 9 | 18 | 58 |
| 4 | f | 2 Nō | | 20 | 54 | 10 | 26 | 6 | 7 | 16 | 24 | 10 | 2 | 2 |
| 5 | g | None. | | 21 | 51 | 11 | 9 | 17 | 8 | 10 | 47 | 10 | 15 | 6 |
| 6 | A | 8 Idus | Sixti pape | 22 | 49 | 11 | 22 | 27 | 9 | 5 | 10 | 10 | 28 | 10 |
| 7 | b | 7 Idus | Afrę martyris | 23 | 47 | 0 | 5 | 38 | 9 | 29 | 33 | 11 | 11 | 14 |
| 8 | c | 6 Idus | Cyriaci & sociorū eius | 24 | 44 | 0 | 18 | 48 | 10 | 23 | 56 | 11 | 24 | 18 |
| 9 | d | 5 Idus | ¶ Vigilia | 25 | 42 | 1 | 1 | 59 | 11 | 18 | 19 | 0 | 7 | 22 |
| 10 | e | 4 Idus | Laurentij martyris. | 26 | 40 | 1 | 15 | 10 | 0 | 12 | 42 | 0 | 20 | 26 |
| 11 | f | 3 Idus | Tyburt martyris. | 27 | 38 | 1 | 28 | 20 | 1 | 7 | 4 | 1 | 3 | 30 |
| 12 | g | 2 Idus | Clarę virginis. | 28 | 36 | 2 | 11 | 31 | 2 | 1 | 27 | 1 | 16 | 33 |
| 13 | A | Idus | Hipoliti martyris. | 29 | 34 | 2 | 24 | 41 | 2 | 25 | 50 | 1 | 29 | 37 |
| 14 | b | 19 Kal | Septēbris Vigi. ¶ Virgo | 0 | 32 | 3 | 7 | 52 | 3 | 20 | 13 | 2 | 12 | 41 |
| 15 | c | 18 Kal | Assumptio Marię | 1 | 30 | 3 | 21 | 2 | 4 | 14 | 36 | 2 | 25 | 45 |
| 16 | d | 17 Kal | | 2 | 28 | 4 | 4 | 13 | 5 | 8 | 59 | 3 | 8 | 49 |
| 17 | e | 16 Kal | Octaua Laurentij | 3 | 26 | 4 | 17 | 24 | 6 | 3 | 22 | 3 | 21 | 53 |
| 18 | f | 15 Kal | Agapiti martyris | 4 | 24 | 5 | 0 | 34 | 6 | 27 | 45 | 4 | 4 | 57 |
| 19 | g | 14 Kal | | 5 | 22 | 5 | 13 | 45 | 7 | 22 | 8 | 4 | 18 | 1 |
| 20 | A | 13 Kal | Bernardi Confessoris | 6 | 21 | 5 | 26 | 55 | 8 | 16 | 30 | 5 | 1 | 5 |
| 21 | b | 12 Kal | | 7 | 19 | 6 | 10 | 6 | 9 | 10 | 53 | 5 | 14 | 9 |
| 22 | c | 11 Kal | Timothei & Simphoniani | 8 | 17 | 6 | 23 | 17 | 10 | 5 | 16 | 5 | 27 | 12 |
| 23 | d | 10 Kal | ¶ Vigilia | 9 | 16 | 7 | 6 | 27 | 10 | 29 | 39 | 6 | 10 | 16 |
| 24 | e | 9 Kal | Bartholomei apostoli | 10 | 14 | 7 | 19 | 38 | 11 | 24 | 2 | 6 | 23 | 20 |
| 25 | f | 8 Kal | | 11 | 12 | 8 | 2 | 48 | 0 | 18 | 25 | 7 | 6 | 24 |
| 26 | g | 7 Kal | | 12 | 11 | 8 | 15 | 49 | 1 | 12 | 48 | 7 | 19 | 28 |
| 27 | A | 6 Kal | Rufi martyris. | 13 | 9 | 8 | 29 | 9 | 2 | 7 | 11 | 8 | 2 | 32 |
| 28 | b | 5 Kal | Pelagij mar. Augustini epi. | 14 | 8 | 9 | 12 | 20 | 3 | 1 | 34 | 8 | 15 | 36 |
| 29 | c | 4 Kal | Decollatio S. Ioānis Bapti. | 15 | 6 | 9 | 25 | 31 | 3 | 25 | 56 | 8 | 28 | 40 |
| 30 | d | 3 Kal | Fœlicis & Adaucti mar. | 16 | 5 | 10 | 8 | 41 | 4 | 20 | 19 | 9 | 11 | 44 |
| 31 | e | 2 Kal | | 17 | 3 | 10 | 21 | 52 | 5 | 14 | 42 | 9 | 24 | 48 |

Augustus vegetos cados coarcto
Quam possum bene circulis papyro.

Dies … Anni

C i

Im Alter von 66 Jahren veröffentlichte Voltaire eine Streitschrift über die Astrologie, in der er um Vergebung bat, daß er noch am Leben sei. Zwei verschiedene Astrologen hatten einst vorausgesagt, daß er mit 32 Jahren sterben werde.

## England

Während des sechzehnten und siebzehnten Jahrhunderts erfreute sich die Astrologie auf der anderen Seite des Kanals in England großer Beliebtheit und die Anzahl der Schriften, die durch englische Astrologen in die Öffentlichkeit gelangten zeigten, wie beliebt diese Kunst damals war.

Durch die Lektüre von Schauspielen und Poesie dieser Zeit erfahren wir, wie die Leser, Besucher von Schauspielhäusern und Schriftsteller darauf eingestellt waren, astrologisches Gedankengut anzunehmen, zu verstehen und es zu verwerten. Jedermann schien dessen bewußt gewesen zu sein, daß die verschiedenen Teile des menschlichen Körpers durch die Tierkreiszeichen regiert werden, und daß es vier verschiedene Körpersäfte gibt, die sanguinischen, die phlegmatischen, die cholerischen und die melancholischen Typen, und daß diese unter der Obhut der Sterne und deren Zeichen stünden.

Die Werke Shakespeares sind voll von Bezugnahmen auf die Astrologie – ernsthaft, zweifelnd und wit-

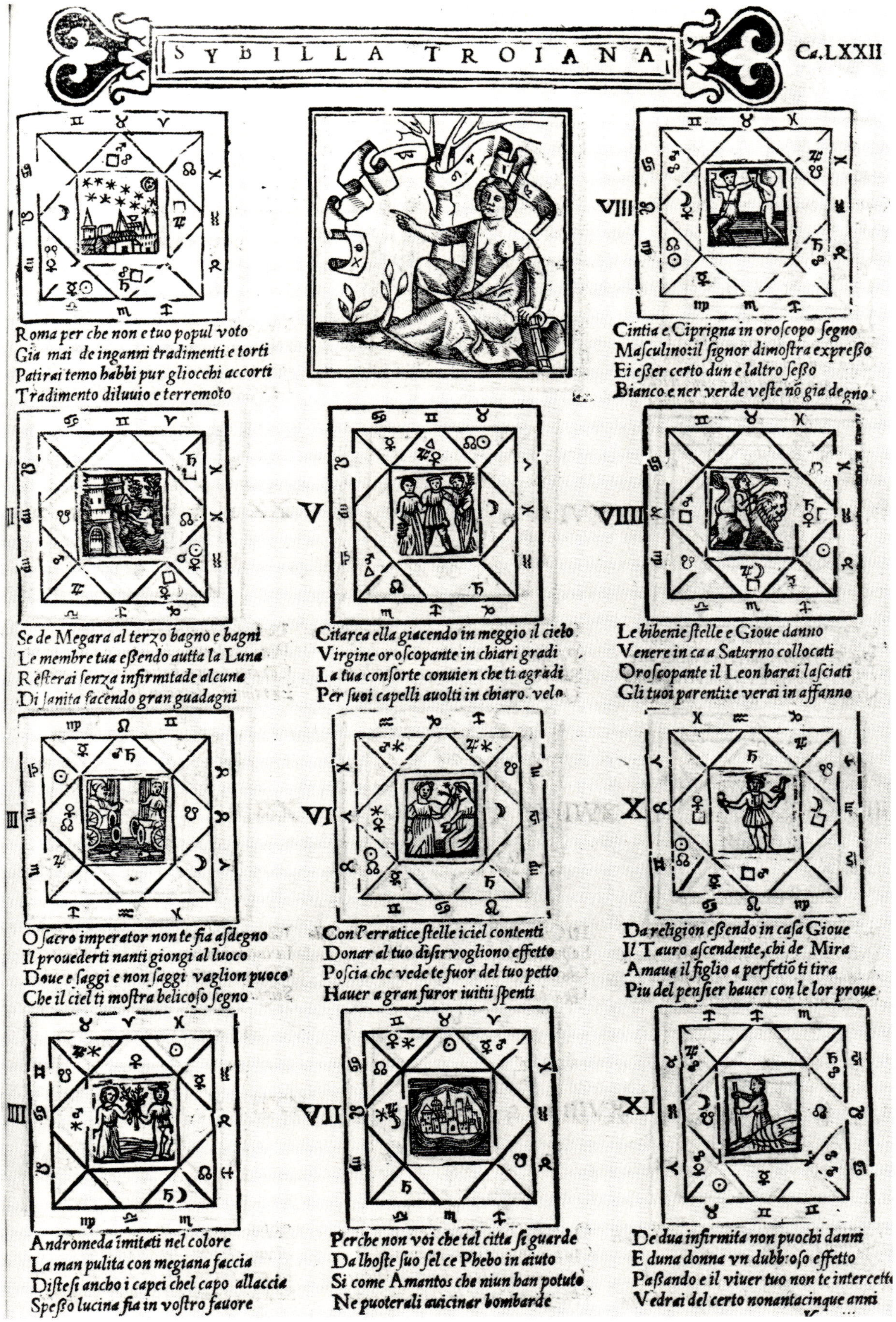


*Volkstümliche Schriften mit gereimten Vierzeilern über astrologische Dinge erschienen oft unter dem Titel eines klassisch klingenden Autors, um ihnen einen Hauch von Respekt zu verschaffen. Triompho di Fortuna, ein Werk aus dem 16. Jahrhundert aus Italien.*

zig. Seine Charaktere benutzten oft die Sterne, um ihre Pechsträhnen wegzuerklären und eigentlich mußten den Besuchern der Schaubühnen dieser Zeit die Sterne ziemlich bekannt gewesen sein.

In *König Lear* macht Edmund folgende Bemerkung: «Das ist wohl eine erstklassige Fopperei der Welt, daß wir, wenn wir – oftmals durch eigenes Verschulden – unglücklich sind, für unsere Katastrophen die Sonne, den Mond und die Sterne verantwortlich machen, so als wären wir notwendigerweise Bösewichte und Narren aus himmlischen Zwängen, Spitzbuben, Diebe und Verräter aus sphärischer Übermacht, Trunkenbolde, Lügner und Ehebrecher aus erzwungener Folgsamkeit planetarischen Einflusses». Aber im gleichen Stück wird der Unterschied von Cordelias Charakter zu dem ihrer beiden Schwestern folgendermaßen erklärt: «Es sind die Sterne, die Sterne über uns, sie leiten unser Betragen . . .».

Vielleicht ist eines der bestbekannten astrologischen Shakespearischen Zitate in Julius Cäsar zu finden, wenn Cassius sagt: «Zu manchen Zeiten sind Männer die Herren ihres Schicksals; der Fehler, mein lieber Brutus, liegt nicht in unseren Sternen, doch in uns selbst, weil wir uns unterwerfen».

Die Astrologie zeigte sich in allen möglichen täglichen Ereignissen. Der Pflanzenkundige Nicholas Culpeper erklärte, daß Pflanzen unter dem Einfluß gewisser Planeten stünden, die ihnen besondere Kräfte

*Venus in einem guten (links) und in einem schlechten Aspekt. Illustration aus einer Übersetzung aus dem 14. Jahrhundert eines arabischen Werkes. Britisches Museum, London. Sloane MS 3983.*

*Nicholas Culpeper, der ein Werk über «Astrologische Beurteilungen der Krankheiten» schrieb.*

verliehen: Maiglöckchen ... unter dem Einfluß des Merkurs, deshalb stärkten sie das Gehirn, meistern ein schwaches Gedächtnis und stärken es wieder. Artischocken ... stehen unter dem Einfluß der Venus, daher ist es wohl nicht verwunderlich, daß sie die Wollust erzeugen. Gurken ... stehen unter der Obhut des Mondes, und obwohl sie wegen ihrer «Kälte» in schlechtem Rufe stehen, wären sie wohl giftig, würden sie nur um ein Grad kälter sein.

Während des 16. Jahrhunderts gab es zwei berühmte englische königliche Astrologen, die den Tudors zu Rate standen. Der Mathematiker und Astrologe Nicholas Kratzer diente Heinrich dem VIII. Er muß wohl ein Gelehrter gewesen sein, um ein Freund Thomas Moore zu werden, und auch ein Weiser und Diplomat, um bequem einen König überleben zu können, dessen Liebesleben ziemlich stürmisch verlief.

Wahrscheinlich war Dr. John Dee (1527–1608), der Heinrichs drei Kindern diente, der bekannteste Astrologe. Während der Regierungszeit von Mary Tudor (Stuart) war er eingesperrt worden, weil er gegen ihre Heirat prophezeit hatte: «Wehe den beiden Nationen, Wehe und Sorge, Unglück durch Wasser, Verfolgung durch Feuer, und die Königin wird kinderlos sterben» ... Er prophezeite auch, daß ihre Schwester Königin werden würde. Zum Glück für Dee wurde er aus der Gefangenschaft entlassen und sobald sie die Nachfolge auf den Thron angetreten hatte, widerrief er seine Prophezeiung; er wurde angewiesen, einen günstigen Tag für ihre Krönung auszuwählen.

Dee war nicht nur Astrologe, Kristallhellseher, Alchimist, Magier und Spiritist, sondern auch ein ernstzunehmender Mathematiker, dessen Berechnungen dazu verhalfen, den Gregorianischen Kalender im Jahre 1583 einzuführen. Trotzdem war dieser Mann, der zwar mit Elisabeth befreundet war, durch sie aber keineswegs bereichert wurde, ein sonderbares Paradoxon. Als er ungefähr fünfzig Jahre alt war, ließ er

*«Der Sternenbeobachter» aus dem Werk «L'Image du Monde» (Das Weltbild) von Gautier de Metz. Britisches Museum, London. Harley MS 334.*

*John Dee und Edward Kelly zeigen Guy Fawkes ihre magischen Künste. Illustration von George Cruikshank.*

sich mit einem Edward Kelly, einem Scharlatan und Verbrecher kleinen Formats ein. Zusammen suchten sie den Stein der Weisen, versuchten, gewöhnliche Metalle in Gold zu verwandeln und betrieben Geisterbeschwörungen; während einer solchen, sagt man, sollen sie zwei Erzengel herbeibeschworen haben, Uriel und Michael. Uriel soll Dee die Enthauptung von Maria Stuart vier Jahre, bevor dies geschah, angezeigt haben. Die beiden Männer reisten auch herum und waren wohl nichts anderes als billige Händler auf Jahrmärkten.

Es muß aber doch noch mehr an Dees Charakter gewesen sein als nur Naivität oder Rechtsverdreherei, denn die scharfsinnige Elisabeth vertraute ihm bei allen Arten von geheimen Missionen und zog ihn selbst bei der Krise um die Armada zu Rate. Sie versuchte, ihm eine Stellung in der Kirche zu verschaffen, doch stieß sie auf den Widerstand der Bischöfe, weil Dee als Zauberer bekannt war. Als James der I. ihr auf den Thron folgte, verlor Dee die Stellung, die er bisher errungen hatte, da der König glaubte, daß Dee mit dem Teufel im Bunde wäre. Nichts konnte aber gegen oder für den Astrologen ins Feld geführt werden, der seinen Lebensabend in seinem Heim in Mortlake verbrachte, wo er einstmals den Besuch der Königin hatte und auch Besucher empfangen hatte, die die Zukunft erforschen wollten, oder andere, die ihn und seine Zauberbücher verbrannt wissen wollten.

Die Astrologie verließ nun den Hof und ihre Jünger reisten im Lande herum. Sie suchten Ruhm und Kunden und machten einander vor dem Volk schlecht. Einer der bestbekanntesten volkstümlichen Astrologen war William Lilly (1602–1681), der ein ansehnliches Einkommen besaß und sich erst im Alter von 30 Jahren der Astrologie zuwandte. Er studierte allerdings 14 Jahre, bevor er seine Voraussagen in Druck gab, was mehr ist, als von vielen seiner Kollegen gesagt werden kann, und im Jahre 1644 veröffentlichte er

*Eine der zwölf Gravuren William Hogarths, die das satirische Gedicht «Hudibras» von Samuel Butler illustrierte, eine Karikatur des William Lilly darstellend.*

zwei Prophezeiungsbücher, den *Merlinus Angelicus junior* und das sonderbar betitelte Buch *Eine Prophezeiung des Weißen Königs und Erklärungen des fürchterlichen Todesboten.* Von dann an veröffentlichte Lilly regelmäßig Almanachs.

Da er diese Bücher der «Stationers Company» in Lizenz gab, die bei der Veröffentlichung mitverdiente, verlieh diese den Werken einen Schein von Ehrenhaftigkeit.

Tatsächlich war es dieses Verlagshaus, das dazu beitrug, Astrologie im Publikum lebendig zu erhalten; noch lange, nachdem die ernsthaften Studien bereits stark in Verruf gekommen waren, unterhielt die «Stationers Company» ein blühendes Almanachgeschäft weit in das neunzehnte Jahrhundert hinein. Die verschleierten Voraussagen, die zwischen den unscheinbaren Seiten dieser Pamphlete gefunden wurden, waren meistenteils das Werk unbekannter literarischer Taglöhner, die sich an Astrologen – ehrenwerte oder auch zweifelhafte – hielten, die aber schon längst das Zeitliche gesegnet hatten. Der heute noch erscheinende Almanach *Old Moore's Almanach* ist ein Ab-

*Trotz ihres heidnischen Ursprungs wurden die bekannten Tierkreiszeichen dazu verwendet, Kirchen zu schmücken wie diese am Dom zu Amiens, Frankreich.*

gyeēschafft ď hitz/ dz sy alwegē stercke. Zů dē andern mal wirt ď Sanguineus glychet dē glentz/ wañ die zyt ist kalt vñ feücht/ darūb ist die cōplexion aller lieplichst/ wañ dz lebē ist im hertzē vnd im feüchtē. Sanguineus ist mer geneygt zů boßheit dañ Melācolicus/ vnd Flegmaticus ist mer geneygt zů lere/ dañ seine geist seind subtyl/ sy mügen ein ding bald begryffen/ sy ligē den dingen nit ernstlich ob als die Flegmatici vñ Melācolici/ sy seind milt büler vnd bülerin/ frölich vñ lachen gern/ sy seind rot vnď dē antlütz vnd singen/ vnd seind etwan kün/ vnd haben vil fleisch/ vnd seind etwan frech vnd tugenthafft/ vnd seind zůgeneygt dem Planeten Jupiter mit seiner natur.

Colericus.

Vnser Complexion ist gantz von feür
Schlahen vnd kriegen ist vnser abentheür

¶ Der Colericus ist milt/ wañ die feüchtigkeit antzündt im dz blůt vm̄ dz hertz vnd macht im gilbe vnď dē antlütz. Darum̄ seind die Colerici gar gedürstig/ vñ gleycht sich dē summer heiß vnd truckē vnd würt geglychet der vntugendt. Die Complexion ist dryfaltig. Die erst ist hitzig mit einem bleichen antlütz/ dürstig/ sy erschrecken die leüt gern wann sie truckē sein. Die ander ist sy haben rote antlütz gemischet mit gilbe/ kindig/ vast zornig/ vnnd ran/ durch zyt rot an dem antlütz vnd an den backen/ vnd braun an dem leyb/ vñ auch nit alle Colera glychet sich mit irer natur Mercurio vnd Saturno/ vnd auch iren zeichen/ das ist der wider/ der Leo vnd der Schütz.

Merck das du nitt lassest wann sich das New antzündt von der Sonnen/ oder wañ der Mon vol ist/ fünfftag vor oder nach/ es sey dañ vast not/ dann im Summer.

Nyemandt sol lassen in den nachgenden tagen/ dañ dauon kompt grosser schaden.
¶ Am ersten tag des Jenners/ wer dann laßt der würt krempffig oder stirbt/ oder verleürt das gesicht in dem iar oder verleürt die sinn/ oder wirt reydig.
¶ Wer laßt am achtē Kalend des Hornungs/ ď stirbt/ oder wirt krempffig/ oder in schlecht das berly.
¶ Wer laßt am achten Kalend des Mertzen stirbt oder

kömmling der «Vox Stellarum» eines gewissen Francis Moore, der 1715 starb. Dieses Druckwerk findet weithin Anklang, so ungefähr wie die Horoskope in den heutigen Zeitungen und Wochenzeitschriften, obwohl wirkliche Astrologen sich von diesen gefälschten Prophezeiungen eher fernhalten.

William Lillys Anspruch auf Ruhm ist darauf basiert, daß er in seinen *Astrologischen Voraussagen für 1648* tatsächlich eine zwar schwerfällige, aber ins astrologische Detail gehende Voraussage der großen Feuersbrunst von London gab. Er nannte bestimmte Konstellationen des Mars zur Sonne im Zusammenhang mit gewissen Sternbildern, die sich 1665 ereigneten. «Es wird dann, entweder dann oder um diese Zeit herum, oder nicht lange um dieses Jahr, oder innerhalb von zehn Jahren, aber um diese Zeit herum, im Königreich ein sonderbarer Umschwung des Schicksals entstehen, eine so große Veränderung in der Monarchie und der Regierung, wie es noch nie der Fall gewesen war, über was ich aber nicht befugt bin, noch ermutigt werde, meine Meinung dazu zu äußern. Es wird für London offenkundig sein, für seine Händler und Kaufleute, seine Schiffsherren und Händler über Land, und seinen Armen und alle Art von Leuten, die dort und in den angrenzenden Gegenden wohnen, wegen mehrerer Feuersbrünste und einer vernichtenden Pest».

Diese Voraussage vom Untergang war aber nur eine unter vielen, doch hatte Lilly ein Talent, die Feindschaft oder vielleicht auch den Neid des Astrologenkollegen, Thomas Gataker, zu provozieren, der im Jahre 1653 eine Streitschrift herausgab, die er folgendermaßen betitelte: *Gegen die pöbelhaften Verleumdungen des großen Betrügers William Lillie,* in der er schrieb: «Man benötigt nicht sehr viel Geschicklichkeit in der anmaßenden Kunst, um deren Nichtigkeit zu entdecken», und noch bitterer schrieb er: «In all diesen schrecklichen Verfinsterungen und bösartigen Aspekten findet Mr. Lillie schlechte, trübe und katastrophale Beziehungen zu Prinzen, Herrschern, Priestern, Rechtsgelehrten, Landwirten und Viehzüchtern etc., aber niemals zu Zauberern, Sterndeutern, Astrologen etc. Offenbar kann keiner dieser bösartigen Aspekte diese je erreichen». Man könnte sich vorstellen, daß jemand von der gleichen Zunft wie Herr Gataker sich dadurch beruhigt hätte, aber dies war keineswegs der Fall.

Lebhafte Einbildungskraft oder Fälschung? Wer weiß es? Tatsache bleibt aber, daß die große Feuersbrunst von London stattfand. Lilly war jedoch nicht vom Verdacht befreit, den Brand angestiftet zu haben. Ein parlamentarischer Ausschuß untersuchte die An-

*Ein volkstümliches deutsches Werk, das sich mit Astrologie und den Lebenssäften befaßte. Diese Seiten beziehen sich auf den Einfluß des cholerischen Temperaments und die Heilmittel, es zu heilen.*

*Francis Moore, Astrologe und Herausgeber des «Old Moore's Almanach».*

*Himmelskarte, die Bewegungen der Planeten zeigend, mit Tierkreis- und planetarischen Darstellungen, von Andreas Cellarius, «Atlas coelestis seu Harmonia Macrocosmica» (1661).*

ARATEVM
Compages
DANORVM EX
ARATEA IN
EXPRESSA.
MARS
LVNA

*John Partridge, der Astrologe und «Bickerstaff», der seinen Untergang voraussagte. Zeitgenössischer Holzschnitt.*

gelegenheit. Die Katastrophe mag fast ganz London zerstört haben, sie festigte jedoch den Ruf Lillys, obwohl er niemals wieder eine so erfolgreiche Prophezeiung machte.

Der Ruhm stieg ihm zu Kopf und die Ratschläge, die er «Möchte-gern-Astrologen» gab, waren schwülstig und eingebildet und machten mehr den Eindruck eines Erziehungsbuches für gutes Benehmen als eines solchen für das Studium der Planeten.

Um diese Zeit herum gab es noch andere volkstümliche Astrologen. Einer, John Gadbury, erstellte nachträglich Geburtstabellen berühmter aber bereits verstorbener Persönlichkeiten wie für Nero, Heinrich den VIII., Königin Elisabeth und Cardinal Richelieu. Ein anderer Astrologe, der eine ganz unwahrscheinliche Voraussage machte, war John Case, der berechnet haben wollte, daß die himmlischen Körper am Mittwoch, den 22. April um das Jahr 4002 vor Christi und Adam am folgenden Tag erschaffen worden seien. In seinem Werk *Der Engelsführer*, das 1697 erschien, schlägt Case vor, ein Astrologe möge die Fragen seiner Kunden so beantworten, daß er gewisse Bereiche bestimmten Zeichen zuordne. Beispielsweise befrage man den Schützen, wenn jemand hofft, eine hohe Stellung bei der Kirche zu erlangen, oder die Waage, um festzustellen, ob sein Weib ihm die Treue bewahre, oder den Löwen, um herauszufinden, ob er eine nette Freundin finden könne.

Bevor wir den Vorhang über diese buntscheckige Gesellschaft fallen lassen, die wahrlich sehr wenig mit einigen der früheren, gelehrten Sterndeutern gemeinsam zu haben scheint, können wir noch eine Geschichte erwähnen, die auch unsere Vorfahren aus dem 18. Jahrhundert weidlich amüsierte: Ein gewisser «Isaac Bickerstaff», tatsächlich jedoch der große Schriftsteller Jonathan Swift, gab sein Werk heraus *Voraussagen für das Jahr 1708*. Um sich lustig zu machen, prophezeite er darin, daß John Partridge, ein Almanachschreiber, der seine Werke dazu benutzte, seine politischen und religiösen Vorurteile zu bekunden, um 11 Uhr abends des 29. März an Fieber sterben werde und gab dem Astrologen den guten Rat, alle erforderlichen Vorkehrungen für sein Ableben zu treffen.

Niemand schien diesem «Bickerstaff» zu mißtrauen. Amüsierte Zweifel mögen den Leuten allerdings ge-

*John Gadbury, dessen astrologischer Ruhm mehr darauf beruhte, daß er Horoskope berühmter Männer erstellte, die bereits tot waren, als die Zukunft vorauszusagen.*

*Ein Astronom bei seinen Berechnungen. Schrittweise ersetzte die Astronomie, auf wissenschaftlichen Grundlagen basierend, die alten astrologischen Ideen, die sich auf Tradition stützten. Stich von Stradanus.*

*Seite 110:*
*Oktober, Seite aus einem Manuskript «Die sehr reichen Stunden des Herzogs von Berry» (Les très riches heures du Duc de Berry) zeigt ländliche Szenen und die Tierkreiszeichen, die mit diesem Monat in Verbindung gebracht werden. Französisches Manuskript aus dem 15. Jahrhundert, Museum Condé, Chantilly, Frankreich.*

*Seite 111:*
*November, Seite aus einem Manuskript «Die sehr reichen Stunden des Herzogs von Berry» (Les très riches heures du Duc de Berry) zeigt die Tätigkeiten und Tierkreiszeichen, die mit diesem Monat in Zusammenhang gebracht werden. Französisches Manuskript aus dem 15. Jahrhundert, Museum Condé, Chantilly.*

kommen sein, als «Partridge» – tatsächlich wieder Jonathan Swift – die Prophezeiungen des «Bickerstaff» heftig anfocht. Der arme Partridge verdient wohl etwas Mitleid. Er starb erst 1715 und er mußte so eine Anzeige aufgeben, daß er noch am Leben wäre und zwar eben auch am 29. März.

Die Astrologie war also nicht mehr die «närrische Tochter» der Astronomie, sie wurde rascher und rascher ein ziemlich schäbiges Wesen, sodaß wir nicht erstaunt sein sollen, Betrachter ihres Niederganges im nächsten Kapitel zu sein.

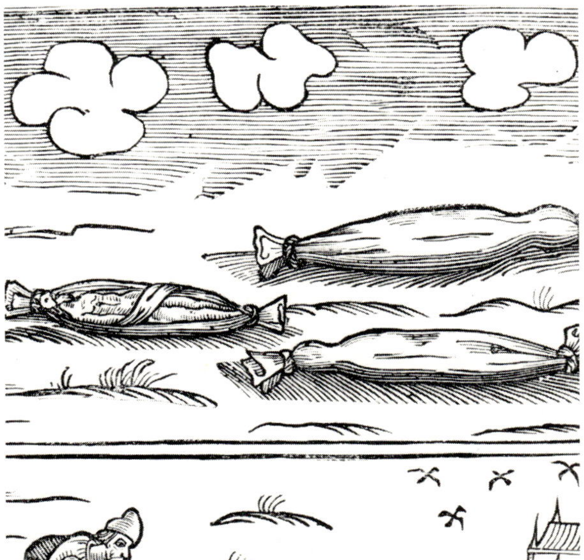

*Zwei magische Zeichnungen von William Lilly, die Pest vom Jahre 1665 und die große Londoner Feuersbrunst im folgenden Jahr; er behauptete, beide Ereignisse zwanzig Jahre vorher vorausgesagt zu haben.*

mensis
octobris
dies

# Abstieg und Wiederaufleben

Wenn die Astrologie als herrlich wuchernde Blüte angesehen würde, so war sie eine, die den Samen für ihr eigenes Verderben legte. Der Mensch hatte jahrhundertelang zum Himmel aufgeschaut und eine Philosophie über die bestimmte Art und Weise des Verhaltens der Himmelskörper entwickelt. Mit der Zeit stellten andere Menschen weitere Beobachtungen an und entdeckten störende Tatsachen, die nicht nur in Widerspruch zu den bestehenden Ideen standen, sondern sie sogar ad absurdum führten. Zuerst schienen solche Theorien und Entdeckungen angesichts der unverletzlichen Lehren von Aristoteles, Pythagoras und Ptolemäus reines Lästern zu sein. Die neuen Wahrheitssucher begannen in eher vernünftiger als mystischer Weise ‹warum?› zu fragen. Die Religionskriege des sechzehnten Jahrhunderts förderten dieses Infragestellen herkömmlicher Werte, das seinen Höhepunkt im achtzehnten Jahrhundert erreichte, dem Zeitalter des Rationalismus, als wissenschaftliche Kenntnisse den Aberglauben abschüttelten. Der Schock, der die astrologischen Pläne über den Haufen warf, begann schon im sechzehnten Jahrhundert als schwaches Beben.

*Johannes Kepler nannte die Astrologie ‹die närrische kleine Tochter der achtenswerten vernünftigen Mutter Astronomie›.*

## Die neuen Astronomen

Nikolaus Kopernikus (1473–1543) war eigentlich der Vater der modernen Astronomie, denn seine revolutionäre Theorie machte das ptolemäische Konzept von einem geozentrischen Universum zunichte. Irgendwie stieß dieser polnische Doktor des Kirchenrechts darauf, daß Erde und Planeten um die Sonne kreisen. Die Idee wurde posthum in seinem Werke ‹*De revolut ionibus orbim coelestium*› veröffentlicht. Wir wissen nicht genau, wie Kopernikus die Astrologie beurteilte, aber sein Werk war seltsamerweise von dem deutschen Astronomen und Mathematiker – bekannt unter dem Namen Rheticus – der Astrologie zugeschrieben worden.

Der Däne Tycho Brahe (1546–1601) war einer der ersten bedeutenden, mehr beobachtenden (als rein theoretisierenden) Astronomen. Er lehnte die heliozentrische Theorie ab und hielt nicht viel von Astrologen, obwohl er glaubte, daß die Sterne Persönlichkeit und Leben eines Menschen beeinflussen. Dennoch zeichnete er Geburtskarten: vielleicht aus finanziellen Gründen oder um seinen Freunden einen Gefallen zu tun.

Brahes außergewöhnlichste astrologische Vorhersage entstand durch ein Ereignis, das die Theorie von Aristoteles von Grund auf erschütterte und den von Kopernikus aufgestellten Thesen mehr Gewicht gaben. 1572 erschien nämlich ein Komet und Brahe prophezeite, daß durch den Einfluß dieses Kometen 1592 in Finnland ein Junge geboren werde, der eine große berufliche Zukunft haben und 1632 in religiösem Kampf sterben werde. Jener große Verfechter des Protestantismus, Gustav Adolf von Schweden, war tatsächlich 1594 geboren und starb 1632 in der Schlacht bei Lützen. Finnland war damals ein Teil Schwedens, so daß Brahes Prophezeiungen – bis auf die kleine Abweichung von zwei Jahren, das Geburtsdatum betreffend – mit einigem Respekt betrachtet werden müssen.

Man wird sicher überrascht sein, wenn man erfährt, daß dieser Komet eine Quelle der Inspiration für zeitgenössische Astrologen bedeutete, die allerlei – hauptsächlich schlechte – Voraussagen machten und zu dem Schluß kamen, daß das neue Licht am Himmel unter anderem das Ende der Welt oder die Wiederkehr Christi ankündigte. Was es aber wirklich ankündigte, war von großer Tragweite für die Astronomie. Der Komet war eine ‹Nova› – ein neuer Stern – der in der Konstellation Cassiopeia explodierte. Sein Erscheinen bedeutete, daß die Form der Konstellationen nicht fest, son-

Nikolaus Kopernikus. Seine Entdeckung, daß Erde und Planeten die Sonne umkreisen, untergrub traditionelle Theorien über die Astronomie und Astrologie. Observatorium Berlin.

Tycho Brahe, in seinem Observatorium auf Hveen, war der erste Astronom, der beobachtete anstatt zu theoretisieren.

*Galileo Galilei, dessen Entdeckung unzähliger neuer Sterne sehr dazu beitrug, den Glauben an die Astrologie in Verruf zu bringen. Gemälde in der Biblioteca Marucelliana, Florenz.*

dern veränderlich war, und damit Aristoteles Konzept der Fixsterne in der achten Sphäre widerlegt wurde. Ob es den Astrologen gefiel oder nicht, der Stern konnte sich verändern.

Johannes Kepler (1571–1630) – eine seltsame Mischung aus Skeptik und Mystik – arbeitete als Brahes Assistent an schon gesammeltem Material und wurde einer der Urheber moderner Astrologie. Kepler bezeichnete die Astrologie als die ‹närrische Tochter der Astronomie›, arbeitete aber trotzdem auf diesem Gebiet – vielleicht, um dadurch einige seiner Forschungen finanzieren zu können.

*Sir Isaac Newton. Seine Theorie der Gravitation zeigte, daß das Universum von einfachen mathematischen Gesetzen und nicht von übernatürlichen gelenkt wird. National Portrait Gallery, London.*

Weder die Öffentlichkeit noch die Astrologen waren bereit, Keplers sehr individuelle und mystische Betrachtungsweise der Astrologie anzuerkennen, denn er schrieb ‹Meiner Meinung nach gibt es keinen unheilbringenden Stern am Himmel, vor allem aus folgenden Gründen: Es entspricht der Natur des Menschen schlechthin, daß planetarische Ausstrahlungen in ihr wirksam werden können, genauso wie sie den Gehörorganen die Möglichkeit schenkt, Tonintervalle unterscheiden zu können und der Musik die Kraft verleiht, die den Menschen zum Tanzen anregt, wenn er sie hört.›

Keplers Prophezeiungen waren politischer Natur, einschließlich solcher Ereignisse wie der Aufstand unter den österreichischen Landarbeitern im Jahre 1594 und der Rückzug der österreichischen Armee vor den Türken im Jahre 1595. Es ist wahrscheinlich, daß die Genauigkeit seiner Prophezeiungen mehr mit seinem scharfsinnigen Geist und ‹vertraulichen› Informationen am Hofe als mit dem Sterndeuten zu tun hatte. Was er auch immer von der ernsten Seite der Astrologie gehalten haben mag, er verachtete das, was sie auf der volkstümlichen Ebene geworden war. Kepler fertigte astrologische Kalender an, die sich nicht sehr von ihren astronomischen Gegenstücken unterschieden. 1598 schrieb er über seinen jüngsten Kalender: ‹Was all die Prognosen betrifft, so möchte ich meine oben genannten Leser erfreuen, indem ich von der Größe der Natur berichte zusammen mit Behauptungen, die wahr zu sein scheinen, in der Hoffnung, daß die Leser geneigt sein werden, einer Erhöhung meines Gehaltes zuzustimmen. Wenn sie dafür eintreten, werden sie, wie ich hoffe, nicht böse sein, wenn ich als Verteidiger der Astrologie in Wort und Tat bei derselben Gelegenheit versuche, die Meinung unter die Leute zu bringen, daß ich kein astrologischer Clown bin . . .›

1610 verwendete Galileo (1564–1642) das gerade erfundene Teleskop und machte, nachdem er es zu Beobachtungen eingesetzt hatte, eine andere grundlegende Annahme traditioneller Astrologie zunichte. Es gab unzählig mehr Fixsterne als man es sich je vorgestellt hatte und anscheinend vier neue Planeten – in Wirklichkeit Jupiters Satelliten. Solche Entdeckungen wurden von den Astrologen nicht gerade begeistert aufgenommen. Galileo, der an der Universität Pisa Professor für Mathematik war, kam ins Gefängnis, weil er die Überlegenheit der Theorie von Kopernikus über die von Ptolemäus bewiesen hatte – solch eine Entdeckung wurde als Ketzerei angesehen. Was immer auch Galileo für die Astrologie übrighatte, jedenfalls befaßte er sich damit, wenn auch ohne sichtlichen Erfolg.

Im Todesjahr von Galileo wurde Isaac Newton in England geboren. Man meint, daß der Mantel astronomischer Beobachtungen direkt auf seine Schultern herabgefallen sein muß. Kopernikus, Kepler und Galileo hatten Newton den Weg gebahnt, die Theorie der Gravitation darzulegen, die zeigte, daß das Universum durch einfache mathematische Gesetze geregelt wurde und nicht durch mystische, wie vorher angenommen wurde. Der englische Philosoph Francis Bacon (1561–1626) half, obwohl er kein Astronom war, die Grundlage für Newtons Denkweise zu bilden, als er die deduktive Logik des Aristoteles zugunsten der induktiven Methode ablehnte. Seine Schriften trugen dazu bei, die Gründung der Royal Society im Jahre 1662 zuwegezubringen.

Trotz all dieser vernünftigen und begabten Köpfe konnte sich ein gebildeter Mann wie der Tagebuchschreiber John Evelyn noch beim Erscheinen des bekannten Kometen 1680 fragen, ob das eine Warnung von Gott bedeute. Das Erscheinen dieses Kometen wurde auf verschiedenste Weise aufgenommen, was verdeutlicht, wie unterschiedlich Gesellschaften auf ein Phänomen reagierten, das sonst allgemeine Furcht,

Verwirrung und eifriges Studieren der Horoskope hervorgerufen hätte. In Deutschland erklärten gebildete und religiöse Menschen, daß die Länge des Kometenschweifes ein Zeichen für Gottes Zorn sei. Die Haltung der aufgeklärten Franzosen war unerschütterlicher. Der Dramatiker Bernard Frontenelle schrieb 1681 eine satirische Komödie ‹La Comete›, in der er sich über den Kometen und über Astrologen lustig machte. Der Angriff des Philosophen Pierre Bayle auf die Astrologie wurde ebenso durch den Kometen wie auch von der Mehrheit der französischen Astrologen hervorgerufen. Wie viele andere Astronomen nahm er richtig an, daß die Kometen periodisch auftreten könnten, was grundlegend die ganze Idee von einem mit bösen Vorzeichen in Verbindung gebrachten Kometen untergrub.

In Amerika sah der Prediger Increase Mather den Kometen als eine vom Himmel geschickte Gelegenheit, vor seinen Gläubigen eine Reihe puritanischer Predigten über den drohenden Zorn Gottes zu halten. ‹Was die Zeichen am Himmel betrifft, die nun erscheinen, welche Schicksalsschläge werden sie wohl zur Folge haben? ... Im allgemeinen haben wir allen Grund, daß harte Urteile durch den Kometen angezeigt werden; daß der Herr vom Himmel herunterkommt mit einem langen Besen der Vernichtung, der eine Welt von Sündern wegfegen wird ...› Es ist schwer sich vorzustellen, wie er und seine Gemeinde damit fertig wurden, wenn es gerade keine Überschwemmung oder Brandkatastrophe gab.

Für Menschen unserer Zeit, die täglich mit neuen und oft unverständlichen wissenschaftlichen Entdeckungen bombardiert werden, ist es schwer, das Entsetzen zu verstehen, das durch Entdecken neuer Planeten hervorgerufen wurde. 1781 entdeckte der englische Astronom William Herschel den Uranus, den er nach König Georg III Georgium Sidus nennen wollte. Aus Loyalität wollten seine Freunde, daß er Herschel genannt werde, aber obwohl dieser Name in einigen alten Astrologie-Büchern zu finden ist, setzte sich doch die klassische Tradition durch, und dem neu gefundenen Planeten wurde ein römischer Göttername gegeben, der zu denen seiner Cousins im Himmel paßte. Zuerst schenkten die Astrologen diesem Neuling keine Beachtung und hielten verbissen an den Planeten fest, die jeder kannte. Schließlich wurde der Uranus zum Herrscher über den Wassermann erklärt.

Es überrascht nicht, daß zwei Planeten mit Ereignissen oder Erfindungen in Beziehung gebracht wurden, die nach ihrer Entdeckung auftraten. Uranus wurde gleichgesetzt mit dem Beginn der industriellen Revolution und den Maschinen.

1846 wurde der weiter entfernte Neptun von dem französischen Astronomen Urbain Levemier entdeckt. Da der Gott Neptun der Wächter der Ozeane ist, verbanden die Astrologen diesen Planeten mit der See und ernannten ihn zum Herrscher über die Fische.

1930 wurde Pluto von Percival Lowell entdeckt. Die Astrologen sind sich immer noch nicht einig über die genaue Funktion des Pluto, aber einige bringen ihn mit dem Widder in Verbindung und sehen seinen Einfluß als unheilvoll an, vor allem in Bezug auf das Zeitalter nuklearer Waffen.

Während des Zeitalters der Aufklärung versuchten Anhänger der Astrologie – vor allem in England – den Glauben an sie aufrechtzuerhalten. William Derham, ein Mitglied der Royal Society und ein Geistlicher, schrieb die *Astro Theologie*, die sehr beliebt war. Der Arzt Ebenezer Sibly, der sich selbst als ‹Astro-Philosoph› bezeichnete, verfaßte das umfangreiche Werk *Eine neue und umfassende Darstellung der Himmelswissenschaft Astrologie*, das unter anderem eine Sammlung von Horoskopen enthielt. Eine seiner einfallsreichen Abbildungen versinnbildlicht die amerikanische Revolution und zeigt ein Horoskop für die Unabhängigkeitserklärung des Jahres 1776. Es war jedoch acht Jahre nach dem Ereignis erstellt worden.

*Illustration und Vers über die Tierkreiszeichen und Jahreszeiten, die sie kontrollieren, aus einem Kinderbuch des 19. Jahrhunderts. Im Besitz der Zodiac-Abteilung, The Astrological Emporium, London.*

*Urbain Jean Joseph Leverrier, der französische Astronom, dessen Untersuchungen auf die Existenz des Planeten Neptun hinwiesen, was sich später durch Teleskop-Untersuchungen bestätigte. Aus ‹Astronomie Populaire› (1880).*

*Vorder- und Rückseite einer Münze, die an das Erscheinen eines strahlenden Kometen im November 1618 erinnert. Kometen stand man im allgemeinen mit abergläubischer Furcht gegenüber.*

*Aus ‹Eine umfassende Darstellung der okkulten Wissenschaft› von Ebenezer Sibly. Das Horoskop, das die amerikanischen Unabhängigkeitskriege darstellt, wurde in Wirklichkeit erst einige Zeit nach dem Ereignis gezeichnet.*

*Unten rechts:*
*Ein wissenschaftliches Verständnis des Himmels wäre im Rahmen einer vielseitigen Ausbildung für jede junge Dame im 19. Jahrhundert gut gewesen, obwohl ihr Herz wahrscheinlich von traditionellem romantischen Glauben an die Astrologie mehr angesprochen war.*

*Sir William Herschel, Entdecker des Planeten Uranus. Gemälde von L. F. Abbott. National Portrait Gallery, London.*

Andere Astrologen hatten wenig für Sibly übrig und erklärten ihn zu einem Schwindler, der die Schriften anderer Männer stahl. Was er tatsächlich getan hatte, war, Material aus älteren astrologischen Büchern zu sammeln, wodurch sie der Nachwelt erhalten blieben.

Um seine Fähigkeiten darzustellen, machte ein anderer Astrologie-Schriftsteller, John Worsdale, eine Sammlung eigener Vorhersagen in der *Himmelsphilosophie*. Er war ein regelrechter Kassandra, da die meisten dieser Prophezeiungen zu den unglückbringenden gehörten. Als die junge Mary Dickson ihn wegen ihres Hochzeitsdatums um Rat fragte, antwortete er tieftraurig: ‹Ich war überzeugt, sie würde nie in den Ehestand eintreten. Sie sagte, es tue ihr leid, aber ich irrte mich, da sie im nächsten Frühjahr heiraten wolle. Ich teilte ihr dann mit, daß etwas Schreckliches vor dem Monat März geschehen werde . . ., was Leben zerstören würde!› Die arme Mary ertrank. Trotz wiederholter Warnungen ihres Wahrsagers, derartiges zu vermeiden, reiste sie mit dem Schiff und ertrank. Uns liegen jedoch keine Beweise vor, ob die Vorhersagen vor oder nach dem Ereignis gemacht wurden!

Im späteren 18. Jahrhundert war der Ruf der Astrologen sehr zweifelhaft. Außerhalb Europas behexte die Astrologie natürlich weiterhin alle, wie sie es jahrhundertelang getan hatte. In Indien, Persien und Ägypten sahen englische Reisende das Leben der Menschen von den Geboten der Sterne beherrscht – vielleicht gab dies den europäischen Rationalisten das Gefühl der Überlegenheit, da sie nicht mehr Sklaven des Aberglaubens waren, der Nicht-Christen beherrschte.

## Das Fortbestehen des Glaubens

Dieser wissenschaftliche Rationalismus bewirkte schon eine ähnliche Reaktion unter der gebildeten Minderheit, wie unser technisches Zeitalter ein Wiederaufleben des Interesses an paranormalen Dingen erkennen läßt. Im 19. Jahrhundert wurden Kabbalistische Zahlenlehre (Numerologie), mittelalterliche Zauberkunst und Astrologie miteinander vermischt. 1855 führte Alphonse Louis Constant, der französische Okkultist (besser bekannt unter seinem Pseudonym Eliphas Levi), in seiner *Geschichte der Zauberei* an: ‹Astrologie ist eine Synthese, weil der Baum des Lebens ein einziger Baum ist und seine Äste – die über den Himmel hinauswachsen und Blüten von Sternen tragen – in Beziehung stehen zu den Wurzeln, die in der Erde versteckt sind.›

Die Werke dieser Kabbalisten des 19. Jahrhunderts wurden von späteren Astrologen für weniger esoterische Ziele zweckentsprechend geändert: Die mystische Wissenschaft von Zahlen, in Verbindung mit planetarischer Lehre, wurde verwendet, um Rennen vorzubereiten und Tips zu bekommen.

*John Couch Adams, englischer Mathematiker und Astronom, der unabhängig von Urbain Leverrier in Cambridge arbeitete, teilte mit ihm den Ruhm als Entdecker des Planeten Neptun. Gemälde von H. von Herkomer. National Portrait Gallery, London.*

America
Independance
1776
Union

*Die Horoskope des verurteilten Louis XVI und seiner Königin Marie Antoinette, aus Ebenezer Siblys ‹Key to Physick› (1794).*

Der berühmte Zadkiel erklärt in seinem *Handbuch der Astrologie* recht hochtrabend, daß er jeden bedaure, der die Astrologie ausnutze, um diese schädliche, dumme und unehrenhafte Tätigkeit des Mammons willen auszuüben. Sein Buch aber war mit dem Ziel geschrieben worden, Glücksspielern behilflich zu sein und ihre Sorgen zu mildern. Eine seltsame Haarspalterei – benutze die Astrologie nicht, um den Gewinner herauszufinden, aber benutze sie, um zu vermeiden, daß Du Dir über das Ergebnis den Kopf zerbrechen mußt!

Trotz der Hexen- und Landstreichergesetze – die hauptsächlich für Straßenastrologen und Zigeuner bestimmt waren – mußte eine Menge beliebter Astrologen dem Wunsch nach Astrologie bei den Massen des englischen Volkes entsprechen. Das Mißfallen darüber, das in seriösen Tageszeitungen und Zeitschriften zum Ausdruck kam, hatte wenig Wirkung auf die große Leserschaft billiger Broschüren, die vielleicht nicht sehr originell, sondern sicher weitschweifend gewesen sein mögen.

Ein Auszug aus einem Jahrbuch für 1820 zeigt uns, was man in einem gewöhnlichen Heim oder Dienerzimmer finden konnte. Solche Veröffentlichungen enthielten evtl. auch den Fahrplan für die Postkutsche der jeweiligen Gegend, ein Verzeichnis örtlicher Beamter und Friedensrichter, Details über Stempel und andere Gebühren und über Markttage.

‹Ich beginne das neue Jahr mit diesem Quartal, da alles in dieses Quartal fällt, außer einiger Tage. Dieses Jahresviertel beginnt, wenn die Sonne in die südliche Sonnenwende in den Steinbock eintritt, was nach meinen Berechnungen am Mittwoch, dem 22. Dezember 1819, 5 Minuten nach 3 Uhr nachmittags stattfindet. Diejenigen, die zu diesem Zeitpunkt das Himmelsbild betrachten wollen, werden die Zwillinge im Osten 20 Grad aufgehen sehen und den Wassermann mit 14 Grad kulminieren. Zu diesem Zeitpunkt bildet der Mond einen Sextilaspekt mit der Venus und gleich später eine Konjunktion mit Saturn; gleichzeitig besteht eine Konjunktion zwischen Sonne und Merkur. Beide gehen im westlichen Viertel im Eckhaus unter.

Der Planet Jupiter steht auch im Eckhaus, genau südlich; alle Planeten stehen über dem Horizont mit Ausnahme von Mars, der im 3. Haus der Figur steht und rückläufig ist. Der Mond und der Saturn stehen im 11. Haus, und Venus folgt der Sonne im Westen. Auf diese Art sind sämtliche Planeten am Himmel beim Eintritt dieses Ereignisses verteilt. Von diesen Konstellationen der Planeten erwarte ich in diesem Quartal viele besondere Ratschläge und bedeutende Beschlüsse der Mächtigen, ganz besonders im Frühling. Das Parlament in England wird bald zusammentreten, wenn ihm besondere Vorkommnisse bekannt werden, und ich wünsche, daß es ein gutes Resultat und Zufriedenheit für die britische Nation bringen möge. Die wesentlichsten Planetenstände dieses Quartals geben Anlaß zur Hoffnung und beinhalten eine Fortdauer des Friedens in den europäischen Königreichen. Gott gewährt Frieden, und Heiterkeit wird noch weiter unter ihnen weilen. In Spanien wird es Schwierigkeiten geben, vor allem im Frühjahr, mit inneren Unruhen, Unzufriedenheit und Kontroversen; und der Herrscher Rußlands ist noch immer dabei, in seinem Land Ordnung zu schaffen. Was das Wetter betrifft, so befürchte ich vielerorts Schwächen, und es wird von starken körperlichen Störungen wimmeln. Doch obwohl es scharfsinnige Vermutungen geben mag für den bestimmten Monat vom Eintritt der Sonne in den Steinbock bis zu ihrer Ankunft im Widder, ist nichts, was vorgibt unfehlbar zu sein, richtig; da der Zustand der Luft nicht überall im selben Königreich, der Provinz oder sogar Landstrich gleich ist; ganz unterschiedlich, was das Wetter betrifft, zur selben Zeit an verschiedenen Orten; aus welchem Grund gleichfalls die Erfahrung schon längst einen Teil der Nation zum Meer der Gesundheit bestimmt hat, während ein anderer Teil der Nation sich als Erzeuger von Fieber und verschiedenen anderen Störungen herausstellt . . .›

Ohne das überschwängliche planetarische Vokabular sind die Vorhersagen tatsächlich recht dürftig, und niemand konnte diesen Propheten auf eine genaue Wettervorhersage festnageln.

Die Astrologen, die ihre Dienste einer breiten englischen Zuhörerschaft verkauften, waren eine eigenartig zusammengewürfelte Gruppe, die ihre mehr nüchternen Namen unter Bezeichnungen hebräischer Engel verbargen. Sepharial, Raphael, Aphorel und Zadkiel verliehen ihren Vorhersagen und Handbüchern einen mystischen Anstrich. Ein Hauptmerkmal der Astrologie des 19. Jahrhunderts war, daß sie aufhörte, eine rein private Angelegenheit zwischen dem ‹Geborenen› (die Person, für die ein Horoskop erstellt wird) und dem Astrologen zu sein. Nun konnten gewöhnliche

*Titelseite aus ‹Der Astrologe des 19. Jahrhunderts› (London, 1825).*

*Hieroglyphe der Himmelszeichen bei der Mondfinsternis am 3. November 1827, aus ‹Raphael's Astrological Allegory› (1827).*

*Ein Astrologe. Aus einer Sammlung französischer Drucke des 17. Jahrhunderts, in der verschiedene Handwerker und Künstler und ihr Werkzeug, ihre Fertigkeiten und typische Merkmale gezeigt werden.*

Leute in zahlreichen Veröffentlichungen ihre eigenen Sterne deuten und sogar lernen, ihre eigene Geburtskarte zu erstellen.

Der erste Zadkiel war eine Art Sonderling, der in der englischen Mittelschicht stark vertreten ist. Sein richtiger Name war Richard James Morrison, und er war Reserve-Leutnant bei der Königlichen Marine. Er gab seinen Dienst auf, um die nächsten sechzig Jahre der Astrologie und Erfindungen verschiedener Art zu widmen.

Morrison, gebildet und belesen auf dem Gebiet geheimnisvoller Themen, war auch ein talentierter und ausdrucksvoller Schriftsteller, der in einem besseren Zweig des Journalismus Erfolg gehabt hätte, wenn es ihm nicht bewußt gewesen wäre, daß der Ruf der Astrologie sich wieder bessern würde.

Für Zadkiel war die Astrologie ein Teilgebiet des Okkulten, und er beschäftigte sich auch mit dem Deuten der Zukunft mittels einer Kristallkugel und veröffentlichte sogar in seinem berühmten Jahrbuch die Nachrichten, die er aus der ‹anderen Welt› erhalten hatte. Zadkiels Jahrbücher waren sehr beliebt und wurden in einer Auflage von 60 000 Büchern pro Jahr verkauft. Vor Ausbruch des Ersten Weltkrieges war die Auflage auf 200 000 gestiegen. Morrison verfaßte auch eine *Grammatik der Astrologie* und stellte die Werke von William Lilly einem begierigen Publikum wieder vor. Nachdem er verschiedene englische Astrologen, einschließlich Lilly, Sibly und Gadbury in seiner Einführung zur *Grammatik der Astrologie* tadelt, weil sie ‹in Irrtum verstrickt waren, wenn sie sich mit Horoskopen befaßten›, fährt er fort, sein eigenes Werk anzupreisen, weil es, ‹kurz gesagt, kein knappes, billiges, grundlegendes Werk dieser Wissenschaft außer der *Grammatik der Astrologie* gibt. Es enthält nicht, was nicht auf tatsächlichen Erfahrungen begründet ist.

*Die Astrologie ist immer ein beliebtes Thema bei Künstlern. Ein junger Student der alten Wissenschaft, wie ihn der niederländische Maler Franz van Mieris im 17. Jahrhundert sieht. National Gallery, London.*

Der Autor erklärt dann, daß er mit der *Grammatik der Astrologie* beabsichtigt, die Grundlagen der Horoskop-Wissenschaft zu vermitteln. Durch Trennen von Pfuscharbeit, die durchtriebene oder unwissende Männer eingeführt haben, will er klar und eindeutig darstellen, daß Personen mit normalem Fassungsvermögen und finanziell Gleichgestellte der Industrie für sich selbst prüfen und wählen können, ob die Astrologie wahr ist oder nicht . . .›

Er folgerte mit verdächtiger Bescheidenheit ‹In vollkommenem aber anspruchslosem Vertrauen an die Aufrichtigkeit seiner Absichten bei dem Bemühen, der Astrologie Gehör zu verschaffen, kann der Autor ganz beruhigt den schmerzlichen Mißbrauch einiger Menschen, die sich selbst z. B. Philosophen nennen, mit ansehen, seit er durch ständigen Verkauf der ersten Ausgabe dieses Buches und seiner zahlreichen anderen ähnlichen Veröffentlichungen findet, daß es viele gibt, die über Vorurteilen stehen und beschließen, mit eigenen Augen zu sehen.›

Morrison meinte es anscheinend ehrlich mit der Astrologie, obwohl das kein Hindernis für ihn war, sie lukrativ zu finden. Er erhöhte den Preis für eine individuelle Beratung um 10 Pfund, und es dauerte lange, bis er seine Kunden überzeugt hatte, daß sie einen echten Gegenwert für ihr Geld bekamen. Während der 40er und frühen 50er Jahre des 19. Jahrhunderts kamen viele Astrologen ins Gefängnis, und Zadkiel versuchte vergeblich, daß der Landstreichererlaß von 1824 geändert wurde. Danach galt Wahrsagen durch die Sterne als strafbare Handlung.

In seinem *Jahrbuch* von 1861 prophezeite er den Tod von Prinz Albert. Die Genauigkeit dieser Voraussage rief die uneingeschränkte Aufmerksamkeit der Presse hervor. Der *Daily Telegraph* spottete: Alle fünf Jahre trifft eine von Zadkiels Prophezeiungen, die normaler-

*‹Das mystische Rad des Pythagoras›, das für Zahlen-Prophezeiungen benutzt wurde, aus ‹Raphael's Witch or The Oracle of the Future› (1831).*

weise Spekulationen auf etwaige Möglichkeiten sind, vielleicht durch Zufall ein. Woraufhin der Prophet über die «Wieder richtigen!» Darstellungen in Entzücken gerät und seine Jahrbücher, wie wir leider erfahren müssen, zu Tausenden verkauft! . . . Wir könnten diese wertlose Broschüre mit Verachtung übergehen, aber die Beliebtheit, die sie vor kurzem erreicht hat, erfordert, daß sie und ihr Autor entlarvt und denunziert werden. Das erste ist eine Schande, der zweite ein Schwindler.›

Daraufhin teilte ein Konteradmiral der Königlichen Marine dem *Daily Telegraph* mit, daß Leutnant Morrison seit vierzehn Jahren nicht mehr in der Marine gedient habe und schreibt weiter ‹Einer meiner Freunde erinnert mich daran, daß der Autor von Zadkiel der berühmte Kristallkugelseher ist, der im Jahre 1852 viele unserer Adligen betrog. Mit Hilfe eines Jungen unter 14 oder eines Mädchens unter 12 Jahren behauptete er, durch ihren Blick in die Kristallkugel mit den Geistern der Apostel – sogar mit unserem Heiland, mit allen Wesen des Himmels und der Hölle, zu sprechen und sagen zu können, was in jedem beliebigen Teil der Welt vorsichgehe. Eine adlige Dame gab dem Jungen 5 Pfund, um die Möglichkeit zu haben, ihren Jungen, der sich im Mittelmeer aufhielt, zu sehen . . .›

Ein Verleumdungsprozeß folgte. Das Ansehen eines Astrologen war nicht sehr hoch; denn Zadkiel wurde zu 20 Schillinge Schadenersatz verurteilt, jedoch zu keinen weiteren Gerichtskosten. Trotzdem hatte dies keine Auswirkung auf den Verkauf seiner Jahrbücher (Einige von Zadkiels Darstellungen über die Wirkungen von Tierkreis und Planeten können im letzten Kapitel nachgelesen werden).

Morrison war Mitglied der Mercurii – der ersten astrologischen Gesellschaft, die im 17. Jahrhundert gegründet wurde. Ihr Begründer war wahrscheinlich Robert Cross Smith, der 1820 von Bristol nach London kam, um seinen Lebensunterhalt als Skribent im astrologischen Journalismus zu verdienen. Smith, dessen Voraussetzungen und Ansichten ganz anders waren als die von Morrison, gab verschiedene astrologische Werke heraus; wahren Erfolg jedoch hatte er mit dem beliebten *Raphaels Jahrbuch*, das lange nach dem Tode seines Schöpfers unter diesem Namen gut ver-

*Jupiter lenkt das Schicksal der Großen, und in alten Zeiten berechnete der Astrologe die durch sein Licht verbreiteten Einflüsse. Aus ‹Astronomie Populaire› (1880).*

When to bed the world are bobbing,
Then's the time for orchard robbing;
Yet the fruit were scarce worth peeling,
Were it not for stealing, stealing.
THE DESTRUCTION OF POMPEII.
THE ENCHANTRESS OF THE WATERS.
LOVE.
BEHOLD

*Eine Dame, die die ‹Mother Bunch› besucht, um etwas über ihre Zukunft zu erfahren. ‹Mother Bunch› – der Name, der einer weisen Frau mit zweifelhaftem Ruf gegeben wurde – stammt aus einer bekannten Londoner Wirtschaft ‹hostess› im 17. Jahrhundert. Aus einem Bilderbuch des frühen 18. Jahrhunderts.*

kauft wurde. Raphaels Hexe war mit solch ausgewählten Bezeichnungen wie ‹das mystische Rad des Pythagoras› und ‹die Kabbalistische Tafel der Sterne› erläutert.

Hier ist eine ‹außergewöhnliche Prophezeiung des Astrologen Raphael›. ‹Im Monat August des Jahres 1822 wurde eine Dame diesem Herrn durch einen Freund vorgestellt und bat darum, die Ereignisse, die zu jener Zeit in der Schwebe waren, zu erfahren. Der Künstler erstellte das Horoskop und teilte ihr mit, er sehe aufgrund der Stellung der Himmelskörper in jenem Augenblick, daß sie durch die Unachtsamkeit eines Dieners der Gefahr ausgesetzt sein werde «Gift zu nehmen», und warnte sie deshalb, in den nächsten sechs Monaten vorsichtig beim Einnehmen von Medizin zu sein. Zu der Zeit hielt man nicht viel von astrologischen Vorhersagen, aber nach sechs Monaten erhielt der Astrologe einen handgeschriebenen Brief von der Dame, in dem stand, «daß sie die Tasse schon an die Lippen geführt hatte, als sie sich an die Anweisung erinnerte, und veranlaßte daraufhin, das Getränk zu untersuchen. Es stellte sich heraus, daß es von einem Diener irrtümlicherweise gebrachtes Gift war», wie vorhergesagt. Ein bemerkenswerter Beweis für die Wissenschaft.›

Noch verwirrender war, daß es ungefähr sechs verschiedene Verfasser gab, die zwischen 1820 und 1850 den Namen ‹Raphael› gebrauchten und solche Werke wie ‹*Der philosophische Merlinfalke, Der Astrologe des 19. Jahrhunderts, Urania, Vertraute Astrologie, Raphaels Heiligtum der Astralkunst,* und *Die Kunst der Prophezeiung* herausgaben.

Einige Kapitel dieser Bücher befassen sich mit anderen Aspekten des Okkulten, wie der Geisterbeschwörung, mit Zaubersprüchen, Talismanen und erschreckenden Legenden, auch mit Horoskopen und der Grammatik der Astrologie, vielmehr als heutige astrologische Zeitschriften Artikel über Sitzungen, Geister usw. enthalten. Obwohl Zadkiel begann, astronomische Ephemeriden zu veröffentlichen, erschienen diese unter Raphaels Namen.

Der dritte Herausgeber von *Zadkiels Jahrbuch* war A. J. Pearce, dessen besonderes Interesse dahinging, Krankheiten mit planetarischen Einflüssen in Verbindung zu bringen. Er war Autor eines Buches über die Astrologie und ihre Beziehung zur Diagnose und Behandlung von Krankheiten. William Simmonites befaßte sich mit Kräuter-Kuren und ihrer Beziehung zur traditionellen Astrologie. Im letzten Kapitel können einige Rezepte zur Gesunderhaltung entsprechend des jeweiligen Sonnenzeichens nachgelesen werden.

Diese neuen Merkmale der Astrologen des 19. Jahrhunderts konnten nicht unangefochten bleiben. 1838 veröffentlichte T. H. Moody, ein Professor der Mathematik, eine *Vollkommene Widerlegung der Astrologie*. Neben Kritik an bestimmten Prophezeiungen und Theorien Zadkiels beschrieb Moody die pathetischen Übeltaten gewissenloser astrologischer Scharlatane. Er war auch zornig über die Verbindung zwischen Astrologie, Wissenschaft und Mathematik. Es ist zweifelhaft, ob Moodys Angriffe ein Publikum stark beeindruckten, das sich schon Büchern und Broschüren, die ihnen versprachen, einen Blick in die Zukunft werfen zu können, gewidmet hatte.

Das 19. Jahrhundert war auch Zeuge der Verschmelzung von biblischem Symbolismus und Mystik mit gebräuchlicher Astrologie. 1862 veröffentlichte Frances Rolleston *Mazzaroth* (das hebräische Wort für Tierkreis), in dem sie die Tierkreis-Entsprechungen, die sie in der Bibel entdeckt hatte, erklärte. Karl Anderson, der sich selbst Professor für chaldäische, arabische und ägyptische Astrologie nannte, veröffentlichte die *Astrologie des Alten Testamentes,* die eine mystische Verschmelzung von Astrologie und Frei-

Shewing the Effects of the Planets, and other Aſtronomical Conſtellations.
With the ſtrange Events that befall Men, Women, and Children, born under them.
Compiled by, GODFRIDUS, ſuper palladium de Agricultura Anglicarum.
Together with the Husbandmans Practice: Or, Prognoſtication for ever; as teacheth Albert, Alkind, and Ptolomy.
With the Shepherds Prognoſtication for the weather, and Pythagoras his Wheel of Fortune.



This is unknown to many Men,
Though it be known to ſome Men.
Printed for W. Thackeray, and are to be ſold at his Shop, at the Angel in Duck-Lane, 1679.

*Die im 17. Jahrhundert bei dem gewöhnlichen Volk beliebte Tätigkeit: eine Mischung aus Sternkunde, Aberglauben und Ratschlägen für die Landwirtschaft, denen durch Anführen der Namen Ptolemäus und Pythagoras Achtung verschafft wurde.*

maurerei war und den Tierkreis mit den zwölf Stämmen von Israel in Verbindung brachte.

Zu dieser Zeit benutzte die Astrologin Rosa Baugham ihre eigene Darstellung des Pythagorasrades, um Vorhersagen durch Zahlen zu machen, die auf von ihren Kunden gestellten Fragen basierten. Ihr Astrologiezeichen vermittelt den Eindruck vom Makrokosmos und Mikrokosmos, denn sie behauptete, daß jeder Planet einen bestimmten Finger und eine Gesichtsfalte beeinflusse.

1875 gründete Helena Blavatsky die theosophische Gesellschaft in New York und trug dazu bei, der Astrologie zu gutem Ruf zu verhelfen. Die Theosophie wendete sich ab von traditionellen westlichen Religionen, von denen man meinte, sie enthalten zum Teil mystische Lehren des Ostens. Besonders die Lehren Indiens gehen zurück auf die Vorstellung, die Sterne als Gottheiten anzusehen, die eher ‹Ursache› als ‹Zeichen› von Ereignissen waren. Madame Blavatsky schrieb überzeugend: ‹Warum immer in den Fischen einen direkten Bezug auf Christus sehen – einer von mehreren Weltverbesserern, ein Erlöser zwar für seine direkten Anhänger, aber nur ein großer und herrlicher Wegbereiter für alle anderen – wenn diese Konstellation als Symbol für alle vergangenen, gegenwärtigen und zukünftigen seelischen Erlöser gilt, die Licht spenden und geistige Dunkelheit vertreiben?›

Die Astrologie hatte wieder einmal solch ein hohes Ansehen in England erlangt, daß ein Mann wie Richard Garnett (1835–1900), Leiter der Buchabteilung im Britischen Museum, öffentlich sagen konnte, daß er an die Astrologie glaube, während er ihre okkulten und mystischen Verbindungen ablehnte. Er meinte, sie sei die genaueste Wissenschaft, da sie so stark von exakten mathematischen Berechnungen abhänge und sah sie als Hilfe an, vielmehr den Charakter eines Menschen zu bestimmen, als die Zukunft vorherzusagen. Dies war ein grundlegender Versuch, Astrologie und Psychologie miteinander in Einklang zu bringen.

Dennoch war der Vater der Psychologie, Sigmund Freud, nur begrenzt an diesem Thema durch seinen Freund und Kollegen Wilhelm Fleiss interessiert, der eine Beziehung zwischen dem Verhalten der Planeten und dem körperlichen Rhythmus sah. Er fand nichts, um Freud von der Wirkungskraft der Astrologie zu überzeugen. Ein anderer theosophischer Astrologe war William Allen (als Alan Leo bekannt). Leo

*‹Die Hieroglyphen-Vorhersage vom Tod des verstorbenen Königs von Frankreich› von Raphael. Sie wurde angeblich einige Monate vor dem Tod des Königs zum Graveur geschickt. Aus ‹Der Astrologe des 19. Jahrhunderts› (London, 1825).*

*Fragenkatalog und kabbalistische Sterntafel aus ‹Raphael's Witch or the Oracle of the Future› (1831).*

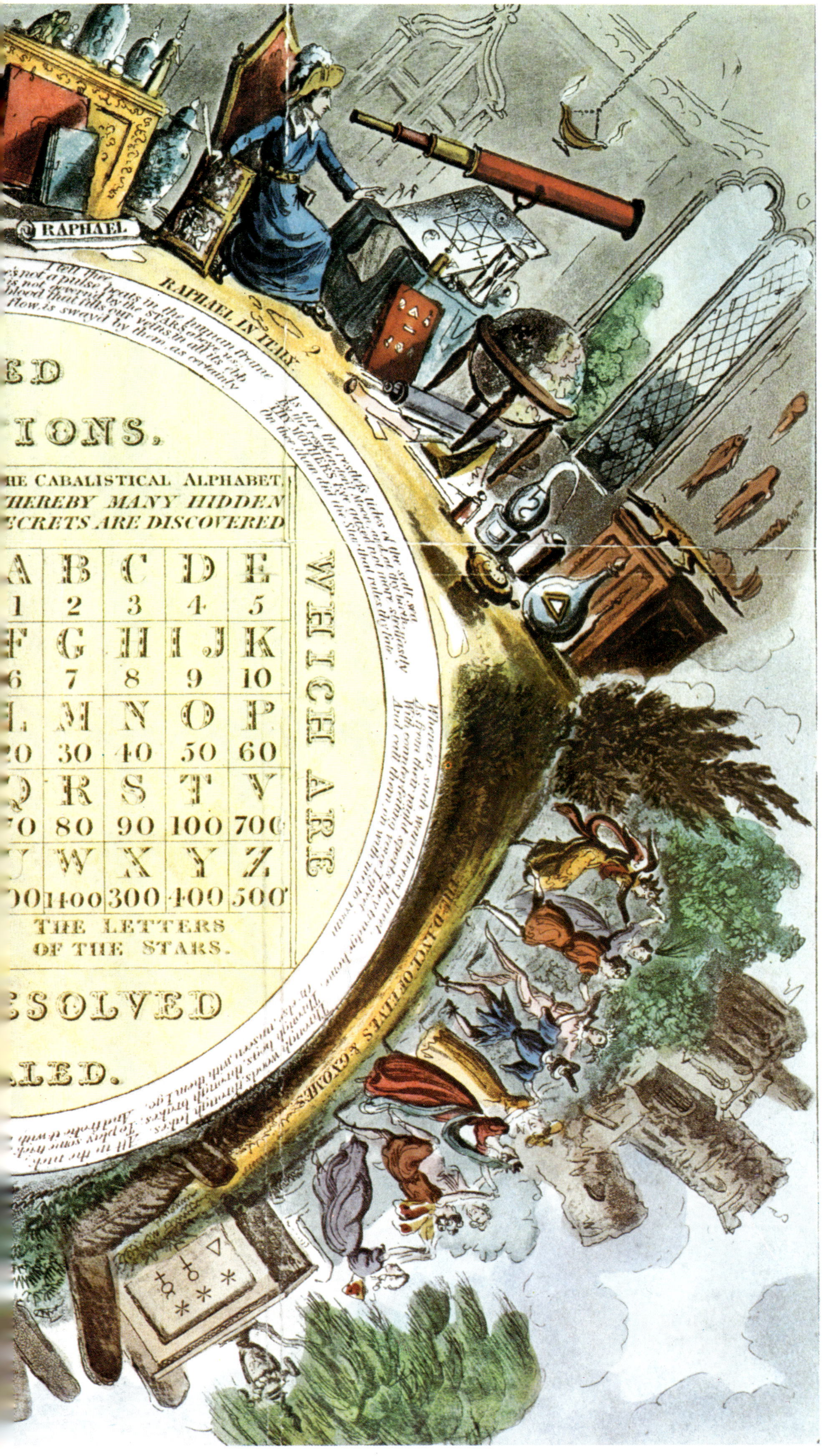
RAPHAEL
RAPHAEL IN ITALY
ED
IONS.
HE CABALISTICAL ALPHABET,
HEREBY MANY HIDDEN
ECRETS ARE DISCOVERED
A B C D E
1 2 3 4 5
F G H I J K
6 7 8 9 10
L M N O P
20 30 40 50 60
Q R S T V
70 80 90 100 700
U W X Y Z
00 1400 300 400 500
THE LETTERS
OF THE STARS.
WHICH ARE
SSOLVED
LED.

*Urania – die Muse der Astronomie – ist gerade dabei, das Weltall zu wiegen. Reproduktion eines Stiches von 1651. Aus ‹Astronomie Populaire› (1880).*

*Rechts:*
*Mars führt die Schlacht bei den Thermopylen an. Aus ‹Astronomie Populaire› (1880).*

*Annie Besant, 1885 fotografiert, wurde als Nachfolgerin von Madame Blavatsky Präsidentin der Theosophischen Gesellschaft.*

glaubte, ‹daß jeder Mensch seine Willenskraft aus einem planetarischen Bereich von Einflüssen ableitet, die er entweder nutzt oder mißbraucht. Durch sie kann er böse Neigungen durchstehen und seine animalische Natur beherrschen. Darum lehrt die Astrologie, daß der Charakter das Schicksal ist, also daß der weise Mensch seine Sterne lenkt, während der dumme ihnen gehorcht›.

Alle Menschen nahmen Leo ernst, einschließlich der Bankiers, die ihm und Aphorel (F. W. Lacey) finanzielle Hilfen gaben, um 1890 die *Astrologische Zeitschrift* zu veröffentlichen. 1895 benannten sie ihre Veröffentlichung um in *Moderne Astrologie*. Diese verkaufte sich gut, denn sie bot ihren Lesern die Gelegenheit, für den Betrag von 1 Schilling das eigene persönliche Horoskop zu erhalten. Diese Erfindung war so beliebt, daß Leo Astrologen als Aushilfskräfte einstellen mußte, um der Nachfrage gerecht zu werden. Zwischen 1900 und 1903 brachten allein die Geburtskarten einen Reingewinn von 1000 Pfund (Wert heute: 10 000 Pfund).

Durch lebhafte Propaganda und verborgene Weisheiten wurde die Theosophie gesellschaftlich annehmbar. Da sie nichts von den Jahrmarktsassoziationen der quacksalberischen Zauberkünstler hatte, führte sie die Astrologie in die eleganten Salons ein und gab allen angesehenen und gebildeten Menschen die Möglichkeit, dieses Thema noch einmal zu überprüfen. In ihrem schwierigen Werk *Die geheime Lehre* sagt Madame Blavatsky mit Nachdruck: ‹Ja, unser Schicksal steht in den Sternen geschrieben! . . . Dies ist kein Aberglaube, am allerwenigsten ist es Fatalismus . . . Es ist nun ausreichend bewiesen, daß sogar Horoskope und Gerichts-Astrologie nicht ganz auf Erzählungen beruhen, und daß Sterne und Konstellationen folglich einen okkulten und geheimnisvollen Einfluß auf und Verbindung mit Individuen haben. Und wenn mit dem Individuum, warum nicht auch mit Nationen, Rassen und der Menschheit als Ganzes?›

Sogar das verwirrende Problem der neuen Planeten, die die traditionellen Astrologen vollkommen ignorieren wollten, wurde von der furchtbaren Madame Blavatsky behandelt. Die Theosophie nahm den von der indischen Astrologie gemachten Vorschlag an, daß jedes Tierkreiszeichen einen eigenen planetarischen Führer habe – warum sollten also nicht weitere Planeten endeckt werden?

Ihre Nachfolgerin als Präsidentin der theosophischen Gesellschaft war Annie Besant, die weniger extreme Ansichten über die Astrologie vertrat und eingestand, daß sie auf diesem Gebiet wenig wußte. Sie schrieb: ‹Meistens kann die Astrologie, wie sie heute praktiziert wird, nur die Wechselwirkung zwischen diesen physischen Bedingungen und den Bedingungen, die sie durch eine bestimmte Person bekommt, deren allgemeine Konstitution und Geburtsumstände bekannt sind, zu einem bestimmten Zeitpunkt berechnen. Sie kann nicht sagen, was die Person tun, noch was ihr geschehen wird . . .› Sie fühlte auch, daß es wichtig ist, den Charakter des Menschen neben seinem Horoskop zu studieren.

Nach 1903 ließen die Massenhoroskope nach, aber Leo erstellte noch persönliche Horoskope und veröffentlichte Literatur über die Astrologie, die dazu bestimmt war, Menschen das Erstellen ihrer eigenen Geburtskarte beizubringen. Dies tat Berufsastrologen keinen Abbruch; wenn überhaupt, so entfachte es vielmehr allgemeines Interesse.

Leo heiratete eine Theosophin, Bessie. Sie machte zur Bedingung, daß der Eheakt nicht vollzogen werden sollte. Es scheint, daß ihre Ehe wirklich im Himmel geschlossen wurde, denn solch eine Verbindung wurde als günstig angesehen, da ihre Horoskope seine Sonne und ihren Mond im selben Grad des Widder zeigten. Leo lehrte Bessie die Astrologie und erlaubte ihr, für seine Zeitschrift zu schreiben.

Ein anderer Theosoph und Astrologe war Dr. W. Gorn-Old, der als Sepharial bekannt war. Wie Alan Leo interessierte er sich für die Hindu-Astrologie wie auch für die traditionelle westliche Astrologie, ebenfalls für Zauberei, Kabbalismus und Numerologie. Sepharial muß auch eine ziemlich realistische Ader gehabt haben, denn kurz vor dem Ersten Weltkrieg veröffentlichte er *‹Der silberne Schlüssel›*, ein astrologisches Handbuch über Pferderennen, in dem Farben und Namen zu den Planeten in Beziehung gesetzt werden. Er erlangte ungewöhnliche Erfolge beim Prophezeien der Sieger beim Rennen, aber sein Versuch, das Todesdatum von Annie Besant vorherzusagen, war

*Illustration aus Eliphas Levis ‹History of Magic›, in der die sieben Planeten dargestellt werden. Levi war einer der Okkultisten des 19. Jahrhunderts, die sich dafür einsetzten, das Interesse an der Astrologie am Leben zu erhalten.*

*Ein Liebestalisman; er war angeblich ausgesprochen nützlich, um Erfolg bei Liebesabenteuern zu haben. Er muß genau an dem Tag und zu der Stunde angefertigt werden, wenn die Venus günstig zum Planeten Mars steht. Der Talisman sollte aus reinem Silber oder aufbereitetem Kupfer hergestellt werden. Wenn Venus sich im Zeichen des Stier oder der Waage (ihre besonderen Häuser) aufhält, ist es sogar noch besser. Aus ‹Der Astrologe des 19. Jahrhunderts› (London, 1825).*

*Percival Lowell, 1855–1916, der amerikanische Astronom, der als erster die Existenz des 1930 entdeckten Planeten Pluto herleitete.*

*Rechts:*
*Die außergewöhnliche Madame Blavatsky, Gründerin der Theosophischen Gesellschaft in New York und Autorin von ‹Die geheime Lehre›.*

*Richard Garnett, Leiter der Buchabteilung des Britischen Museums, betrachtete die Astrologie als eine Wissenschaft. National Portrait Gallery, London.*

*Rechts:*
*John Evans, der ungefällige Astrologe von Wales. Gegen Ende des 18. Jahrhunderts verloren Astrologen langsam an Achtung und Einfluß und wurden verspottet. Kupferstich.*

*Seite 131:*
*Tierkreiskarten aus viktorianischer Zeit. Freundliche Leihgabe der Baynton-Williams Gallery, Belgravia, London.*

LIBRA
SCORPIO
SAGITTARIUS AND CORONA AUSTRALIS
CAPRICORNUS
AQUARIUS
PISCES
ARIES AND MUSCA BOREALIS
TAURUS
GEMINI
CANCER
LEO MAJOR AND LEO MINOR
VIRGO

weniger erfolgreich: sie lebte tatsächlich 26 Jahre länger als er prophezeit hatte.

In der *Großen Zerstörung* (ca. 1914) erklärte Sepharial, daß ein Bezug zum Krieg in Kapitel 11 des Buches Daniel gefunden werden könnte, vorausgesetzt, man verstehe unter Persien Deutschland und unter Griechenland Frankreich.

1908 war das *Jahrbuch des Alten Moore* noch weitergegangen, denn es warnte die britische Bevölkerung: ‹Der Aszendent des Kaisers steht in Opposition zum Mars König Eduards von England, während Merkur im Mars des Königs steht; ein bestimmtes Zeichen für Kontroversen und Auseinandersetzungen, und die wesenstypischen Handlungen des letzteren scheinen gegen die frühere Kolonialpolitik zu sprechen. Wir möchten besonders auf diesen Punkt aufmerksam machen, weil im Hinblick auf die kommenden planetarischen Einflüsse und besonders Finsternisse kein Zweifel besteht, daß die Kriegshunde nicht länger an der Leine gehalten werden können . . .›

Sepharials heitere Vorhersage muß während der schweren Zeit als ziemlich widersinnig angesehen worden sein, denn er schrieb: ‹Wir kommen bald in das Zeitalter des Wassermanns, wo Menschlichkeit ihr eigener Herrscher sein wird, wenn die öffentliche Meinung gleich Gesetz sein wird, und der Dienst des guten Willens wird der süße Sklave der Seele werden.› Wirklich ein wünschenswerter Gedanke, wenn wir uns die Schrecken des Krieges ins Gedächtnis zurückrufen.

1915 veröffentlichte Sepharial ganz optimistisch *Warum der Krieg 1917 enden wird.* Er prophezeite ‹ein Wassermann-Zeitalter einer befreiten Menschheit . . ., das durch sich günstig auswirkenden Kommunismus gekennzeichnet ist.› Das Goldene Zeitalter würde im Jahre 2449 beginnen, aber vorher müsse ‹die große kritische Zeit, die von 1991–1997 dauert und den ganzen Osten mit Blut befleckt . . .›, kommen.

Astrologen wie Sepharial und Leo hatten während des Krieges einen blühenden Handel, indem sie für ihr Land Siege vorhersagten. Tatsächlich gaben die Ersteller von Horoskopen während nationaler Krisen der allgemeinen Moral Auftrieb, indem sie auf die guten Aspekte der Sterne für ihr eigenes Land und die schlechten für die der feindlichen Staatsmänner wie Napoleon und Hitler, hinwiesen.

*Waage – beim Versuch, das Gleichgewicht zu finden. Eine der zahlreichen Buchillustrationen von George Cruikshank, bei denen sich über die Tierkreiszeichen lustig gemacht wird. Im Besitz der Zodiac-Abteilung, The Astrological Emporium, London.*

*Ein Beispiel aus einer Reihe von Kupferstichen des 17. Jahrhunderts von Alessandro Temini, in der die Monate des Jahres dargestellt werden. The New York Public Library.*

# Das 20. Jahrhundert

*Seite 135:*
*Von C. G. Jung gezeichnete Mandala. Dieses Symbol stellt die Gesamtheit aller Dinge im Universum dar. Der schweizer Psychologe schrieb über die Astrologie: ‹Vom Standpunkt der Wissenschaft aus gibt es wenig Hoffnung, zu beweisen, daß astrologische Entsprechung etwas ist, was mit dem Gesetz übereinstimmt›.*

## Die Kontroverse geht weiter

Viele Leser meinen vielleicht, daß das 20. Jahrhundert kaum ein ganzes Kapitel füllen kann, denn heute ist die Astrologie mehr auf volkstümlicher Ebene aktiv – Menschen informieren sich über ihre ‹Sterne› in Zeitungen, tragen einen Sternzeichenanhänger, kaufen mit Astrologie verbundene Dinge (alles, von Handtüchern bis zum T-Shirt) oder sagen einfach ‹Ich bin ein Löwe, Du bist ein Schütze, also müssen wir gut miteinander auskommen›. Tatsächlich ist die Astrologie – jene alte ‹Schimäre› –, die stark mitgenommen, geschmäht und verdammt ist, trotzdem immer noch ungebeugt und sich wehrend, am Leben. Ihre Gegner sind ebenso hart wie in früheren Epochen – sogar noch härter, da sie mit viel wissenschaftlichen Kenntnissen bewaffnet sind.

*Evangeline Adams, die amerikanische Astrologin, die ihr eigenes Horoskop beschrieb: ‹Ich habe Mars zusammen mit meiner Geburtssonne im 12. Haus. Ich werde meine Feinde immer besiegen›.*

Robert Eisler, einer der schärfsten Kritiker der Astrologie, schrieb in *Die große Kunst der Astrologie* (1946 veröffentlicht) über moderne Verteidiger der Astrologie: ‹Sie werden nicht ehrlich die feststehende Tatsache zugeben, daß ihre unnützen Praktiken seit nun fast drei Jahrhunderten von den führenden Gelehrten der westlichen Welt mit größter Sorgfalt und Objektivität untersucht worden sind, und daß keiner von ihnen versäumt hat, sie als alten abergläubischen Rest dessen zu verdammen, was einst eine große pantheistische Religion und ein großartiger philosophischer Versuch gewesen war, das Universum zu verstehen und es vernunftsmäßig zu erklären; das ist ein kühnes Unternehmen, dem wir nicht nur all unser Wissen über die Astronomie, sondern auch den wichtigsten Teil unserer ganzen physischen Kenntnisse verdanken.›

Seine Verachtung gegenüber gewissen Konstellationen mit bestimmten Einflüssen war maßlos, wenn er sich mit unserer alten Freundin, der ‹Präzession der Tagundnachtgleichen› befaßte. Trotzdem umgehen die meisten heutigen Astrologen dieses Thema, indem sie erklären, solche Sterne seien vielmehr ‹Zeichen› und nicht ‹Ursachen›.

Auf der anderen Seite sind die Anhänger der Astrologie ebenso bunt zusammengewürfelt wie in früheren Zeiten. Einige sind überzeugt und ernsthaft dabei wie die Chaldäer-Priester, andere so skeptisch wie alle Astrologen des 17. Jahrhunderts, und natürlich gibt es echte Wissenschatler, die Versuche mit dem Ziel durchgeführt haben, genau die Einflüsse aufzudecken, die unseren Planeten vom Himmel her erreichen.

Während die Kirche nicht sehr an der Astrologie interessiert ist, wird heute niemand mehr verbrannt, der sich näher mit ihr befaßt. Trotzdem sind die Behörden nicht immer nachsichtig, und auch noch in unserem Jahrhundert ist eine Anzahl ernsthafter Astrologen wegen Ausübung ihres Berufes nach dem Landstreichergesetz strafrechtlich verfolgt worden.

1917 wurde Alan Leo mit einer Geldstrafe von 5 Pfund und 25 Pfund Gerichtskosten wegen ‹Vorgabe und beruflicher Ausübung der Wahrsagerei› belangt. Er war schon einmal im Jahre 1914 strafrechtlich verfolgt worden, aber der Fall wurde zurückgewiesen. Dieses Mal blieb der Richter ungerührt von der Verteidigung, die vortrug, daß Leo nur etwas ausübte, an das er felsenfest glaubte, und daß sich seine Kundschaft aus reichen und gebildeten Menschen zusammensetzte. Der Richter ließ sich auch nicht von der Tatsache beeindrucken, daß Leo Mitglied des Komitees der Gesellschaft für astrologische Forschung war, die noch als Astrologische Loge der Theosophischen Gesellschaft besteht.

In den Vereinigten Staaten jedoch – wo die Astrologie noch nicht Fuß gefaßt hatte – wurde ein Gerichtsfall durchgeführt, der das Interesse an der Astrologie erlahmen ließ. Der Angeklagte war eine Frau, Mrs. George E. Jordan, besser bekannt als Evangeline Adams (1865–1932). Sie sagte: ‹Ich habe Mars zusammen mit meiner Geburtssonne im 12. Haus. Ich werde

*Louis de Wohl, der gebürtige ungarische Astrologe, arbeitete im Zweiten Weltkrieg für die britische Regierung. Er schrieb über die Astrologie ‹... es ist keine Prophezeiung. Sie befaßt sich nicht mit Gewißheiten, sondern mit Tendenzen. Sie hat eine recht große Fehlerspanne ... aber sie funktioniert ...›.*

meine Feinde immer besiegen›. Das tat sie auch und wurde die bekannteste Astrologin der Vereinigten Staaten, so daß ihre aufwendige Beisetzung der eines Hollywoodstars glich.

Diese bemerkenswerte Frau gab die Astrologie an das einfache Volk weiter und trug dazu bei, die jährliche Nachfrage in Amerika nach Millionen von Horoskopen zu fördern und bahnte dadurch späteren Astrologen den Weg für einträgliche Geschäfte. 1914 wurde Evangeline Adams wegen Wahrsagerei angeklagt. Sie führte ihre eigene Verteidigung, legte alle Fachbücher, die sie zum Erstellen eines Horoskopes benutzte, vor und begann dann, ein Horoskop für einen völlig Fremden zu zeichnen – für den Sohn des Richters. Der Richter war beeindruckt genug, um zu dem Schluß zu kommen, daß ‹die Angeklagte die Astrologie zu einer echten Wissenschaft erhebt›, und der Fall wurde abgelehnt. In New York glaubte man nun nicht mehr an die Astrologie als Wahrsagerei, die sich, wie es in England der Fall war, außerhalb des Gesetzes bewegte.

1936, als die Horoskopspalten das allgemeine Interesse auf sich gezogen hatten, wurde R. H. Naylor, der für den *Sunday Express* Vorhersagen machte, zur Zielscheibe für den Herausgeber der *Psychic News*. Er ‹zeigte an›, daß Naylor gegen das Landstreichergesetz verstieß, indem er ‹vorgab, die Zukunft zu deuten›. Der Herausgeber war kein uninteressierter Beteiligter: Medien wurden nach dem Zauberergesetz bestraft und sahen nicht ein, warum die Astrologen gesetzlichen Sanktionen entgehen sollten. Schließlich kam der Fall vor den Oberrichter und andere Lords of Appeal (höchste gerichtliche Instanz) [1]), die anscheinend Horoskopspalten mit ziemlicher Sorglosigkeit gegenüberstanden. Vielleicht hätten die Spiritisten, ehe sie beim Gesetz Zuflucht suchten, die Astrologen doch besser erst um Rat fragen sollen, denn sie verloren immerhin einen teuren Prozeß!

Das Landstreichergesetz ist noch heute in Kraft, und die Polizei verfolgt weiterhin strafrechtlich umherziehende Wahrsager und Kristallgucker, aber zum größten Teil bleiben Zeitungen und Berufsastrologen vom Gesetz verschont.

Der berufliche Werdegang von Evangeline Adams liefert Stoff für beliebte Geschichten. Als sie zuerst in New York ankam, um im Windsor Hotel in der 5. Straße zu wohnen, studierte sie die Geburtskarte des Eigentümers und warnte ihn dann vor einer großen Katastrophe. Am folgenden Tag brannte das Hotel ab.

Unter ihren Kunden befanden sich so berühmte Leute wie Enrico Caruso, Mary Pickford und der Millionär J. P. Morgan, dem sie mit Hilfe der Sterne finanzielle Ratschläge gab. Sogar heute noch gehen viele wohlhabende und erfolgreiche Menschen, von denen man meint, sie seien zu nüchtern und materiali-

*Der amerikanische Schriftsteller Henry Miller, der über die Astrologie schrieb ‹Was sie tut ... ist, uns zu zeigen, daß es Übereinstimmungen zwischen dem Makrokosmos und dem Mikrokosmos gibt ... Ob die Astrologie nun eine Wissenschaft oder eine Pseudo-Wissenschaft ist, die Tatsache bleibt, daß die ältesten und größten Kulturen, die wir kennen, ein Jahrhundert nach dem anderen die Astrologie als Grundlage für ihr Denken und Handeln benutzt hatten ...›.*

*R. H. Naylor, der Urheber der Horoskopspalten in den Tageszeitungen des 20. Jahrhunderts, hier bei seiner Rede anläßlich von Foyles literarischem Essen im November 1941.*

stisch eingestellt, um andere zu Rate zu ziehen als Börsenmakler und Steuerexperten etc., zu Astrologen, um sich im geschäftlichen und privaten Bereich beraten zu lassen. Doch kommt man nicht umhin zu denken, daß die Astrologen dadurch selbst genug Geld verdienen würden, um sich zurückziehen zu können, wenn sie so geschickt wären, den Zeitpunkt des Gewinns vorherzusagen. 1930 hatte Evangeline Adams eine eigene Radiosendung und dadurch im ganzen Land eine Zuhörerschaft, der sie Ratschläge und Vorhersagen gab.

1928 wurde der Bund amerikanischer Astrologen mit der Absicht gegründet, Astrologie von Zauberei zu trennen und ihr Achtung zu verschaffen. Über 1500 Astrologen sind in dieser Organisation eingetragen, und in den USA gibt es über 500 praktizierende Astrologen mit über 10 000 000 Kunden aus jeder Gesellschaftsschicht. In Amerika und anderswo gibt es viele astrologische Gesellschaften – einige mit einwandfreiem Ruf, andere mit weniger gutem.

Die Fakultät für Astrologie (verbunden mit der vorher erwähnten Astrologischen Loge) wurde 1948 in London eingeführt. Wenn man ‹D. F. Astrol. S› hinter seinem Namen stehen haben möchte, muß man drei Jahre studieren und Prüfungen ablegen. Es besteht kein Zweifel darüber, daß Fakultät und Studenten ihre Arbeit sehr ernst nehmen, und um sie von der Unterstellung, Scharlatanismus zu betreiben, freizusprechen, müssen die folgenden Thesen gebilligt werden:

‹Ich werde keine Geburtshoroskope erstellen, ehe nicht Zeit und Ort der Geburt mit Genauigkeit angegeben sind oder ich werde, wenn dies nicht möglich ist, klar und eindeutig erklären, daß jede unter derartigen Umständen durchgeführte Arbeit nur als unzureichend und allgemeingültig anzusehen ist›.

‹Bei der Ausübung meines Berufes werde ich ein der astrologischen Wissenschaft angemessenes Honorar berechnen außer in Fällen, in denen der Kunde als aufrichtig Suchender um Hilfe bittet und nicht nur aus purer Neugier getrieben, nicht fähig ist, zu zahlen. In solchem Augenblick werde ich umsonst informieren und beraten.›

‹Ich werde in jedem Fall selbständige und individuelle Studien des vor mir liegenden Falles durchführen und keine Art der Verdopplung vornehmen, noch werde ich bei meiner Arbeit Auszüge aus den Schriften anderer ohne nötiges Einverständnis verwenden›.

‹Bei der als astrologisch ausgegebenen Arbeit werde ich nichts einsetzen, das nicht auf wirklicher astrologischer Wissenschaft beruht. Wenn ich den Wunsch habe, Informationen zu geben, die aus anderen Quellen stammen, so werde ich dies auf ein gesondertes Blatt schreiben mit der ausdrücklichen Erklärung, daß sie nicht auf der Astrologie basieren›.

‹Ich verpflichte mich, alles mir entgegengebrachte Vertrauen auf das genaueste zu respektieren, außer wenn die Pflicht als treuer und friedliebender Staatsbürger meines Landes mich dazu zwingt, anders zu handeln›.

‹Ich werde diskret sein bei allen öffentlichen Aussagen, die politische Dinge oder Persönlichkeiten des öffentlichen Lebens betreffen, und werde all diejenigen vermeiden, die dem Anstand und dem Beruf, der angemessene Verschwiegenheit erfordert, widersprechen›.

‹Ich verpflichte mich, keinen falschen Gebrauch von dem Diplom und meiner Stellung als Inhaber des Diploms und Mitglied der Fakultät zu machen; und soweit es in meiner Macht steht, werde ich, bei der Ausübung meines Berufs als Astrologe, hohe berufliche Anforderungen an mich stellen›.

‹Ich werde Entdeckungen oder Schlußfolgerungen, die ich erkenne, nicht der Allgemeinheit zukommen lassen und nicht für private Interessen nutzen, außer solchen, die, falls in der Öffentlichkeit bekannt, zu unerwünschten Folgen im Interesse der Allgemeinheit, führen›.

Im Vereinigten Königreich England kann man zwischen 2 Pfund und 50 Pfund für den Besuch bei einem Astrologen ausgeben – denken Sie aber an die schnell voranschreitende Inflation – und die meisten von ihnen können durch die Wachsamkeit der angesehenen astrologischen Verbände als seriös betrachtet werden, ob sie nun Horoskope für einzelne Kunden erstellen

*Seite 139: W. Smalls Illustration zu ‹Der Stern› von H. G. Wells. Auch im 20. Jahrhundert riefen Unregelmäßigkeiten von Sonne, Mond und Sternen im Leben wie auch in der Vorstellung Bestürzung und Angst hervor.*

oder Horoskopspalten für die Presse schreiben. Doch sollte niemand darüber erstaunt sein, daß es auch Scharlatane gibt, deren Horoskope nicht das Resultat von Studien und Berechnungen sind, sondern lediglich ‹erfundene› – die sich gelegentlich kaum von den vorgefertigten Dingen unterscheiden, die man erhält, wenn man eine Münze in einen Automaten wirft.

Eine echte Neuerung des 20. Jahrhunderts ist das Komputer-Horoskop. Wenn alle Arten von Daten in eine Maschine eingegeben werden können, warum nicht auch die, die mit den Sternen zusammenhängen? Was ihr im individuellen Fall fehlt, macht sicher die Länge der Ergebnisse wieder gut. Die Menge von Einzelheiten, mit der eine solche Maschine gefüttert wird, bedeutet, daß unter den wortreichen Horoskopen, die sie ausspuckt, einige recht genaue Charakterauslegungen zu finden sind.

Wir wollen nun die Technik verlassen und uns einzelnen Menschen zuwenden. Kaum in die Klasse der Evangeline Adams einzuordnen ist der Däne Max Heindel, der anscheinend vom finanziellen wie auch mystischen Aspekt der Astrologie angezogen war. Beeinflußt von Rudolph Steiners ausbrechender Theosophie-Sekte in Berlin, ging Heindel in die USA, wo er in die ‹Universal Brotherhood› eintrat – eine andere theosophische Splittergruppe – und sie dann verließ, um seine eigene okkulte Gesellschaft, die ‹Universalverbindung›, in San Franzisko zu gründen. Seine Anhänger wurden von den ‹Briefen des Meisters›, die aus gesammelten Unterlagen von Steiners Vorträgen bestanden, durch die Mysterien der geheimen Welt geführt. Es erscheint zweifelhaft, ob Heindel überhaupt erfolgreiche Vorhersagen machte, aber er schrieb sehr viel über die Astrologie, und seine ‹Botschaft von den Sternen› war besonders beliebt – obwohl sie fehlerhaft war. Einige der Heindelschen Theorien sind: daß Operationen möglichst bei zunehmendem Mond durchgeführt werden, daß entscheidende Zeichen bei der Behandlung von Kranken helfen, während bestimmende sich als unnütz erwiesen, und daß Neptun ‹eigentlich nicht zu unserem Sonnensystem gehört . . .› – denn er ist ‹die Verkörperung des Großen Geistes aus den Schöpferischen Hierarchien, die uns normalerweise durch den Tierkreis beeinflussen.›

1930 kam die Astrologie in Europa zu neuer Blüte. Am 24. August 1930 druckte der *Sunday Express* das Horoskop von Margaret Rose, der zweiten Tochter des Herzogs und der Herzogin von York, die drei Tage vorher geboren war. Der Astrologe war R. H. Naylor, der als Urheber der im 20. Jahrhundert in Zeitungen weltweit verbreiteten Astrologie angesehen werden kann. Themen über Königshaus und Weissagung zusammen verkaufen sich am besten. Im Oktober prophezeite Naylor eine mit einem britischen Flugzeug verbundene Katastrophe *vor* der Zerstörung des Luftschiffes R. 101. Die Horoskopspalten gehörten zum täglichen Zeitungsbild. Keine allgemeine Sonntags- oder Tageszeitung war komplett ohne ihren Astrologen, der natürlich auch Bücher veröffentlichte, um einer ungeduldigen Öffentlichkeit beizubringen, wie sie am besten Vorteile ihrer eigenen Sonnenzeichen nützen und Schwierigkeiten aus dem Weg gehen könnte.

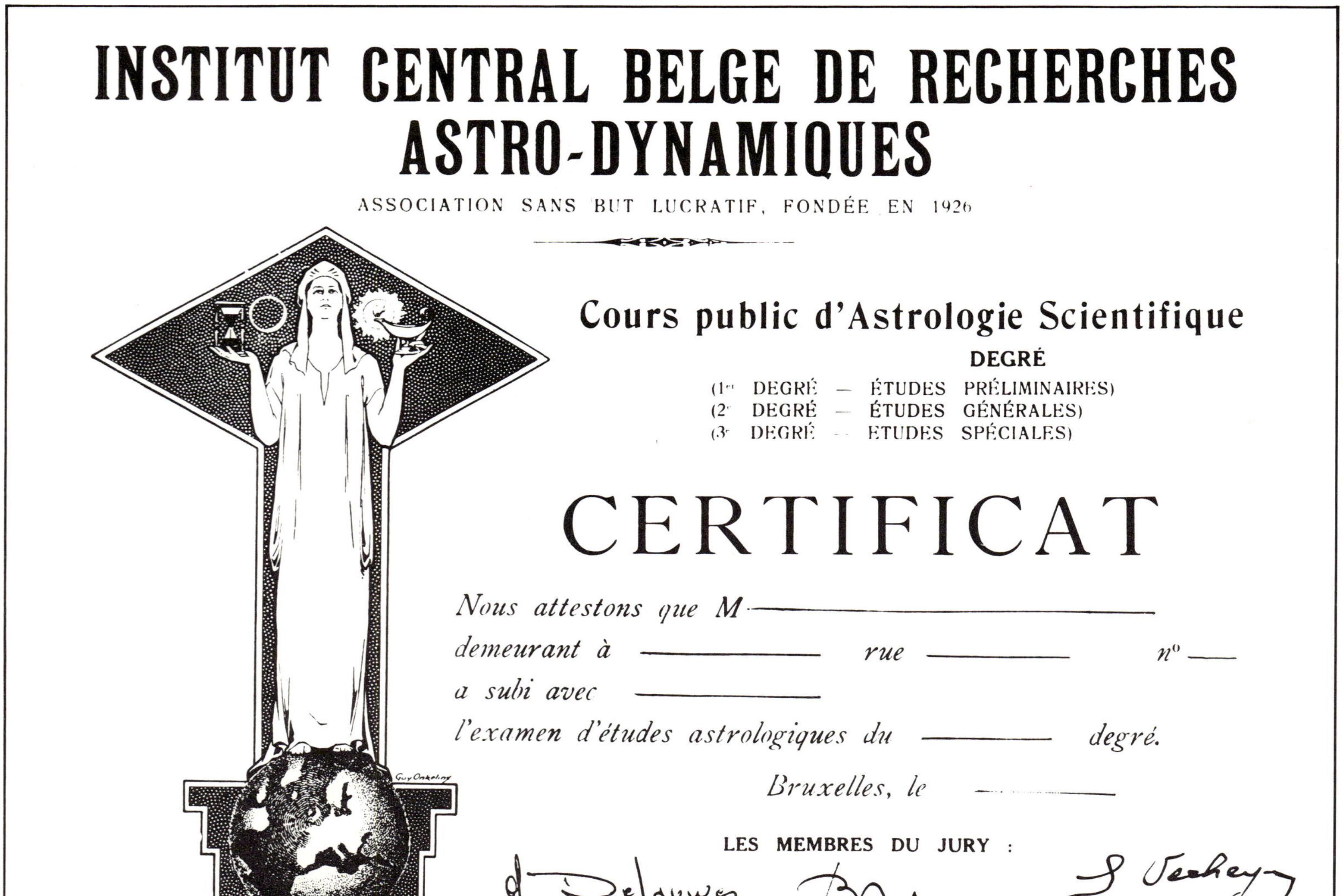

INSTITUT CENTRAL BELGE DE RECHERCHES ASTRO-DYNAMIQUES

ASSOCIATION SANS BUT LUCRATIF, FONDÉE EN 1926

Cours public d'Astrologie Scientifique

DEGRÉ

(1er DEGRÉ — ÉTUDES PRÉLIMINAIRES)
(2e DEGRÉ — ÉTUDES GÉNÉRALES)
(3e DEGRÉ — ÉTUDES SPÉCIALES)

CERTIFICAT

*Nous attestons que M* ____________
*demeurant à* ________ *rue* ________ *n°* ____
*a subi avec* ________
*l'examen d'études astrologiques du* ________ *degré.*
*Bruxelles, le* ________

LES MEMBRES DU JURY :

VICE-PRÉSIDENT — PRÉSIDENT — PROFESSEUR

*Wir wissen nicht, ob chaldäische Priester Zeugnisse brauchten, um ihre Fähigkeiten zu beweisen, aber ernsthafte Astrologen des 20. Jahrhunderts lernen ihr Handwerk in angesehenen Astrologie-Schulen, und wenn sie ihre Kurse zufriedenstellend beendet haben, werden ihnen Zeugnisse ausgestellt, wie dieses hier aus Belgien. Institut Belge d'Astrologie Scientifique, Brüssel.*

TOTAL
DESTRUCTION
OF THE
EARTH

♈ ARIES.

♉ TAURUS.

♊ GEMINI.

*Die zwölf Tierkreiszeichen und ihre Symbole aus ‹Der Astrologe des 19. Jahrhunderts› (London, 1825).*

## Die Astrologie während des Krieges

Man muß zugeben, daß die meisten dieser modernen englischen Propheten versäumten, den Ausbruch des Zweiten Weltkrieges vorherzusehen, aber auch prominente Politiker teilten wieder einmal diese Kurzsichtigkeit, und sie konnten doch wirklich kaum behaupten, sich in der Politik nach den Sternen zu richten. Als der Krieg erst einmal ausgebrochen war, kamen eher aufmunternde als der Wahrheit entsprechende Vorhersagen: der Krieg werde sehr bald enden, und Hitler werde verrückt oder sterben!

1939 wurden ‹*Hitlers letzte Jahre der Macht*› veröffentlicht. Der Autor, ‹Leonardo Blake› versicherte seinen Lesern, es werde keinen Krieg geben. Hitler und Goebbels werden von der Bildfläche verschwinden, und sogar Churchill werde sich aus dem aktiven Leben zurückziehen. Im ersten Kriegsjahr erschien eine Fortsetzung zu diesem Buch mit dem optimistischen Titel *Das letzte Kriegsjahr und danach,* das vorhersagte, der Krieg sei Mitte der 40er Jahre vorüber. Es gab auch unterschiedliche Vorhersagen, die Hitler mit dem ‹Universalgesetz› und Deutschland mit dunklen Zeiten drohten.

Die Ungenauigkeiten Blakes und seiner Berufskollegen schienen ihr ergebenes Publikum nicht zu beunruhigen. Optimistische oder irreführende Vorhersagen mögen astrologischer Irrtum oder später im Krieg Teilpropaganda gewesen sein. Beim ersten Blick erscheint dieser Glaube an die ‹Sterne› in schwierigen Zeiten zu unwichtig zu sein, um festgehalten zu werden, aber eine Anzahl Leute erachteten ihn als ernst genug, um Nachforschungen anzustellen. Über die Art, in der englische Zeitungen Astrologie-Deutungen verbreiteten, veröffentlichte 1941 der ‹*New Statesman and Nation*› einen Artikel des Anthropologen Tom Harrison über die ‹Massenastrologie›, der das Ergebnis sozialer Auswirkungen volkstümlicher Astrologie aufzeigte: Der Appell war, ‹ständig die positive Seite zu betonen›.

Unsere heutige Reaktion könnte sein, daß Menschen, wenn ihnen die bestehende Religion nicht mehr zusagt, kosmischen Glauben als Alternative suchen. Doch könnte solch ein unangebrachter Optimismus in einer Weltkrise gefährlich werden, wenn die Wahrheit vor den Menschen verheimlicht wird und ihnen eine fatalistische ‹was kommen soll, kommt sowieso›-Haltung gibt – das kann dem Feind nur recht sein.

Anläßlich einer literarischen Frühstücksrunde im November 1941 rechtfertigten einige der Sterngucker ihren Glauben und stellten ihren Erfolg heraus. Gewiß hatte R. H. Naylor bessere Aufzeichnungen als die meisten anderen Kollegen, denn er scheint den deutschen Einmarsch in Norwegen, die Kapitulation Frankreichs und die Verwicklung von Japan und Amerika in den Krieg vorhergesagt zu haben.

♎ LIBRA.

♏ SCORPIO.

♐ SAGITTARIUS.

♋ CANCER.

♌ LEO.

♍ VIRGO.

Das mögliche Risiko, das die volkstümliche Astrologie für die britische Staatssicherheit bedeutete, warf schließlich im Juni 1942 im Unterhaus Fragen auf. Ein konservatives Parlamentsmitglied zitierte eine Vorhersage von Edward Lyndoe aus der Zeitung *The People,* die andeutete, daß Deutschland niemals in England eindringen könne. Er fragte den Informationsminister, ‹ob er bemerkt habe, daß Astrologen prophezeien, Deutschland befinde sich am Rande des Zusammenbruchs; und ob er astrologische Vorhersagen über den Krieg unterbinden werde, um das Risiko zu vermeiden, daß Astrologie-Süchtige ihre Bemühungen in der Kriegsführung verringern werden?› Brendan Bracken, der betreffende Minister, strich heraus, daß Astrologen anderer Zeitungen meinten, Deutschland könne in England eindringen, und antwortete: ‹Astrologen scheinen das Unglück zu haben, ewig in Konflikt zu sein. Da aber kein vernünftiger Mensch ihre Vorhersagen ernst nimmt, kann ich nicht von unseren überarbeiteten Zensoren verlangen, daß sie sich zusätzlich noch mit den Geheimnissen der Astrologen abgeben›.

Allerdings nahm eine Regierungsstelle die Astrologie ernst genug, um Kapitän Louis de Wohl als ihren ‹außerordentlichen Astrologen› anzustellen. Als gebürtiger Ungar, der in Deutschland gelebt hatte und dann England als seine Heimat annahm, war de Wohl ein fähiger Autor und Journalist. Er schrieb ein Buch über Thomas von Aquin, das gut ankam, und es ist schwer nachzuprüfen, wie stark er an die Astrologie glaubte. Er war ein begeisterter Amateurastrologe gewesen und übte sie erst hauptberuflich aus, als er nach London kam. Seine gesellschaftlichen Beziehungen erlaubten ihm, Kontakte zu Leuten in einflußreichen Stellungen aufzunehmen. Seine Vorhersagen vor dem Krieg waren nicht sehr erfolgreich: Er erklärte, daß Neville Chamberlains Horoskop günstig sei und Gandhi 1939 sterben werde. Während des Krieges behauptete er, Hitler wisse, daß sein Schicksal sich gegen ihn wende und daß die Alliierten sich der Astrologie bedienten. Das Horoskop Benito Mussolinis (1941 erstellt) war nach Meinung de Wohls ausgezeichnet, obwohl er ‹ein gewaltsames und plötzliches Ende› haben werde. De Wohls autobiographisches Buch *Die Sterne von Krieg und Frieden* fasziniert den Leser, es ist aber schwer herauszufinden, was exakt vorhergesagt oder nach späterer Einsicht hinzugefügt wurde, astrologische Freizügigkeit oder Wunschdenken. Nun sollten wir eigentlich mit den Schriften der Astrologen vertraut sein. Er erklärte, wie es seine erste Aufgabe während der Kriegszeit war, Hitlers Horoskop zu erstellen und herauszubekommen, was Hitlers eigene Astrologen ihm sagen würden. De Wohls Auftraggeber konnten dann berechnete Mutmaßungen anstellen, in welchem Maße astrologische Ratschläge Hitler erreichten oder wie die Astrologen ihre Deutung abschwächten, um den Führer nicht zu verärgern!

♑ CAPRICORN.

♒ AQUARIUS.

♓ PISCES.

*Die kosmische Uhr. Ein von Warren Kenton gezeichnetes Diagramm als Verschmelzung astrologischer Prinzipien.*

*Seite 143: Tierkreis-‹Persönlichkeit›-Poster – ein Beispiel der heutigen Astrologie-Welle. Reproduktion mit freundlicher Genehmigung von Personality Posters.*

Zweifellos verwendeten beide Seiten im Krieg die Astrologie zu Propagandazwecken. Der britische Geheimdienst stellte sogar gefälschte Nummern der deutschen okkulten Zeitschrift *Zenit* her, um ihre Propaganda verständlich zu machen. Die Vorhersagen waren in Wirklichkeit nach den Ereignissen, die sie erläutern, geschrieben worden, aber man hoffte, daß die Leser es nie erfahren werden und entsprechend abgeschreckt waren.

Es ist nicht sehr wahrscheinlich anzunehmen, daß Hitler an Astrologie glaubte oder persönlich Astrologen einsetzte, obwohl andere Naziführer sicher Okkultem zugeneigt waren, und vieles wurde geschrieben, um aufzuzeigen, daß Hitler ihre Ansichten teilte.

Ehe wir jedoch die Haltung der Nazis gegenüber der Astrologie und für das, was de Wohl im Interesse der Alliierten zu bekämpfen schien, untersuchen, müssen wir einen Blick darauf werfen, wie das Vorkriegs-Deutschland zu dem Thema stand. Zu Zeiten nationaler Desillusion und Hoffnungslosigkeit wenden sich die Menschen zum Trost dem Okkulten zu, und dies traf genau auf das Deutschland nach dem Ersten Weltkrieg zu, wo das Interesse an Astrologie und allen mystischen Dingen stärker blühte als irgendwo anders in Europa. Obwohl die Deutschen viele Bücher und Veröffentlichungen herausgaben, die sich auf ernsthafter und volkstümlicher Ebene mit dem Gebiet auseinandersetzten, was die Nazis schließlich verboten, wurde die Horoskopspalte in Zeitungen erst nach dem Zweiten Weltkrieg eingeführt.

Eine der bekanntesten ernsthaften deutschen Astrologen war Elsbeth Ebertin. 1923 schickte ihr jemand Hitlers Geburtsdatum (obwohl ohne Stundenangabe) zu, und in ihrem *Prophetischen Jahrbuch* veröffentlichte sie eine Charakterdeutung, die davor warnte, daß man diese Person in Verbindung bringen müsse mit politischen Spaltungen, die sich im Spätherbst als verhängnisvoll erweisen sollten. Ende 1923 war Hitler

VIRGO
LIBRA
SCORPIO
SAGITTARIUS
CAPRICORN
AQUARIUS
PISCES
ARIS
TAURUS
GEMINIS
CANCER
LEO

*Michel Gauquelin, der die Beziehungen zwischen kosmischen und biologischen Phänomenen genau untersucht hat.*

*Seite 145: Astrologie hat die verschiedensten Künstler angezogen. Zwei Szenen aus dem Ballett ‹Horoskop›, das zuerst 1938 aufgeführt wurde und einen Mann und eine Frau darstellt, die unter zwei sich widersprechenden Zeichen geboren sind und vom Mond in ihrem gemeinsamen Zeichen der Zwillinge zusammengebracht werden.*

dann in einen *Putsch*-Versuch verwickelt und kam ins Gefängnis. Man mag sich fragen, ob er sich während dieser Zeit an seine Reaktion auf Elsbeth Ebertins Prophezeiung erinnerte, als er angeblich gesagt hatte: ‹Was haben Frauen und die Sterne mit mir zu tun?›

Die Weimarer Republik hatte eine Menge angeblicher ernsthafter Astrologen, deren Theorien stark den Eindruck von Rassenbewußtsein erweckten.

Als Hitler 1933 an die Macht kam, wurden astrologische Zeitschriften abgeschafft und mehrere Astrologen ‹beseitigt›, sogar die deutsche Abteilung der Theosophischen Gesellschaft wurde geschlossen. Die Astrologie hatte sich nicht immer für die Nazi-Partei ausgesprochen, und Hitlers Horoskop hatte astrologisches Kopfzerbrechen verursacht, da die Astrologen versuchen mußten, die Karte, die andeutete, daß seine berufliche Laufbahn im Unglück enden würde, zu ‹behandeln›. Obwohl astrologische Konferenzen in Deutschland seit 1922 beliebt waren, war für die von 1938 nur unter der Bedingung die Erlaubnis gegeben worden (mit der Gestapo im Saal), daß keines ihrer Konferenzergebnisse veröffentlicht werde. Von dem, was uns schon aus der Geschichte der Astrologie bekannt ist, könnte die Haltung der Nazis mit der gewisser römischer Kaiser verglichen werden, die die Astrologie verbieten und Astrologen ausschalten wollten, falls sie und ihre Kunst nicht den Wunschvorstellungen der Mächtigen von einer vollkommenen Zukunft entsprechen sollten.

Die Voreingenommenheit Himmlers und anderer Nazis gegenüber okkulten Dingen ist wohl bekannt. Trotz des Verbots solcher Dinge bat Dr. Fresel, der Verbindung zu Himmlers Stab hatte, den schweizer Statistiker Karl Ernest Krafft, der in Deutschland lebte und ein Bewunderer des Regimes war, einige wirtschaftliche Vorhersagen – basierend auf Planetenstellungen – zu erstellen. Während der ersten Novemberhälfte 1939 werde sich Hitler in Gefahr befinden, meinte Krafft. Durch das Münchner Bombenattentat wäre Hitler tatsächlich beinahe getötet worden und Krafft wurde wegen Verdacht auf Mittäterschaft eingesperrt, aber es gelang ihm zu erklären, daß seine Informationen vom Kosmos und nicht von Menschen stammten. Das hatte zur Folge, daß er in den Strom der Nazipropaganda mit hineingezogen wurde.

Kraffts Geschichte ist sehr spannend. Er sah sich selbst nicht als Astrologe, sondern als Statistiker an, der von der Astrologie fasziniert war, und nannte sich ‹psychologischer Berater›.

Fast zehn Jahre vor seiner Verbindung mit den Nazis hatte er die Einzelheiten planetarischer Stellungen zur Geburtszeit von 2000 Musikern untersucht mit dem Ziel, einige Zusammenhänge zwischen ihnen aufzudecken. Krafft studierte auch Karten von Mitgliedern derselben Familie in dem Bemühen, herauszufinden, ob es irgendwelche ähnlichen Planetenaspekte gebe, die Geburten verschiedener Generationen gemeinsam haben. In diesem Jahrhundert hat es viele solcher Versuche gegeben, die Gültigkeit der Astrologie in Form von Statistiken zu beweisen, und die Ergebnisse sind eher dürftig als überzeugend gewesen. Trotzdem hatte sich bis zu Kraffts Experimenten niemand so viel Mühe gegeben. Trotz seiner anscheinend hingebungsvollen und sorgfältigen Forschungsarbeit blieben die ‹gelernten› Wissenschaftler der Universität Genf unbeeindruckt, wie auch die deutschen Astrologen, obwohl einige unter ihnen ähnliche Ideen verfolgten. Schließlich folgerte Krafft, daß die Astrologie ‹widersinnig› sei: Erst später führten einige Wissenschaftler und Psychologen wie Jung seine Theorien fort.

*Julia Parker, eine beratende Astrologin, ist die Präsidentin der Fakultät für astrologische Studien, eines 1948 gegründeten Verbandes, der nicht auf Gewinn gerichtetes Studium ermöglicht und Prüfungen abnimmt.*

Kraffts 1933 veröffentlichte *Abhandlung über die Astrobiologie* hat einige ernsthafte Nachkriegsastrologen beeindruckt, obwohl Michel Gauquelin, der französische Psychologe und Statistiker, der ähnliche, wenn auch weiterentwickelte Versuche in den 50er Jahren des 20. Jahrhunderts durchführte, in seiner eigenen *Astrologie und Wissenschaft* scharf kritisierte, daß Krafft enorme astronomische Irrtümer auf fast jeder Seite des Werkes begangen habe, und er hatte etwas an der Art auszusetzen, wie Krafft mit der Statistik umging.

Ähnlich dem Stil mittelalterlicher Astrologen wandte er sich der Untersuchung planetarischer Zeichen zu in dem Bemühen, bestimmte Grundtemperamente des Menschen mit gewissen Sternen in Beziehung zu bringen: dies nannte er ‹Typokosmie›.

Krafft war dagegen, Charakterdeutungen ohne persönliches Gespräch durchzuführen, und wie einige der heutigen ernsthaften Astrologen wollte er für einzelne nicht ohne Vorbehalt, aufgrund von ‹moralischen und psychologischen Gefahren› Prophezeiungen machen. Er hielt nicht viel davon, die Geburtskarte ‹vorzustellen›, um für ein bestimmtes Jahr Vorhersagen zu machen, die auf angenommenen Berechnungen über den Verlauf der Planetenbahnen beruhten. Derart komplizierte Berechnungen führen oft zu Fehlprognosen, und überdies mag der Geborene ganz unbewußt die vorhergesagten Ereignisse herbeiführen.

Louis de Wohl hatte auf Umwegen über den rumänischen Botschafter in London von Krafft erfahren. Der Botschafter hatte an Krafft geschrieben und erhielt eine Antwort, die erst durch die Hände des verschlagenen Dr. Fesel und das Nazi-Propaganda-Ministerium gegen Kraffts Wunsch gegangen war. Dies ließ vermuten, daß der Schweizer und die Nazis eng zusam-

*Mit Astrologie in Verbindung gebrachte Gegenstände, die in der zweiten Hälfte des 20. Jahrhunderts beliebt sind. Aus der Zodiac-Abteilung, the Astrological Emporium, London.*

MER CURY
APO LLO
SAT URN
JUP ITER
MOUNT of APOLLO
MOUNT of SATURN
MOUNT of MERCURY
MOUNT of JUPITER
LINE of HEART
UPPER MARS
LINE of HEAD
LOWER MARS
LINE of FORTUNE
LINE of LIFE
LINE of HEALTH
MOUNT of VENUS
MOUNT of LUNA
BRACELETS of LIFE
PALMISTRY
SCORPIO
DECEMBER–
JANUARY

menarbeiteten und er ihrem Führer astrologische Ratschläge gab. Es gibt keine Beweise dafür, daß Krafft jemals mit Hitler zusammentraf und es fällt schwer sich vorzustellen, daß jemand dem Führer zu sagen wagte, die Sterne hätten andere Pläne als er.

Zu der Zeit als de Wohl glaubte, er arbeite gegen Krafft und andere nazifreundliche Astrologen, war der schweizer Statistiker schon verhaftet. Als Rudolf Hess 1941 nach Schottland floh, gerieten alle Astrologen in den Verdacht, Hitlers Stellvertreter beeinflußt zu haben. Dies war für die Nazis Grund genug für die Behauptung, daß Astrologen gegen sie arbeiteten: daraufhin wurden sie verhaftet und ihre Bücher verbrannt. Totalitäre Systeme, ob links oder rechts gerichtet, sind natürlich immer mißtrauisch gegenüber jedem Individualismus, zu dem auch die Astrologie gehört. Nach einiger Zeit wurden viele Astrologen aus dem Gefängnis entlassen, aber Krafft war nicht völlig frei; er wurde vielmehr gezwungen, für das Propaganda-Ministerium zu arbeiten. Er lehnte es ab, weiter zuzulassen, daß seine astrologische Arbeit manipuliert wurde und starb auf dem Weg zum Konzentrationslager.

Es ist schwer, genau zu sagen, wie stark von der Astrologie im Zweiten Weltkrieg Gebrauch gemacht wurde und wie erfolgreich sie war.

Joseph Goebbels, der nicht an Astrologie glaubte, aber meinte, daß ‹verrückte Zeiten verrückte Handlungen erfordern›, schrieb 1942 in sein Tagebuch: ‹In den Vereinigten Staaten sind die Astrologen bei der Arbeit und prophezeien dem Führer ein vorzeitiges Ende. Wir kennen diese Art der Propaganda gut genug, da wir sie selbst eingesetzt haben. Wann immer wir können, werden wir wieder die Möglichkeiten, die uns die Astrologie bietet, ausnutzen. Ich verspreche mir davon wichtige Ergebnisse, vor allem in den USA und in England . . . Wir werden unsererseits auf alle Prophezeiungsexperten zurückgreifen. Nostradamus muß uns wieder einmal erlauben, ihn zu zitieren!›

Aus *Hitlers letzte Tage* von Hugh Trevor Roper erfahren wir, daß trotz des offiziellen Banns über die Astrologie Goebbels Anfang 1945 Horoskope für Hitler und Deutschland anfertigen ließ (die sorgfältig in Himmlers Forschungsabteilung aufbewahrt wurden). Die Horoskope deuteten darauf hin, daß trotz zu erwartenden Unheils zu Beginn des Jahres in der zweiten Aprilhälfte ein großer Sieg und im August der Frieden bevorstehe und die Größe Deutschlands für 1945 gesichert sei.

*Eine Plattenhülle für ‹Die Planeten› von Gustav Holst. Das Gebiet der Astrologie bietet weiterhin für Künstler eine Quelle der Inspiration. Reproduktion mit freundlicher Erlaubnis von Decca Records.*

Freitag, den 13. April, starb Franklin D. Roosevelt, und Goebbels rief Hitler an: ‹Mein Führer, ich gratuliere Ihnen. Roosevelt ist tot. Es steht in den Sternen geschrieben, daß in der zweiten Aprilhälfte ein Wendepunkt für uns eintritt!› Er hatte recht, aber anders, als er es sich vorgestellt hatte.

Nach Kriegsende spiegelte das Interesse in Deutschland an der Astrologie die nach dem Ersten Weltkrieg erlebte Stimmung wider. Mit dem Wiederaufleben des Wohlstandes wurde die Astrologie Thema vieler beliebter Zeitschriften aber nicht ernsthafter Studien, trotzdem gibt es in Westdeutschland (und besonders in Hamburg) mehr an Astrologie interessierte Wissenschaftler als anderswo.

## Astrologie und Psychologie

Vor Ausbruch des Zweiten Weltkrieges hatte Dr. Walter Koch mehrere Werke über die klassische Astrologie wie auch die *Astrologische Farbenlehre* und *Die Seele der Edelsteine* geschrieben. Wie andere deutsche Astrologen wurde er während des Krieges inhaftiert und seine Bücher verbrannt. Später begannen er und gleichgesinnte Akademiker, die verschiedenen Einteilungen der zwölf Häuser des Horoskops zu untersuchen. Koch war auch einer der Begründer der Kosmobiologischen Gesellschaft. Eine deutsche Gruppe von Kosmobiologen, die Reinhold Ebertin, der Sohn Elsbeth Ebertins, leitet, glaubt, daß die Astrologie nur durch Eliminieren vielen Unsinns in traditionellen Praktiken, die noch auf die *Tetrabiblos* zurückgehen und grundlegend für viele Astrologen sind, ausgebaut werden kann. Solche Gruppen kümmern sich kaum oder gar nicht um die Einteilung der zwölf Häuser und die Tierkreiszeichen, berücksichtigen aber planetarische Aspekte. Die Hamburger Schule ignoriert auch – zum Entsetzen der Traditionalisten – den eingeführten Tierkreis. Stattdessen befaßt sie sich mit acht ‹hypothetischen Trans-Neptun-Planeten› und hat sogar Ephemeriden dafür zusammengestellt. Seltsamerweise scheint die Schule ausgezeichnete Horoskopauslegungen aufgrund dieser Angaben zu erstellen!

Koch und andere waren besonders daran interessiert, einen Bezug zwischen Astrologie und Psychologie zu finden, wodurch die Astrologie von der ‹Wahrsagerei› getrennt und auf eine mehr seriöse und akzeptablere Ebene der Charakteranalyse gehoben würde. Allmählich hat man festgestellt, daß psychologischer und astrologischer Symbolismus nicht allzu weit voneinander entfernt sind. Der ‹Determinismus› ist ein modernes Wort, bedeutet aber das gleiche wie ‹Schicksal›, von dem die Antike sprach. Heutige Psychologen mögen Vergangenheit, Umwelt, Erbfaktoren und Reaktionen untersuchen. Die Astrologen-Gelehrten früherer Zeiten taten etwa das gleiche, indem sie ein Horoskop deuteten.

Der berühmteste Psychologe, der die Problematik der Astrologie untersuchte, war C. G. Jung, der in den 50er Jahren die Theorie der ‹Gleichzeitigkeit› entwickelte – mehr eine Beschreibung als eine Erklärung, was der Grund dafür sein mag, daß sie in wissenschaftlichen Kreisen eigentlich nicht anerkannt wurde. Die Gleichzeitigkeit (‹ein nicht kausales verbindendes Prinzip›) ist eine Methode, zu versuchen, eine anscheinend bedeutende Verwandtschaft zwischen bestimmten Ereignissen in dem physikalischen Universum, die keine kausalen Verbindungen zu haben scheinen, zu definieren. Jung versuchte aufzuzeigen, daß gewisse Geschehnisse miteinander verbunden zu sein scheinen, weil sie für den Betrachter ähnliches bedeuten, oder es mag den Anschein haben, als rufe die eine die andere hervor, oder als handele es sich um reinen Zufall.

Ernsthafte moderne Astrologen, die erleichtert waren, von ihren weniger angesehenen Wahrsage-Assoziationen befreit worden zu sein, strebten eifrig nach der Idee der Gleichzeitigkeit und bedienten sich der Jungschen Terminologie, um ihre Arbeit verständlicher zu machen und ihr Achtung und intellektuelle Grundlagen zu verschaffen. Sie könnten nun behaupten, daß die Position eines bestimmten Planeten – von dem man einst meinte, er verursache besondere Ereignisse – nur mit jenen Geschehnissen zusammenfällt.

Während Jung die Verwendung der Astrologie und ihre Notwendigkeit für den Menschen als verlockend genug anerkannte, nicht-kausale Gründe zu fordern, konnte er nicht glauben, daß kausale Verbindungen zwischen den Lebensbildern der einzelnen auf der Erde und Billionen von Lichtjahren entfernten Sternen bestehen könnten.

Nach Jung ‹hat die einfache Mentalität die Gleichzeitigkeit immer als magische Kausalität bis in unsere eigene Zeit hinein erklärt, und auf der anderen Seite nahm die Philosophie eine geheime Übereinstimmung oder bedeutungsvolle Verbindung zwischen Naturereignissen bis ins 18. Jahrhundert an. Ich ziehe die neuere Hypothese vor . . .›

In Bezug auf die Bedeutungsfülle der Einzelheiten von Geburtskarten betonte Jung, ‹Was immer in einem gegebenen Augenblick geschieht, besitzt unvermeidlich die für diesen Augenblick charakteristischen Eigenschaften› und er fuhr fort, um zu zeigen, wie Fachleute auf bestimmten Gebieten vieles über eine Sache aufgrund ihrer äußeren Erscheinung sagen könnten. ‹Und es gibt sogar Astrologen, die einem ohne vorherige Kenntnisse über die Geburt sagen können, wo Sonne und Mond standen und welches Tierkreiszeichen über dem Horizont im Augenblick der Geburt aufging . . . .›

Jung kam durch den Versuch, ‹bedeutungsvolle Beziehungen› zu erforschen, zur Astrologie. Er verwendete 966 Horoskope von Ehepaaren und versuchte,

*Eine Tierkreis-Sonnenuhr an der Mauer des Alten Observatoriums in Greenwich. Die Linien auf der Sonnenuhr stellen die Punkte von Eintritt und Verlassen der Sonne in die verschiedenen Zeichen dar.*

*Das Astrological Emporium, 3 Kensington Mall, London, W. 8., spezialisiert sich auf die Astrologie.*

*Seite 151: Astrologischer Schmuck und Dekorationsstücke. Obwohl viele Menschen nichts über Astrologie wissen, kennen sie doch oft ihr Geburtszeichen und tragen es gern in irgendeiner Form als Schmuckstück. Aus der Zodiac-Abteilung, the Astrological Emporium, London.*

Abweichungen in den Karten der Verheirateten von Unverheirateten zu entdecken. Die Karten verheirateter Paare zeigten oft besondere Planetenaspekte auf, nämlich: Der Mond in Konjunktion mit Sonne; Mond in Konjunktion mit Mond; Mond in Konjunktion mit Aszendent . . . alles traditionelle Mondaspekte für die Ehe.

In ‹*Die Deutung von Natur und Psyche*› schrieb Jung: ‹Die fünfzig möglichen Aspekte, die in einer Eheverbindung in Betracht kommen, wurden statistisch untersucht. Das Ergebnis zeigte, daß bei drei ziemlich zufällig assoziierten Reihen von Ehehoroskopen die größte Häufigkeit auf die verschiedenen Mondkonjunktionen fielen. Die Wahrscheinlichkeit dieser drei Figuren ist weit davon entfernt, signifikant zu sein, weil bei einer beliebigen Anzahl von Ehehoroskopen immer die Möglichkeit im Verhältnis 1 : 1500 besteht, ein gleiches Ergebnis zu erhalten . . .› Er folgerte: ‹Diese bedeutungsvolle Einteilung ist äußerst unwahrscheinlich. Es sieht sehr nach bewußtem Betrug aus, und ihre Berechnung war verdorben durch alle Arten unbewußter Tendenzen, um das Ergebnis zugunsten von Astrologie und Gleichzeitigkeit trotz gegenteiliger Tendenzen im Bewußtsein der verantwortlichen Person zu entstellen . . .›

Bei diesen Untersuchungen erkannte Jung das frühe Werk seines schweizer Landsmannes Krafft an, obwohl er ebenso zu der Meinung neigte, die Statistik zeige auf, daß die Astrologie ein irrationales Phänomen sei. ‹Wenn sich die Astrologen mehr mit der Statistik auseinandergesetzt hätten, um die Genauigkeit ihrer Vorhersagen wissenschaftlich zu belegen, so hätten sie schon vor langer Zeit herausgefunden, daß ihre Äußerungen auf unzuverlässigen Vorhersagen beruhen.›

Jung, dem es fernlag, alle Astrologen anzuprangern, hatte erkannt, daß bestimmte unter ihnen erstaunlich genaue Vorhersagen machen konnten, aber er bestritt, daß Sterne irgendeine Rolle bei der Prophezeiung spielen. Der Astrologe besaß die Kräfte eines Mediums oder Sehers, der einen intuitiven Blick in die Zukunft wirft.

Jungs Ansicht über das Kollektive Unbewußte und die Archetypen erweckten sein besonderes Interesse für den Reichtum des Tierkreissymbolismus und auch für die kulturelle Bedeutung, die mit solchen astrologischen von der Präzession der Tagundnachtgleichen verursachten Zeitaltern verbunden waren.

Die Welt der Kosmobiologie ist verwirrend, aber gleichzeitig zu faszinierend, um ausgelassen zu werden; darum wollen wir die Pionierarbeiten, die auf diesem neuen Grenzgebiet geleistet wurden, näher betrachten. Zwischen den Kriegen bemühte sich der russische Professor Chizhevsky, durch Statistiken die Verwandtschaft zwischen dem Elfjahreszyklus der Sonne und Ereignissen auf der Erde zu finden. Nicht alle seine Ergebnisse erwiesen sich als wissenschaftlich annehmbar, aber seine grundlegende Theorie, daß die Sonne das Leben beeinflußt durch Erzeugen von Ionen (elektrisch geladene Teilchen, die bei einem Atom durch Verlust oder Gewinn von Elektronen gebildet werden) in der Atmosphäre, haben sich nun als richtig herausgestellt.

Der deutsche Professor Bortels hat dann gezeigt, daß Wetterveränderungen wie auch chemische und mikrobiotische Veränderungen von Sonnenstrahlen abzuhängen scheinen. Der italienische Wissenschaftler Piccardi entwickelte diese Theorie weiter, um herauszufinden, daß Körper und Geist ständig durch das All beeinflußt werden, und diese Tatsache ist nun bei

*Die Wrackteile des Luftschiffes R. 101. R. H. Naylors Prophezeiung einer Katastrophe vor dem Ereignis beeindruckte sehr die britische Öffentlichkeit.*

GEMINI
ARIES
SAGITTARIUS

Ein ‹Tele-Schicksals›-Apparat in einem englischen Ferienort. Hier ist die Astrologie in ihrer einfachsten und entwürdigendsten Form zu sehen.

Berechnungen im Zusammenhang mit der Physik genutzt worden.

Unter dem ‹Takataeffekt› sind die Forschungsergebnisse von Professor Takata in Japan zu verstehen. Takata entdeckte, daß der Mensch eine ‹lebende Sonnenuhr› ist, obwohl die genauen Gründe für diese außergewöhnliche Tatsache noch untersucht werden. Flokkulation im Blut wird nicht nur vom Sonnenzyklus beeinflußt, sondern auch von ihrem Auf- und Untergehen und ihrer Eruption auf der Oberfläche.

Die vielleicht faszinierendsten Versuche über die Einflüsse von Sonne und Mond machte der amerikanische Biologe Professor Frank Brown. Er nahm eine Auswahl lebender Organismen, einschließlich einer Kartoffel, einer Ratte, Austern und eines Geigerkrebses und tat sie zusammen in eine besonders regulierte Atmosphäre, d. h.: Temperatur, Druck, Licht und Feuchtigkeit wurden auf gleichem Stand gehalten, was theoretisch bedeutete, daß die Versuchsobjekte keinerlei Reaktion auf die Außenwelt zeigen konnten.

Sicher verhielten sich die Tiere – und die Kartoffel – in biologisch ungewöhnlicher Weise. Brown fand heraus, daß ihre ‹internationale Uhr› nicht von selbst funktionieren konnte, aber ihr Rhythmus schien durch Sonnen- und Mondtage oder durch die Beziehung zwischen beiden in Gang gesetzt zu werden. Z. B. war die Ratte, obwohl sie im Dunkeln eingesperrt war, bei Monduntergang doppelt so lebhaft wie sonst. Deshalb folgerte Brown, daß kosmische Einflüsse tatsächlich auf lebende Organismen einwirken und, wenn dies in einer künstlich geschaffenen Atmosphäre geschehen kann, wie viel stärker mag es dann unter normalen Umständen eintreten?

Gauquelin mag empfunden haben, daß Kraffts Methode falsch war, aber trotzdem führte der Franzose eigene genaue statistische Geburtsüberprüfungen von 25 000 Europäern der höheren Berufsgruppen durch. Anders als Krafft, der viele seiner Forschungen ohne diese Information machen mußte, gab Gauquelin sich viel Mühe, die genaue Geburtsstunde festzuhalten.

Zu seiner Überraschung fand er heraus, daß hohe Geburtenraten von Menschen bestimmter Berufs-

Seite 153:
Eine Auswahl von Horoskopspalten englischer und ausländischer Zeitungen und Zeitschriften.

HOROSCOPO SEMANAL
DINERO
TRABAJO
SUERTE
SALUD
FRANCESCO WALDNER'S
STAR FORECAST FOR SEP 1–15
BELIER
TAUREAU
GEMEAUX
CANCER
Horoskop
Blick in die Sterne für die Woche vom 29. August bis 4. September
NICOLE DARCY
VOTRE HOROSCOPE
JEUDI 4 SEPTEMBRE
Katina
OROSCOPO DELLA SETTIMANA
a cura di Maria Gardini

gruppen mit dem Aufgehen oder dem Zenit bestimmter Planeten folgendermaßen zusammenzufallen scheinen. Mars: mehr Wissenschaftler, Ärzte, Athleten, Soldaten und leitende Angestellte, aber weniger Schriftsteller, Maler und Musiker. Jupiter: mehr Mannschaftsspieler, Soldaten, Minister, Schauspieler, Journalisten und Dramatiker, aber weniger Einzelathleten, Wissenschaftler und Ärzte. Saturn: mehr Wissenschaftler und Ärzte, aber weniger Schauspieler, Maler, Journalisten und Schriftsteller. Mond: mehr Minister, Politiker und Schriftsteller, aber weniger Sportler und Soldaten.

Diese Entdeckungen wurden von anderen Wissenschaftlern mit Vorsicht aufgenommen. Die Astrologen waren sogar weniger begeistert, vielleicht weil ihnen die Vorstellung nicht paßte, daß man sich in ihr Gebiet einmischte.

Gauquelin hat auch versucht, erblich bedingten Entsprechungen in Horoskopen von Kindern und ihren Eltern nachzugehen, aber die Ergebnisse sind stark umstritten.

Die Antike wäre sicher verblüfft über unsere Art, statistische und wissenschaftliche Informationen zu sammeln, würde aber sicher viele der Entdeckungen mit einem ‹das habe ich Ihnen doch gleich gesagt› aufnehmen. Einigen Anhängern der Astrologie würde es so vorkommen, als wiederholte sich alles noch einmal.

Die Vielfalt der Theorien, die die Astrologie in diesem Jahrhundert stützen, sind so unterschiedlich wie die Argumente gegen sie. Während eine Reihe von Astrologen weiterhin traditionelle Methoden zum Erstellen und Deuten der Horoskope verwendet, erscheinen andere regelrecht ketzerisch in ihrem Wunsch, sich klassischer Lehren zugunsten theosophischer Mystik zu entledigen, die frei mit Jungscher Psychologie (vor allem in Amerika) gemischt ist, verwenden halbwissenschaftliche Theorien, oder setzen sich für eine hochkomplizierte Form des Mikro- und Makrokosmos ein. All diese aber zeigen im Grunde nur eines: Der Glaube an die Astrologie, wertvoll oder nicht, ist nicht tot. William Lilly und seine Vorgänger würden

*Eine Serie moderner israelischer Briefmarken, die im Original 20 × 40 Millimeter groß sind und die Tierkreiszeichen darstellen.*

vielleicht ihre heutigen Kollegen nicht mehr erkennen, aber im Grunde verfolgen sie immer noch dieselbe Idee.

Dies alles führt uns weit weg von dem bekanntesten Aspekt der Astrologie des 20. Jahrhunderts – den ‹Horoskopspalten›. Wenn man daran interessiert ist, ein einfaches Experiment für sich selbst durchzuführen, muß man versuchen, so viele Zeitschriften und Zeitungen wie möglich zu bekommen, die Vorhersagen für den gleichen Zeitabschnitt enthalten. Dann vergleicht man, was jede über unser persönliches Sonnenzeichen zu sagen hat. Wenn man Fremdsprachen oder sogar ein anderes Alphabet kennt (die ‹Sterne› sind in arabisch und griechisch zu finden, obwohl sie oft von amerikanischen und europäischen Veröffentlichungen an mehrere Zeitungen zu gleicher Zeit verkauft und übersetzt werden), ist die Auswahl um so größer. Die treuen Anhänger solcher Spalten werden immer übereinstimmende Ähnlichkeiten entdecken, während die Gegner ihre Skeptik bestätigt finden. Horoskope sind, wenn sie etwas aussagen sollen, eine höchst individuelle Angelegenheit, wie das nächste Kapitel zeigen wird, und die Astrologie ist zu umfassend, um in ein paar belanglosen, vagen Sätzen festgehalten zu werden. Es ist zu hoffen, daß dieses Buch den Anhängern gezeigt hat, daß ihr Glaube mehr enthält als nur das, was die Sterne über die Zukunft aussagen, und die Skeptiker werden vielleicht nicht mehr das Thema als eines ablehnen, für das sich Nachforschungen nicht lohnen.

Was immer die Astrologie auch für einen Wert haben mag – und vielleicht wird er nie ganz zu erfassen sein – scheint die Notwendigkeit für solch einen Glauben grundlegend für die Menschheit zu sein. Auf unserer langen Reise von den Sumerern bis hin in unsere Zeit, wird eine Tatsache deutlich: Der Mensch hat immer zum Himmel aufgeschaut in dem Bemühen, die Bedeutung des Daseins zu verstehen und zu definieren und Vorkehrungen für die Zukunft zu treffen. Da wir uns dem Zeitalter des Wassermanns nähern, das nach Ansicht einiger Astrologen die Zeit des großen geistigen Erwachens bedeutet, gibt es keine Anzeichen dafür, daß diese Suche aufhört.

# Astrologische Tafeln

*Die Planeten, Tierkreiszeichen und Lebensabschnitte, wie sie den einzelnen Häusern entsprechen. Holzschnitt aus dem sechzehnten Jahrhundert.*

Der tüchtige Reklamefachmann ist sich bewußt, daß man sein Sonnenzeichen ebenso kennt wie er das seine, und er benutzt dieses persönliche Wissen, um seine Produkte an den Mann zu bringen. Wenn Sie nun Widder (oder sonst ein Sternbild) sind, könnten Sie verführt werden (abgesehen von den unschätzbaren, glänzenden oder bescheidenen Veröffentlichungen, die Ihnen über Ihren Charakter, Ihr Schicksal, gute und schlechte Tage oder den idealen Partner Auskunft erteilen), Kleider, Kosmetika, Geschirr, Parfums, Schmuck oder Leinen zu kaufen. Und warum sollten diese Dinge nicht mit den Zeichen des Tierkreises versehen sein, ganz speziell für Sie und deshalb auch für alle, die dieses Zeichens sind? Bei dieser Anschauung würde es nur 12 Typen auf der ganzen Welt geben, wenn man bereit wäre, diese Schlußfolgerung zu akzeptieren.

Dennoch, wenn Sie so weit gelesen haben, werden Sie wohl verstehen, ob Sie nun an die Astrologie glauben oder nicht, daß es viel komplizierter ist, sie auf einen höchst vereinfachten, dem 20. Jahrhundert entsprechenden gemeinsamen Nenner zu bringen – und es wäre wohl nicht ganz fair, Sie mit dieser Feststellung ohne Erklärung, warum das alles so sei, allein zu lassen.

Dieses Kapitel versucht, ein allgemeines Bild für die Erstellung von Horoskopen und die Bedeutung, die den Planeten, den Häusern und dem Tierkreis zukommen, zu geben. Für solche, die genügend Interesse zeigen, die Materie auf einem noch höher spezialisierten Niveau weiter zu verfolgen, gibt es viele wertvolle Werke, die speziell dazu dienen, die Prinzipien der Astrologie aufzuzeigen. Eine Auswahl dieser Werke findet man am Ende dieses Buches.

## Erstellung des Horoskops

Jedermann, der Kenntnisse der einfachen Rechenkunst besitzt, kann erlernen, wie man ein Geburtsbild erstellt, indem er den Angaben des entsprechenden Buches genau folgt. Das Horoskop ist nur eine geozentrische Momentaufnahme der Stellung der Sterne zur Zeit der Geburt. Es ist eine andere Sache, in der Lage zu sein, diese mit einigem Erfolg richtig beurteilen zu können. Das verlangt ein gewisses Einfühlungsvermögen und die Fähigkeit, den Sinn und die Aspekte zu verstehen, ohne ständig das Textbuch zu Rate ziehen zu müssen.

Wir wollen einen Vergleich mit der Geographie machen: Sie können wahrscheinlich eine ziemlich genaue Reliefkarte von Südamerika erstellen, wobei Sie die richtigen Namen und die Unterschiede zwischen Hochgebirge und den Ebenen einzeichnen können. Dennoch kann Ihnen nur jemand, der das Land dort erforscht hat und die Menschen dort versteht, ein lebendiges Bild dessen geben, was Ihre Karte darstellen soll. Sonst bleibt es eine Zeichnung auf dem Papier und das Gleiche gilt auch für ein Horoskop ohne die Kunst eines guten Astrologen.

**Stufe 1:** Um ein Horoskop mit einiger Genauigkeit erstellen zu können, benötigt man das Geburtsdatum, die genaue Zeit der Geburt, den Ort der Geburt und dessen Längen- und Breitengrade.

**Stufe 2:** Unerläßliche Ausrüstung: Ein Winkelmesser, ein Lineal und ein Blankoformular für ein Horoskop. Wie die zwölf Häuserverteilungen größenmäßig unterschiedlich sein können, wird später erklärt werden. Wenn Ihnen einfache Geometrie Spaß macht, können Sie gegebenenfalls einen Zirkel verwenden, um Ihr Geburtsbild auf ein einfaches, weißes Stück Papier zu zeichnen. In diesem Fall wäre es ratsam, die zwölf Häuser gleichmäßig aufzuteilen, was übrigens viele Astrologen ohnehin tun. Leihen Sie sich in der Bibliothek oder kaufen Sie in einer einschlägigen Buchhandlung eine Ephemeride, die astronomische Tabelle über die tägliche Stellung der Himmelskörper für das betreffende Jahr (die deutschen Ephemeriden im O. W. Barth-Verlag). In diesen Tafeln findet man die genauen Planetenstellungen für bestimmte Zeiten. Man braucht außerdem eine Tabelle der Häuser – diese kann man meistens am Ende eines Ephemeridenbuchs finden – da die Berechnungen auf den Geburtsort zu beziehen sind. Wahrscheinlich ist es Ihnen jetzt auch klar geworden, warum die Massenhoroskope nicht wirklich korrekt sein können.

**Stufe 3:** In den Ephemeriden schlagen Sie die Sternzeit (Sidereal time = s. t.) für die Mittagsstunde des betreffenden Geburtstages nach. Die Sternzeit ist um einige Minuten kürzer als die 24 Stunden des Sonnen-Uhrtages. Die Differenz zwischen diesen beiden Zeiten ist die «Beschleunigung im Intervall». Da die Ephemeriden nicht für jeden Moment des Tages die Sternzeit geben können, ist dort nur die s. t. für die Mittagsstunde angegeben. Wenn also die Geburt tatsächlich vor Mittag erfolgte, muß man von der s. t. den Unterschied zwischen ihr und der Geburtszeit abziehen (zuzüglich zehn Sekunden für jede Stunde, was ungefähr der «Beschleunigung des Intervall» gleich ist. Wenn die Geburt nach Mittag stattfand, schlägt man die Zeit dazu (zuzüglich der zehn Sekunden je Stunde). Sie haben nun die S. T. (Sternzeit) der Geburt gefunden.

Jetzt kommt aber eines der wirklichen Probleme der Horoskope. Während die meisten Menschen wissen, wo sie geboren sind, wissen nur wenige den genauen Moment der Geburt. Wenige sind genau zur Stunde oder halben Stunde geboren. Um die Dinge noch weiter zu komplizieren, sind die Astrologen unterschiedlicher Meinung, und dies zum Entzücken ihrer Gegner, was eigentlich den genauen Moment der Geburt darstellt. Ist es der erste Schrei des Kleinkindes? Oder wenn die Nabelschnur durchtrennt wird? Oder wenn der Kopf an die Oberfläche tritt, oder das ganze Baby? Oder aber entscheidet sich das Schicksal im Moment der Zeugung? Diese Fragen haben Sterndeuter seit Jahrhunderten sehr beschäftigt und sie haben dabei einen guten «Ausweg» gefunden, wenn einmal eine Deutung völlig unbrauchbar war. Das macht auch die Verallgemeinerung der Schicksale, wie sie in Redewendungen, wie: «Für alle, die unter dem Zeichen des Widder geboren sind» ziemlich lächerlich, da ein Horoskop nicht nur von der genauen Geburtszeit des Menschen, sondern auch von der geographischen Lage des Geburtsortes abhängt. Obwohl Zwillinge zwar den gleichen Geburtsort haben, sichert ihnen der Unterschied der Geburtszeit, wenngleich nur in Minuten, etwas verschiedene Horoskope zu.

**Stufe 4:** Längengrade. Die mittlere Zeit von Greenwich (Greenwich Mean Time, abgekürzt G. M. T.) ist für alle Orte, die am Meridian von Greenwich gelegen sind, verwendbar. Für Orte, die das nicht sind, muß die Ortszeit in G. M. T. umgerechnet werden. Die Grade und Minuten der Längengrade (Ost oder West) müssen mit vier multipliziert werden, um die Minuten und Sekunden zu errechnen. Für Orte, die östlich von Greenwich liegen, müssen diese Werte zur S. T. zugezählt werden, für die westlich von Greenwich gelegenen werden sie abgezogen. Sie haben jetzt die S. T. für die Zeit und den Ort der Geburt.

**Stufe 5:** Genaue Breitegrade. Liegt der Geburtsort nördlich oder südlich des Äquators? Benutzen Sie die Tabelle der Häuser, um festzustellen, welches die berechnete S. T. und die Breitegrade des Geburtsortes sind und welcher Grad des Tierkreises über dem östlichen Horizont aufgeht. Das ist der Ascendent, und in jeder Vierundzwanzigstundenperiode gibt es 360 solcher Möglichkeiten. Nützen Sie den Winkelmesser, um ihn auf dem Blankohoroskop einzuzeichnen. Nehmen Sie das Lineal, um den Punkt, der genau gegenüberliegt, einzuzeichnen; das ist dann der Descendent. Die unschätzbare Tabelle der Häuser liefert auch den dazugehörigen Höhepunkt (Medium Coeli oder M. C.). Halten Sie diesen fest, ziehen Sie eine Linie von dort, teilen Sie damit die Ascendent – Descendentenlinie und dies bis zum Rand des Kreises; dies ist dann der Imum Coeli (I. C.). Jetzt ist Ihre Zeichnung in vier gleiche Quadranten und Winkel geteilt.

**Stufe 6:** Der Ascendent ist der Beginn oder die «Spitze» des ersten Hauses. Um die anderen elf Häusergrenzen auszufüllen, muß man die Tabellen der Häuser zu Rate ziehen, die für die betreffenden Breitegrade zuständig sind. Jetzt sollten Sie die zwölf Tierkreise an den äußeren Rand der Zeichnung einzeichnen. Vergessen Sie nicht, daß deren Begrenzungen nicht mit dem nächsten Umkreis übereinstimmen. Jetzt kommt eine neue Schwierigkeit. Obwohl die meisten Leute wahrscheinlich die Tabellen des Placidus (die nach einem italienischen Astrologen und Astronomen des 17. Jahrhunderts, Placidus de Tito, so genannt werden) vorziehen würden, da sie leicht erhältlich sind, gibt es andere Möglichkeiten, beispielsweise die des Regiomontanus, Campanus und der erst kürzlich von W. A. Koch herausgegebenen Geburtsorthäuser. Diese verschiedenen Methoden ergeben leider nicht die gleichen Resultate, abgesehen davon, daß ihre Anwendung Kenntnisse der Trigonometrie erfordern. Während der Ascendent und das M. C. gleich bleiben, erzeugen die sehr ungleichen Unterteilungen unterschiedliche Horoskope.

**Stufe 7:** Jetzt ist Ihre Tabelle für die Einzeichnung der Planeten bereit. Sie benötigen die Ephemeriden, um

*Astrologen, wie sie ein Horoskop für ein eben zur Welt kommendes Kind (im Vordergrund) erstellen. Von Jacob Rueff's «De conceptu et generatione hominis» (Frankfurt a/Main, 1587). E. P. Goldschmidt und Co Ltd.*

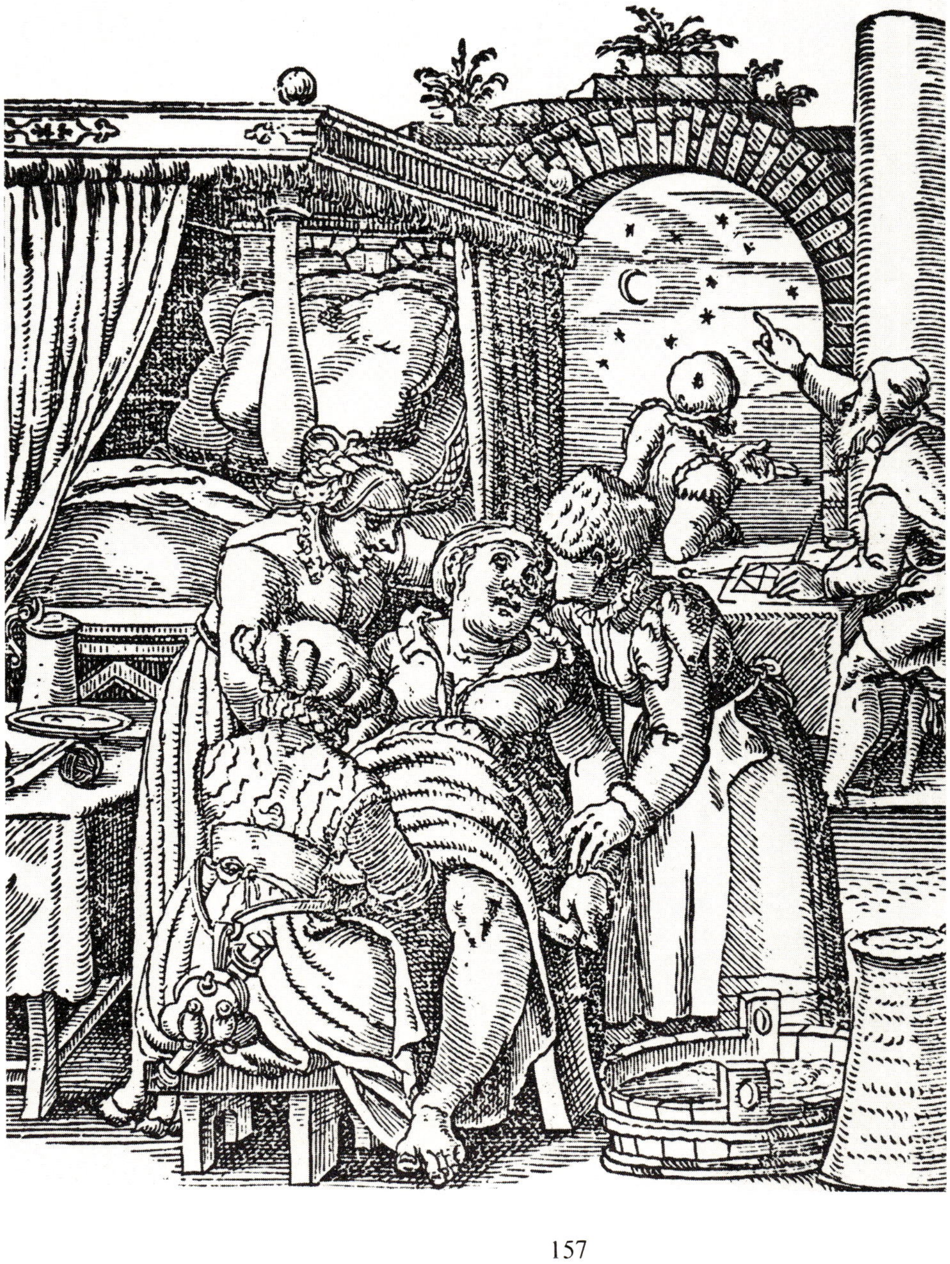

die Planeten zu finden. Mit Saturn, Uranus, Neptun, Jupiter und Pluto gibt es keine Probleme, da sie sich nur langsam fortbewegen. Stellen Sie nur fest, wo sie sich am Tage der Geburt zu Mittag befanden und zeichnen Sie diesen Stand ein. Unangenehmerweise für die, welche Berechnungen nicht lieben, bewegen sich Venus, Merkur, Sonne und Mond aber sehr schnell, so daß ihre Positionen gewisse Berichtigungen erfahren müssen, zwischen Mittag und der tatsächlichen Geburtszeit. Ziehen Sie für Geburten, die vor Mittag stattfanden, die Bewegungen des Planeten vom Vortag zu Rate, sonst stellen Sie fest, wo sie am Tage der Geburt lagen. Am Ende der Ephemeriden gibt es Tages-Logarithmentafeln. Man stellt den Logarithmus für die Bewegung der Planeten folgendermaßen fest: Man sucht entlang der betreffenden Stunden oder Grade die richtige Zahl der Stunden und in senkrechter Weise die Minuten; wo sich diese beiden Zahlen treffen, ist der logarithmische Wert der Planetenbewegung. Gleicherweise verfährt man mit dem Aufsuchen des Logarithmus für die Geburtsstunde. Beide logarithmischen Zahlen werden addiert und der so gefundene Wert wieder in Stunden (Grad) und Minuten von der Tabelle abgelesen. Dieser Wert wird zur Mittagsposition des Planeten hinzugezählt, wie dies in den Ephemeriden angegeben ist. Jetzt haben wir die genaue Stellung zur Zeit der Geburt. Man vergesse nicht, Greenwich S. T. in Orts-S. T. umzuwandeln. In den Tabellen sind manche Planeten mit einem «R» gekennzeichnet. Das bedeutet «rückläufig» (d. h. daß es infolge der Bewegung der Erde den Anschein hat, als bewegten sich diese Planeten im Tierkreis rückwärts). In einem solchen Fall muß man den für die Bewegung im Intervall gefundenen Wert von der Stellung des Planeten zu Mittag abziehen.

Bei den sich nur langsam bewegenden Planeten können große Aspekte nur sehr selten auftreten. Während eines Zeitraums von fünf Jahren legt Saturn nur sechzig Grade zurück, Neptun nur zehn, Pluto acht und Uranus zwanzig Grade. In dieser Zeit hat die Sonne 1800 Grade zurückgelegt und der Mond hat seine Reise rund sechzig Mal gemacht. Die Konjunktionen von Sonne und Mond werden also monatlich stattfinden und die sich schnell bewegenden Planeten werden regelmäßig neue Aspekte zeigen, während sich eine Konjunktion Saturn-Jupiter höchstens alle 20 000 Jahre ereignet.

Offensichtlich bedeutet dies, daß jedermann, unabhängig davon, wann sein Geburtsmonat innerhalb eines Jahres auch sein möge, vier Planeten in ähnlicher Position in seinem Horoskop haben wird. Mit der Ausnahme des Mondes, der alle zwei oder drei Tage von einem Tierkreiszeichen zum anderen wandert, ändern sich die Aspekte der anderen Planeten während der Woche nicht besonders stark, selbst wenn sich der eine oder andere auf das nächste Tierkreiszeichen hinbewegt.

Wenn man ein Horoskop für jemanden, der auf der südlichen Hemisphäre lebt, erstellen will, muß man folgende zwei Punkte beachten: Es gibt keine Tabellen der Häuser für diese Breitegrade, der Ascendent wird also das Zeichen des Tierkreises sein, das genau gegenüber jenem liegt, das auf der nördlichen Halbkugel in den Tabellen angegeben ist; man muß zwölf Stunden zur S. T., die für die Geburtsstunde berechnet wurde, hinzuzählen. Das macht den Unterschied für die S. T. auf südlichen Breiten wett. Im übrigen muß man, wenn die Berechnungen fertig sind, wieder vierundzwanzig Stunden abziehen, um den Zeitpunkt in den Rahmen eines Vierundzwanzig-Stundentages zu bringen.

**Stufe 8:** Jetzt könnte das Horoskop bereit sein, interpretiert zu werden, und da entstehen die hauptsächlichen Schwierigkeiten. Die meisten Astrologen gründen ihre Deutungen auf die Tradition und deshalb auf seit langem akzeptierten Werten, wie sie in der umfangreichen, einschlägigen Literatur, die ständig wächst, gefunden werden können. Viele dieser Werke sind mehr aus verschiedenen Texten zusammengesetzt, als daß sie eigene Anschauungen zeigen, doch die grundlegenden Begriffe sind meistens nicht sonderlich verändert, obwohl bemerkt werden muß, daß deren Inhalt sprachlich auf den neuesten Stand gebracht wurden. Es darf nicht außer acht gelassen werden, daß die Bedeutungen aus alten Zeiten manchmal anders gesehen werden müssen, um den neuesten Gegebenheiten und Entdeckungen des neunzehnten und zwanzigsten Jahrhunderts zu entsprechen. Manche Autoren sind geneigt, gewisse Theorien oder wenigstens deren Darstellungen zu verunglimpfen, währen sie die Werke derer, die vor ihnen wirkten, zwar anerkennen, dem Leser aber in geradezu spitzfindiger Weise vorschlagen, ihre modernere Anschauungsweise zu akzeptieren. Das bedeutet aber, daß der überzeugte Astrologiestudent sich durch all diese «astrologischen

Kochbücher» hindurcharbeiten muß, damit sich ihm die Bedeutung jedes Planeten, Tierkreiszeichens, Hauses oder Aspekts richtig einprägt.

Dennoch sind, selbst wenn man diese Vielfalt von Bedeutungen voll meistert, noch viele andere Probleme zu bewältigen. So sind sich zum Beispiel die Gelehrten über die Deutung der Aspekte keineswegs völlig einig. Man muß die drei- und manchmal auch vierfachen Möglichkeiten in Betracht zu ziehen wissen: So kann eine Anhäufung von Planeten einem Menschen einen unausgeglichenen Charakter geben. Es ist auch wichtig, ob mehr Planeten im Westen, Osten oder unterhalb der Ascendenten-Descendenten-Linie gelegen sind. Man muß sich die traditionellen Tierkreis- und Planeten-Typen merken können. Obwohl die Mehrzahl der Menschen «gemischt» sind, behaupten einige ernst zu nehmende Astrologen, daß viele Individuen als «reine» Typen eingeteilt werden könnten. Diese Astrologen erheben Anspruch darauf, deren Sonnenzeichen und Ascendenten feststellen zu können, ohne erst Fragen über ihre Geburtsdaten stellen zu müssen.

Trotz dieser Komplikationen und Zweideutigkeiten ist es erstaunlich, eine solche Vielzahl von Anleitungen zu finden, die die Selbstlernmethode propagieren. Unbekümmert geben sie nicht mehr als die anerkannten Bedeutungen preis, ohne auch nur annähernd die bestehenden Probleme zu erwähnen. Die Gegner können über die Prinzipien dieser Wissenschaft und deren Ungenauigkeiten spötteln und damit gegen die Astrologie sprechen. Es gibt aber eine beachtliche Anzahl von Fällen, wo sich die Auslegungen und voraussagenden Deutungen von Horoskopen als sehr genau erwiesen haben. Es scheint höchst unwahrscheinlich, dies alles

*Ein französischer Stich aus dem siebzehnten Jahrhundert, der den Einfluß des Mondes auf die Frauen zeigt. Der Menstrualzyklus der Frauen und damit deren Stimmungen werden seit altersher mit dem Mond in Zusammenhang gebracht.*

*Ein Blankoformular eines Horoskops, das die zwölf gleichen Häuser zeigt.*

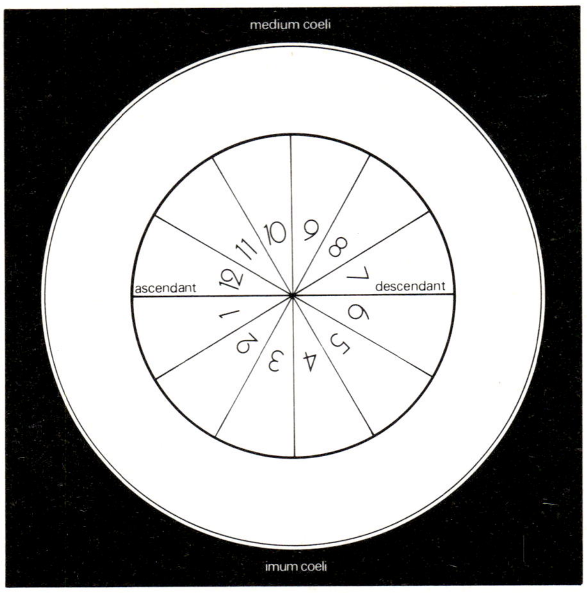


als reinen Zufall abzutun. Eher kann man annehmen, daß es sich hier um eine Mischung von kluger Deutung und der intuitiven Kräfte eines guten Astrologen handelt.

Während es nicht allzu schwer fällt, eine Geburtstabelle zu erstellen, von der der Betreffende aus der Vielzahl der gegebenen Erklärungen gewisse wahre Charakterzüge herauszudeuten imstande wäre, ist die Aufgabe, die Zukunft zu deuten, ein viel gewagteres Unterfangen, das viele Ungenauigkeiten offen läßt. Und trotzdem ist ja meistens dies der Hauptgrund, weswegen die Menschen Astrologen zu Rate ziehen. Gute moderne Praktiker ziehen es daher vor, prophetische Tabellen zu erstellen, die meistens so gemacht werden, daß man die Methode des «Tages für das Jahr» in Anwendung bringt, indem man das Horoskop in die Zukunft projiziert. Das heißt aber: Wenn jemand wissen will, was passieren wird, wenn er oder sie dreißig Jahre alt sein werden, man einfach ein Horoskop für den dreißigsten Tag nach der Geburt

FULL MOON—June 12, 4*h.* 15*m.* *a.m.*

*EPHEMERIS*] **JUNE, 1976** 13

| D M | Venus. Lat. ° ′ | Venus. Dec. ° ′ | Venus. Dec. ° ′ | Mercury. Lat. ° ′ | Mercury. Dec. ° ′ | Mercury. Dec. ° ′ | ☽ Node. ° ′ |
|---|---|---|---|---|---|---|---|
| 1 | 0 S 24 | 21 N 1 | 21 N15 | 3 S 44 | 15 N23 | 15 N18 | 11 ♏ 11 |
| 3 | 0 19 | 21 29 | 21 43 | 3 54 | 15 14 | 15 13 | 11 5 |
| 5 | 0 15 | 21 55 | 22 7 | 4 0 | 15 14 | 15 17 | 10 59 |
| 7 | 0 10 | 22 19 | 22 30 | 4 1 | 15 22 | 15 28 | 10 52 |
| 9 | 0 S 5 | 22 40 | 22 49 | 3 59 | 15 37 | 15 47 | 10 46 |
| 11 | 0 0 | 22 58 | 23 6 | 3 52 | 15 59 | 16 13 | 10 39 |
| 13 | 0 N 4 | 23 14 | 23 21 | 3 43 | 16 28 | 16 44 | 10 33 |
| 15 | 0 9 | 23 27 | 23 32 | 3 30 | 17 2 | 17 20 | 10 27 |
| 17 | 0 14 | 23 37 | 23 41 | 3 15 | 17 40 | 18 0 | 10 20 |
| 19 | 0 18 | 23 45 | 23 47 | 2 58 | 18 21 | 18 43 | 10 14 |
| 21 | 0 23 | 23 49 | 23 51 | 2 38 | 19 5 | 19 27 | 10 8 |
| 23 | 0 28 | 23 51 | 23 51 | 2 17 | 19 50 | 20 12 | 10 1 |
| 25 | 0 32 | 23 50 | 23 49 | 1 55 | 20 35 | 20 57 | 9 55 |
| 27 | 0 36 | 23 47 | 23 N44 | 1 32 | 21 18 | 21 N39 | 9 49 |
| 29 | 0 41 | 23 40 | — | 1 7 | 21 59 | — | 9 42 |
| 30 | 0 N43 | 23 N36 | | 0 S 55 | 22 N18 | | 9 ♏ 39 |

Mutual Aspects.

1. ♂ ✱ ♇. 2. ☿ Stat.
3. ☉ ☍ ♆. ♀ ± ♅, △ ♇.
5. ☉ ∠ ♄. ♀ ✱ ♂.
6. ♀ ☍ ♆.
7. ☉ ⊻ ♃. ♂ △ ♆.
8. ♀ ∠ ♄. 9. ☉ ⚼ ♅.
10. ♀ ⊻ ♃. 11. ♀ ⚼ ♅.
12. ♅ P ♇.
13. ☉ P ♀. ☿ P ♃.
15. ☿ P ♂, ✱ ♄.
16. ☉ ⊥ ♃, ⊥ ♄. ♀ ⊥ ♃, ⊥ [♄. ♅ P ♇.
17. ☿ ∇ ♅. ♂ P ♃. ♃ Q ♄.
18. ☉ ☌ ♀. ♇ Stat.
19. ♂ □ ♃. 21. ☿ △ ♇.
22. ☿ Q ♂, ± ♅. ♀ ⊻ ♄. ♂ [Q ♅.
23. ☉ ⊻ ♄. ♀ △ ♅.
24. ☉ △ ♅. ☿ P ♄, ☍ ♆.
25. ☿ P ♆. ♀ ∠ ♃.
26. ♂ ∠ ♇.
27. ☿ ∠ ♄. ♀ □ ♇.
28. ☉ ∠ ♃. ☿ ⚼ ♅. ♀ ∠ ♂.
30. ☉ □ ♇. ☿ ⊻ ♃. ♀ ∇ ♆.

| D M | ♆ Long. ° ′ | ♅ Long. ° ′ | ♄ Long. ° ′ | ♃ Long. ° ′ | ♂ Long. ° ′ | ♀ Long. ° ′ | ☿ Long. ° ′ | Lunar Aspects. ☉ | ♇ | ♆ | ♅ | ♄ | ♃ | ♂ | ♀ | ☿ |
|---|---|---|---|---|---|---|---|---|---|---|---|---|---|---|---|---|
| 1 | 12 ♐ 39 | 3 ♏ 41 | 29 ♋ 37 | 15 ♉ 48 | 9 ♌ 5 | 6 ♊ 34 | 24 ♉ 58 | ∠ | | | | | ✱ | | ∠ | ✱ |
| 2 | 12 ℞37 | 3 ℞39 | 29 43 | 16 2 | 9 39 | 7 48 | 24 D58 | | ✱ | ⚼ | □ | ☌ | | ☌ | ✱ | |
| 3 | 12 35 | 3 37 | 29 49 | 16 15 | 10 14 | 9 1 | 25 2 | ✱ | ∠ | △ | | | □ | | | |
| 4 | 12 34 | 3 36 | 29 ♋ 56 | 16 29 | 10 49 | 10 15 | 25 10 | | | | ✱ | ⊻ | | | | □ |
| 5 | 12 32 | 3 34 | 0 ♌ 2 | 16 42 | 11 23 | 11 29 | 25 24 | □ | ⊻ | □ | ∠ | ∠ | △ | ⊻ | □ | |
| 𝔖 | 12 30 | 3 32 | 0 8 | 16 56 | 11 58 | 12 42 | 25 41 | | | | ⊻ | ✱ | ⚼ | ∠ | | △ |
| 7 | 12 29 | 3 31 | 0 14 | 17 9 | 12 33 | 13 56 | 26 3 | △ | ☌ | ✱ | | | | ✱ | △ | ⚼ |
| 8 | 12 27 | 3 29 | 0 21 | 17 22 | 13 8 | 15 10 | 26 30 | ⚼ | | ∠ | ☌ | □ | | | ⚼ | |
| 9 | 12 26 | 3 27 | 0 27 | 17 36 | 13 43 | 16 23 | 27 0 | | ⊻ | ⊻ | | | ☍ | □ | | |
| 10 | 12 24 | 3 26 | 0 34 | 17 49 | 14 17 | 17 37 | 27 35 | | ∠ | | ⊻ | △ | | | | ☍ |
| 11 | 12 22 | 3 24 | 0 40 | 18 2 | 14 52 | 18 51 | 28 15 | | ✱ | ● | ∠ | ⚼ | | △ | | |
| 12 | 12 21 | 3 23 | 0 47 | 18 15 | 15 27 | 20 5 | 28 58 | ☍ | | | | | | ⚼ | ☍ | |
| 𝔖 | 12 19 | 3 22 | 0 53 | 18 28 | 16 3 | 21 18 | 29 ♉ 45 | | □ | ⊻ | ✱ | | ⚼ | | | ⚼ |
| 14 | 12 18 | 3 20 | 1 0 | 18 41 | 16 38 | 22 32 | 0 ♊ 36 | | | ∠ | | | △ | | | |
| 15 | 12 16 | 3 19 | 1 7 | 18 54 | 17 13 | 23 46 | 1 31 | ⚼ | △ | ✱ | □ | ☍ | | | ⚼ | △ |
| 16 | 12 15 | 3 18 | 1 13 | 19 7 | 17 48 | 24 59 | 2 29 | △ | ⚼ | | | | □ | ☍ | △ | |
| 17 | 12 13 | 3 16 | 1 20 | 19 19 | 18 23 | 26 13 | 3 32 | | | | △ | | | | | □ |
| 18 | 12 11 | 3 15 | 1 27 | 19 32 | 18 59 | 27 27 | 4 38 | | | □ | ⚼ | ⚼ | ✱ | | | |
| 19 | 12 10 | 3 14 | 1 34 | 19 45 | 19 34 | 28 40 | 5 47 | □ | | | | △ | | | □ | |
| 𝔖 | 12 8 | 3 13 | 1 41 | 19 57 | 20 9 | 29 ♊ 54 | 7 0 | | ☍ | △ | | | ∠ | ⚼ | | ✱ |
| 21 | 12 7 | 3 12 | 1 48 | 20 10 | 20 45 | 1 ♋ 8 | 8 17 | | | ⚼ | | | ⊻ | △ | | ∠ |
| 22 | 12 5 | 3 11 | 1 55 | 20 22 | 21 20 | 2 22 | 9 37 | ✱ | | | ☍ | □ | | | | |
| 23 | 12 4 | 3 10 | 2 2 | 20 35 | 21 [illegible] | [illegible] | [illegible] | ∠ | | | | | | | | |
| [illegible] | [illegible] | 3 9 | [illegible] | [illegible] | [illegible] | [illegible] | [illegible] | | | | | | | | | |

*Auszug aus Raphaels «Ephemeriden für 1976». Es zeigt die Längengrade der Planeten und die Sternzeiten (S. T.) für die Mittagsstunde an jedem Tag des Juni 1976.*

erstellt, indem man die Ephemeriden und die Tabellen der Häuser für diesen Tag erstellt und entsprechend abliest.

## Die zwölf Häuser

Die Häuser bleiben stets in der gleichen Position und werden im entgegengesetzten Sinn des Uhrzeigers von eins bis zwölf gelesen; man beginnt im Osten, sodaß der Ascendent immer im ersten Haus ist.
**Erstes Haus:** Es beschreibt den allgemeinen Charakter des Menschen, seine Erscheinung, Gesundheit und wie er oder sie im Leben reagieren. Raphael sagt hierzu: «. . . trägt Bedeutung . . . für den, der eine Frage stellt oder sein Horoskop erstellt . . . alle diese Fragen werden durch dieses Haus gelöst, das sich auf Krankheit, Gesundheit oder langes Leben bezieht . . .».
**Zweites Haus:** Dieses beschreibt Besitz und Geld. Raphael sagt dazu: «Bei Rechtsstreitigkeiten oder Ver-

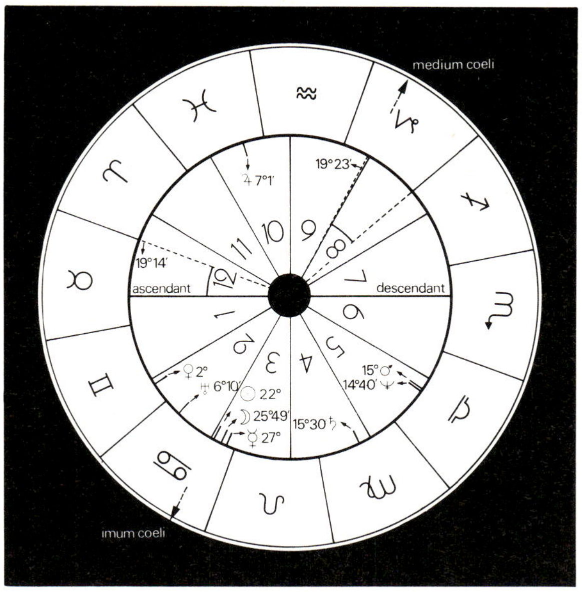


*Diagramm eines erstellten Horoskops für jemanden, der am 15. Juli 1950 in Manchester geboren wurde.*

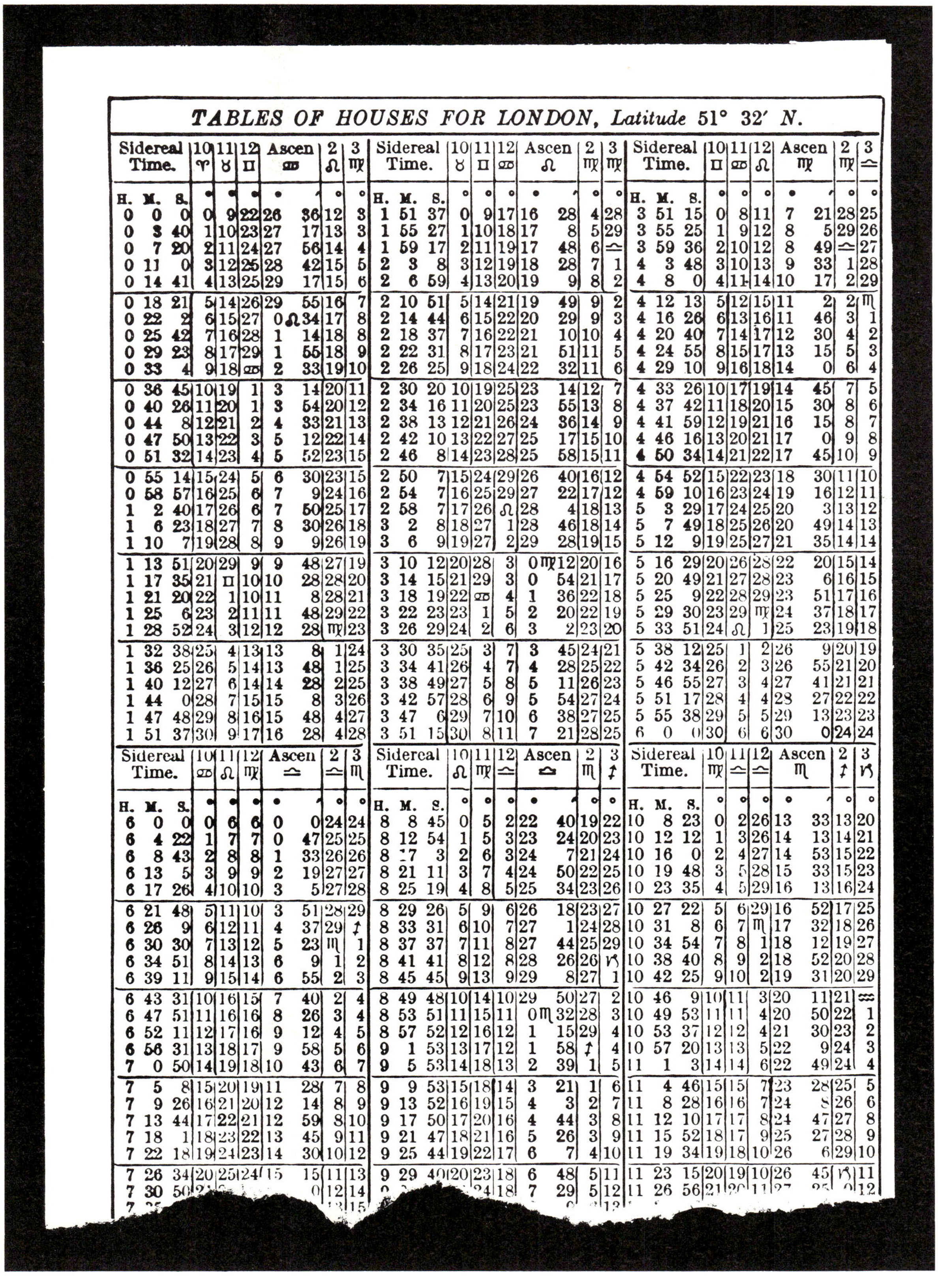

TABLES OF HOUSES FOR LONDON, *Latitude* 51° 32′ N.

| Sidereal Time H. | M. | S. | 10 ♈ ° | 11 ♉ ° | 12 ♊ ° | Ascen ♋ ° | ′ | 2 ♌ ° | 3 ♍ ° |
|---|---|---|---|---|---|---|---|---|---|
| 0 | 0 | 0 | 0 | 9 | 22 | 26 | 36 | 12 | 3 |
| 0 | 3 | 40 | 1 | 10 | 23 | 27 | 17 | 13 | 3 |
| 0 | 7 | 20 | 2 | 11 | 24 | 27 | 56 | 14 | 4 |
| 0 | 11 | 0 | 3 | 12 | 25 | 28 | 42 | 15 | 5 |
| 0 | 14 | 41 | 4 | 13 | 25 | 29 | 17 | 15 | 6 |
| 0 | 18 | 21 | 5 | 14 | 26 | 29 | 55 | 16 | 7 |
| 0 | 22 | 2 | 6 | 15 | 27 | 0 ♌ | 34 | 17 | 8 |
| 0 | 25 | 42 | 7 | 16 | 28 | 1 | 14 | 18 | 8 |
| 0 | 29 | 23 | 8 | 17 | 29 | 1 | 55 | 18 | 9 |
| 0 | 33 | 4 | 9 | 18 | ♋ | 2 | 33 | 19 | 10 |
| 0 | 36 | 45 | 10 | 19 | 1 | 3 | 14 | 20 | 11 |
| 0 | 40 | 26 | 11 | 20 | 1 | 3 | 54 | 20 | 12 |
| 0 | 44 | 8 | 12 | 21 | 2 | 4 | 33 | 21 | 13 |
| 0 | 47 | 50 | 13 | 22 | 3 | 5 | 12 | 22 | 14 |
| 0 | 51 | 32 | 14 | 23 | 4 | 5 | 52 | 23 | 15 |
| 0 | 55 | 14 | 15 | 24 | 5 | 6 | 30 | 23 | 15 |
| 0 | 58 | 57 | 16 | 25 | 6 | 7 | 9 | 24 | 16 |
| 1 | 2 | 40 | 17 | 26 | 6 | 7 | 50 | 25 | 17 |
| 1 | 6 | 23 | 18 | 27 | 7 | 8 | 30 | 26 | 18 |
| 1 | 10 | 7 | 19 | 28 | 8 | 9 | 9 | 26 | 19 |
| 1 | 13 | 51 | 20 | 29 | 9 | 9 | 48 | 27 | 19 |
| 1 | 17 | 35 | 21 | ♊ | 10 | 10 | 28 | 28 | 20 |
| 1 | 21 | 20 | 22 | 1 | 10 | 11 | 8 | 28 | 21 |
| 1 | 25 | 6 | 23 | 2 | 11 | 11 | 48 | 29 | 22 |
| 1 | 28 | 52 | 24 | 3 | 12 | 12 | 28 | ♍ | 23 |
| 1 | 32 | 38 | 25 | 4 | 13 | 13 | 8 | 1 | 24 |
| 1 | 36 | 25 | 26 | 5 | 14 | 13 | 48 | 1 | 25 |
| 1 | 40 | 12 | 27 | 6 | 14 | 14 | 28 | 2 | 25 |
| 1 | 44 | 0 | 28 | 7 | 15 | 15 | 8 | 3 | 26 |
| 1 | 47 | 48 | 29 | 8 | 16 | 15 | 48 | 4 | 27 |
| 1 | 51 | 37 | 30 | 9 | 17 | 16 | 28 | 4 | 28 |

| Sidereal Time H. | M. | S. | 10 ♉ ° | 11 ♊ ° | 12 ♋ ° | Ascen ♌ ° | ′ | 2 ♍ ° | 3 ♍ ° |
|---|---|---|---|---|---|---|---|---|---|
| 1 | 51 | 37 | 0 | 9 | 17 | 16 | 28 | 4 | 28 |
| 1 | 55 | 27 | 1 | 10 | 18 | 17 | 8 | 5 | 29 |
| 1 | 59 | 17 | 2 | 11 | 19 | 17 | 48 | 6 | ♎ |
| 2 | 3 | 8 | 3 | 12 | 19 | 18 | 28 | 7 | 1 |
| 2 | 6 | 59 | 4 | 13 | 20 | 19 | 9 | 8 | 2 |
| 2 | 10 | 51 | 5 | 14 | 21 | 19 | 49 | 9 | 2 |
| 2 | 14 | 44 | 6 | 15 | 22 | 20 | 29 | 9 | 3 |
| 2 | 18 | 37 | 7 | 16 | 22 | 21 | 10 | 10 | 4 |
| 2 | 22 | 31 | 8 | 17 | 23 | 21 | 51 | 11 | 5 |
| 2 | 26 | 25 | 9 | 18 | 24 | 22 | 32 | 11 | 6 |
| 2 | 30 | 20 | 10 | 19 | 25 | 23 | 14 | 12 | 7 |
| 2 | 34 | 16 | 11 | 20 | 25 | 23 | 55 | 13 | 8 |
| 2 | 38 | 13 | 12 | 21 | 26 | 24 | 36 | 14 | 9 |
| 2 | 42 | 10 | 13 | 22 | 27 | 25 | 17 | 15 | 10 |
| 2 | 46 | 8 | 14 | 23 | 28 | 25 | 58 | 15 | 11 |
| 2 | 50 | 7 | 15 | 24 | 29 | 26 | 40 | 16 | 12 |
| 2 | 54 | 7 | 16 | 25 | 29 | 27 | 22 | 17 | 12 |
| 2 | 58 | 7 | 17 | 26 | ♌ | 28 | 4 | 18 | 13 |
| 3 | 2 | 8 | 18 | 27 | 1 | 28 | 46 | 18 | 14 |
| 3 | 6 | 9 | 19 | 27 | 2 | 29 | 28 | 19 | 15 |
| 3 | 10 | 12 | 20 | 28 | 3 | 0 ♍ | 12 | 20 | 16 |
| 3 | 14 | 15 | 21 | 29 | 3 | 0 | 54 | 21 | 17 |
| 3 | 18 | 19 | 22 | ♋ | 4 | 1 | 36 | 22 | 18 |
| 3 | 22 | 23 | 23 | 1 | 5 | 2 | 20 | 22 | 19 |
| 3 | 26 | 29 | 24 | 2 | 6 | 3 | 2 | 23 | 20 |
| 3 | 30 | 35 | 25 | 3 | 7 | 3 | 45 | 24 | 21 |
| 3 | 34 | 41 | 26 | 4 | 7 | 4 | 28 | 25 | 22 |
| 3 | 38 | 49 | 27 | 5 | 8 | 5 | 11 | 26 | 23 |
| 3 | 42 | 57 | 28 | 6 | 9 | 5 | 54 | 27 | 24 |
| 3 | 47 | 6 | 29 | 7 | 10 | 6 | 38 | 27 | 25 |
| 3 | 51 | 15 | 30 | 8 | 11 | 7 | 21 | 28 | 25 |

| Sidereal Time H. | M. | S. | 10 ♊ ° | 11 ♋ ° | 12 ♌ ° | Ascen ♍ ° | ′ | 2 ♍ ° | 3 ♎ ° |
|---|---|---|---|---|---|---|---|---|---|
| 3 | 51 | 15 | 0 | 8 | 11 | 7 | 21 | 28 | 25 |
| 3 | 55 | 25 | 1 | 9 | 12 | 8 | 5 | 29 | 26 |
| 3 | 59 | 36 | 2 | 10 | 12 | 8 | 49 | ♎ | 27 |
| 4 | 3 | 48 | 3 | 10 | 13 | 9 | 33 | 1 | 28 |
| 4 | 8 | 0 | 4 | 11 | 14 | 10 | 17 | 2 | 29 |
| 4 | 12 | 13 | 5 | 12 | 15 | 11 | 2 | 2 | ♏ |
| 4 | 16 | 26 | 6 | 13 | 16 | 11 | 46 | 3 | 1 |
| 4 | 20 | 40 | 7 | 14 | 17 | 12 | 30 | 4 | 2 |
| 4 | 24 | 55 | 8 | 15 | 17 | 13 | 15 | 5 | 3 |
| 4 | 29 | 10 | 9 | 16 | 18 | 14 | 0 | 6 | 4 |
| 4 | 33 | 26 | 10 | 17 | 19 | 14 | 45 | 7 | 5 |
| 4 | 37 | 42 | 11 | 18 | 20 | 15 | 30 | 8 | 6 |
| 4 | 41 | 59 | 12 | 19 | 21 | 16 | 15 | 8 | 7 |
| 4 | 46 | 16 | 13 | 20 | 21 | 17 | 0 | 9 | 8 |
| 4 | 50 | 34 | 14 | 21 | 22 | 17 | 45 | 10 | 9 |
| 4 | 54 | 52 | 15 | 22 | 23 | 18 | 30 | 11 | 10 |
| 4 | 59 | 10 | 16 | 23 | 24 | 19 | 16 | 12 | 11 |
| 5 | 3 | 29 | 17 | 24 | 25 | 20 | 3 | 13 | 12 |
| 5 | 7 | 49 | 18 | 25 | 26 | 20 | 49 | 14 | 13 |
| 5 | 12 | 9 | 19 | 25 | 27 | 21 | 35 | 14 | 14 |
| 5 | 16 | 29 | 20 | 26 | 28 | 22 | 20 | 15 | 14 |
| 5 | 20 | 49 | 21 | 27 | 28 | 23 | 6 | 16 | 15 |
| 5 | 25 | 9 | 22 | 28 | 29 | 23 | 51 | 17 | 16 |
| 5 | 29 | 30 | 23 | 29 | ♍ | 24 | 37 | 18 | 17 |
| 5 | 33 | 51 | 24 | ♌ | 1 | 25 | 23 | 19 | 18 |
| 5 | 38 | 12 | 25 | 1 | 2 | 26 | 9 | 20 | 19 |
| 5 | 42 | 34 | 26 | 2 | 3 | 26 | 55 | 21 | 20 |
| 5 | 46 | 55 | 27 | 3 | 4 | 27 | 41 | 21 | 21 |
| 5 | 51 | 17 | 28 | 4 | 4 | 28 | 27 | 22 | 22 |
| 5 | 55 | 38 | 29 | 5 | 5 | 29 | 13 | 23 | 23 |
| 6 | 0 | 0 | 30 | 6 | 6 | 30 | 0 | 24 | 24 |

| Sidereal Time H. | M. | S. | 10 ♋ ° | 11 ♌ ° | 12 ♍ ° | Ascen ♎ ° | ′ | 2 ♎ ° | 3 ♏ ° |
|---|---|---|---|---|---|---|---|---|---|
| 6 | 0 | 0 | 0 | 6 | 6 | 0 | 0 | 24 | 24 |
| 6 | 4 | 22 | 1 | 7 | 7 | 0 | 47 | 25 | 25 |
| 6 | 8 | 43 | 2 | 8 | 8 | 1 | 33 | 26 | 26 |
| 6 | 13 | 5 | 3 | 9 | 9 | 2 | 19 | 27 | 27 |
| 6 | 17 | 26 | 4 | 10 | 10 | 3 | 5 | 27 | 28 |
| 6 | 21 | 48 | 5 | 11 | 10 | 3 | 51 | 28 | 29 |
| 6 | 26 | 9 | 6 | 12 | 11 | 4 | 37 | 29 | ♐ |
| 6 | 30 | 30 | 7 | 13 | 12 | 5 | 23 | ♏ | 1 |
| 6 | 34 | 51 | 8 | 14 | 13 | 6 | 9 | 1 | 2 |
| 6 | 39 | 11 | 9 | 15 | 14 | 6 | 55 | 2 | 3 |
| 6 | 43 | 31 | 10 | 16 | 15 | 7 | 40 | 2 | 4 |
| 6 | 47 | 51 | 11 | 16 | 16 | 8 | 26 | 3 | 4 |
| 6 | 52 | 11 | 12 | 17 | 16 | 9 | 12 | 4 | 5 |
| 6 | 56 | 31 | 13 | 18 | 17 | 9 | 58 | 5 | 6 |
| 7 | 0 | 50 | 14 | 19 | 18 | 10 | 43 | 6 | 7 |
| 7 | 5 | 8 | 15 | 20 | 19 | 11 | 28 | 7 | 8 |
| 7 | 9 | 26 | 16 | 21 | 20 | 12 | 14 | 8 | 9 |
| 7 | 13 | 44 | 17 | 22 | 21 | 12 | 59 | 8 | 10 |
| 7 | 18 | 1 | 18 | 23 | 22 | 13 | 45 | 9 | 11 |
| 7 | 22 | 18 | 19 | 24 | 23 | 14 | 30 | 10 | 12 |
| 7 | 26 | 34 | 20 | 25 | 24 | 15 | 15 | 11 | 13 |
| 7 | 30 | 50 | [illegible] | [illegible] | [illegible] | [illegible] | 0 | 12 | 14 |
| 7 | [illegible] | [illegible] | [illegible] | [illegible] | [illegible] | [illegible] | [illegible] | [illegible] | 15 |

| Sidereal Time H. | M. | S. | 10 ♌ ° | 11 ♍ ° | 12 ♎ ° | Ascen ♎ ° | ′ | 2 ♏ ° | 3 ♐ ° |
|---|---|---|---|---|---|---|---|---|---|
| 8 | 8 | 45 | 0 | 5 | 2 | 22 | 40 | 19 | 22 |
| 8 | 12 | 54 | 1 | 5 | 3 | 23 | 24 | 20 | 23 |
| 8 | 17 | 3 | 2 | 6 | 3 | 24 | 7 | 21 | 24 |
| 8 | 21 | 11 | 3 | 7 | 4 | 24 | 50 | 22 | 25 |
| 8 | 25 | 19 | 4 | 8 | 5 | 25 | 34 | 23 | 26 |
| 8 | 29 | 26 | 5 | 9 | 6 | 26 | 18 | 23 | 27 |
| 8 | 33 | 31 | 6 | 10 | 7 | 27 | 1 | 24 | 28 |
| 8 | 37 | 37 | 7 | 11 | 8 | 27 | 44 | 25 | 29 |
| 8 | 41 | 41 | 8 | 12 | 8 | 28 | 26 | 26 | ♑ |
| 8 | 45 | 45 | 9 | 13 | 9 | 29 | 8 | 27 | 1 |
| 8 | 49 | 48 | 10 | 14 | 10 | 29 | 50 | 27 | 2 |
| 8 | 53 | 51 | 11 | 15 | 11 | 0 ♏ | 32 | 28 | 3 |
| 8 | 57 | 52 | 12 | 16 | 12 | 1 | 15 | 29 | 4 |
| 9 | 1 | 53 | 13 | 17 | 12 | 1 | 58 | ♐ | 4 |
| 9 | 5 | 53 | 14 | 18 | 13 | 2 | 39 | 1 | 5 |
| 9 | 9 | 53 | 15 | 18 | 14 | 3 | 21 | 1 | 6 |
| 9 | 13 | 52 | 16 | 19 | 15 | 4 | 3 | 2 | 7 |
| 9 | 17 | 50 | 17 | 20 | 16 | 4 | 44 | 3 | 8 |
| 9 | 21 | 47 | 18 | 21 | 16 | 5 | 26 | 3 | 9 |
| 9 | 25 | 44 | 19 | 22 | 17 | 6 | 7 | 4 | 10 |
| 9 | 29 | 40 | 20 | 23 | 18 | 6 | 48 | 5 | 11 |
| [illegible] | [illegible] | [illegible] | [illegible] | 24 | 18 | 7 | 29 | 5 | 12 |
| [illegible] | [illegible] | [illegible] | [illegible] | [illegible] | [illegible] | [illegible] | [illegible] | [illegible] | 13 |

| Sidereal Time H. | M. | S. | 10 ♍ ° | 11 ♎ ° | 12 ♎ ° | Ascen ♏ ° | ′ | 2 ♐ ° | 3 ♑ ° |
|---|---|---|---|---|---|---|---|---|---|
| 10 | 8 | 23 | 0 | 2 | 26 | 13 | 33 | 13 | 20 |
| 10 | 12 | 12 | 1 | 3 | 26 | 14 | 13 | 14 | 21 |
| 10 | 16 | 0 | 2 | 4 | 27 | 14 | 53 | 15 | 22 |
| 10 | 19 | 48 | 3 | 5 | 28 | 15 | 33 | 15 | 23 |
| 10 | 23 | 35 | 4 | 5 | 29 | 16 | 13 | 16 | 24 |
| 10 | 27 | 22 | 5 | 6 | 29 | 16 | 52 | 17 | 25 |
| 10 | 31 | 8 | 6 | 7 | ♏ | 17 | 32 | 18 | 26 |
| 10 | 34 | 54 | 7 | 8 | 1 | 18 | 12 | 19 | 27 |
| 10 | 38 | 40 | 8 | 9 | 2 | 18 | 52 | 20 | 28 |
| 10 | 42 | 25 | 9 | 10 | 2 | 19 | 31 | 20 | 29 |
| 10 | 46 | 9 | 10 | 11 | 3 | 20 | 11 | 21 | ♒ |
| 10 | 49 | 53 | 11 | 11 | 4 | 20 | 50 | 22 | 1 |
| 10 | 53 | 37 | 12 | 12 | 4 | 21 | 30 | 23 | 2 |
| 10 | 57 | 20 | 13 | 13 | 5 | 22 | 9 | 24 | 3 |
| 11 | 1 | 3 | 14 | 14 | 6 | 22 | 49 | 24 | 4 |
| 11 | 4 | 46 | 15 | 15 | 7 | 23 | 28 | 25 | 5 |
| 11 | 8 | 28 | 16 | 16 | 7 | 24 | 8 | 26 | 6 |
| 11 | 12 | 10 | 17 | 17 | 8 | 24 | 47 | 27 | 8 |
| 11 | 15 | 52 | 18 | 17 | 9 | 25 | 27 | 28 | 9 |
| 11 | 19 | 34 | 19 | 18 | 10 | 26 | 6 | 29 | 10 |
| 11 | 23 | 15 | 20 | 19 | 10 | 26 | 45 | ♑ | 11 |
| 11 | 26 | 56 | 21 | 20 | 11 | 27 | 25 | 0 | 12 |

*Auszug aus Raphaels «Ephemeriden für 1976». Es zeigt die Tafeln der Häuser für London.*

*Die schöne Stadt Florenz, der Geburtsort vieler großer Künstler der Renaissance. Sie wird von Widder regiert.*

*Seite 163:*
*Gegenüberliegende Seite. Eine Goldmedaille, die Sonne darstellend. Gold wird mit der Sonne in Zusammenhang gebracht.*

*Der französische Schriftsteller Honoré de Balzac (Sonne im Stier) hat mehr als achtzig Novellen geschrieben. Statue von Auguste Rodin, Boulevard Raspail, Paris.*

gleichen zeigt es des Menschen Freund oder Helfer. Im privaten Bereich, bei Duellen, beschreibt es seinen Sekundanten, bei Eklipsen zeigt es den wachsenden Wohlstand oder das Mißgeschick von Volk und Staat . . .».

**Drittes Haus:** Reisen, Briefe, Telephonate und sonstige Arten der Verständigung, nahe Verwandte und Nachbarn. Raphael sagt hier: «Das dritte Haus hat Bedeutung für die Brüder und Schwestern, Verwandten und Nachbarn, alle Reisen auf dem festen Land und den Umzug von Haus und Hof von einem Platz zum anderen . . .».

**Viertes Haus:** Angelegenheiten des Heims, Geburtsort, Eltern, Teile des Untergrundes wie etwa Keller und Bergwerke, Ländereien, Häuser und ähnlicher Grundbesitz. Hierzu hat Raphael Folgendes zu sagen: «Im vierten Haus lösen wir alle Fragen, die sich irgendwie mit dem Vater des Fragestellers befassen. Auch alle Fragen, die sich auf Gelände, Häuser oder Liegenschaften beziehen oder auf belagerte Städte, Schlösser und Verschanzungen, sowie auf vergrabene Schätze und alle die Erde betreffenden Fälle, all dies wird durch dieses Haus beantwortet, das imum coeli oder unteres Eckhaus genannt wird».

**Fünftes Haus:** Freude, Liebesangelegenheiten, außereheliche Sinneslust, paradoxerweise auch Kinder, Erziehung, aller Arten von Unterhaltung und Freizeitgestaltung. Raphael hat hierzu folgendes zu bemerken: «. . . bezugnehmend auf Kinder und schwangere Frauen, auch alle Fragen, die sich auf den gegenwärtigen Gesundheitszustand von Söhnen und Töchtern beziehen, oder den zukünftigen Gesundheitszustand derer zu Hause; Fragen, die sich auf Besitzungen und persönliches Eigentum des Vaters beziehen oder sich mit den erfolgreichen Missionen von Boten, Botschaftern oder Bevollmächtigten befassen, oder zu tun haben mit der Versorgung mit Munition oder der Widerstandskraft belagerter Plätze . . .». Ist dies ein Zeichen von Puritanertum aus dem neunzehnten Jahrhundert, das hier sein Haupt erhebt? Keinerlei Bemerkungen, weder von geistigen noch fleischlichen Freuden, sind erwähnt.

**Sechstes Haus:** Gesundheit, Komfort, Essen, allgemeiner Körperzustand, Bedienstete und Angestellte, Haustiere und das Wetter, soweit es das Wohlbefinden betrifft. Raphael hat dazu folgenden Kommentar:

PARENTE AUREA PROGENIES PLUMBO PROGNATA

*Königin Victoria ist ein Zwilling. Gemälde von G. Hayter.*

«. . . Bedienstete und Viehzeug. Ebenso Fragen über den Zustand kranker Personen, ob heilbar oder nicht, die Art der Erkrankung, ob von kurzer oder langer Dauer, Angelegenheiten, die Onkel oder Tanten betreffen und alle Verwandten von Vaters Seite, ebenso die Mieter, Hausverwalter und dergleichen . . .».

**Siebentes Haus:** Heirat, Geschäftspartner, alle Arten von Kontrakten, Verträgen, gesetzliche Angelegenheiten und uns bekannte Feinde. Raphael hierzu: «. . . Liebesangelegenheiten, Heirat und die Beschreibung der Personen . . ., die der Fragesteller ehelichen werde, . . . alle Anfragen des Angeklagten in Rechtsstreitigkeiten und bei Vergleichen, oder unseren öffentlichen Feind in Kriegszeiten, . . . macht es möglich, einen Räuber richtig zu beschreiben, seine Statur und Formen, Hautfarbe und seine Lebensgewohnheiten . . .».

**Achtes Haus:** Das ist das Haus des Todes und der Verluste, ehelicher Besitzstand, Besitz der Partner, Testamente und dergleichen. Raphael sagt dazu folgendes: «. . . betreffend den Tod, dessen Zeitpunkt, Art und Weise, alles, was mit Legaten, Testamenten und letztwilligen Verfügungen zu tun hat, oder wer das Vermögen und die Liegenschaften des Verstorbenen erben solle. Fragen über die Mitgift, Anteile von unverheirateten Mädchen und von Witwen; bei Duellen Angaben über den Sekundanten des Gegners, bei Rechtsstreitigkeiten über die Erfolgschancen des Beklagten und dessen Freunde, und Fragen betreffend öffentlicher oder privater Feinde, oder deren Bonität und Sicherheit derer, mit denen wir in Geschäftsverbindung stehen . . .».

**Neuntes Haus:** Reisen, Philosophie, Religion. Studien, Angelegenheiten der Kirche, Ideen. Raphael hierzu: «. . . über die Sicherheit und den Erfolg von Reisen und Aufenthalte in fremden Ländern, auch die Anfragen des Klerus betreffend, Beförderungen innerhalb der Kirche, Pfründen und Pfründenbesetzungsrechte und dergleichen mehr; alle Fragen, die Verwandte und Blutsverwandte von der Seite der Frau betreffen, und desgleichen von der Seite des Ehegatten, wenn die Frau die Antragstellerin ist . . .».

**Zehntes Haus:** Karriere, Ambitionen, mögliche Ehren und Anerkennung, Vorgesetzte, Geschäfte und Regierung. Dazu Raphael: «. . . da dies das medium coeli, also der oberste Teil des Firmaments ist, löst er alle Fragen, die Könige betreffen, Prinzen, Herzöge, Grafen, Marquise, alle Adligen und Herren, Richter, hochrangige Offiziere des Staates, Oberkommandierende, alle Arten von Magistratsbeamten und alle Personen, die Macht und Autorität bekleiden. Fragen über Beförderungen, Ehrungen, Wertschätzung, Büros, Stellungen, Pensionen und Ruheposten, oder was den Zustand von Königreichen, Kaisertümern, Provinzen, Weltreichen, Länder, Städte oder die menschliche Gesellschaft betrifft . . .».

**Elftes Haus:** Freundschaft, Ratgeber, Träume, finanzielle Lage derer, die bei dem Geborenen beschäftigt sind. Raphael sagt hier: «. . . Freunde und Freundschaft, Hoffnung, Vertrauen, Erwartungen oder Wünsche; auch was sich auf die Treue oder Tücke von Freunden beziehe oder Ratgeber und Beistände, Teilhaber, Günstlinge, Diener bei Königen, Prinzen oder Männer an der Macht».

**Zwölftes Haus:** Unglück, Gefangenschaft, Exil, verborgene Feinde, Beschränkungen. Hierzu Raphael: «. . . das Haus der Leiden . . . Sorge, Kummer, Angstzustände, Elend, Gefangenschaft, Verfolgung, Bösartigkeit, geheime Feinde, Selbstmord, Verrat, Verschwörung, Mord und alles, was dazu gehört, den Menschen Unglück und Leid zu bringen«.

Die Häuser haben die ihnen zugeteilten Tierkreiszeichen und Planeten, obwohl sie offensichtlich nicht immer mit ihnen in Übereinstimmung gebracht werden können.

Erstes: Widder, Mars; zweites: Stier, Venus; drittes: Zwillinge, Merkur; viertes: Krebs, Mond; fünftes: Löwe, Sonne; sechstes: Jungfrau, Merkur; siebentes: Waage, Venus; achtes: Skorpion, Mars; neuntes: Schütze, Jupiter; zehntes: Steinbock, Saturn; elftes: Wassermann, Saturn (Uranus); zwölftes: Fische, Jupiter (Neptun).

## Die Zeichen des Tierkreises

Bedenken Sie, daß sich diese Zeichen am Rande Ihrer Tierkreisformulare befinden und, nicht wie die festen Häuser, beweglich sind.

### Aries

Der Widder, 21. März bis 20. April. Regiert durch Mars. Kardinalzeichen, Gleichnisse für: Feuer, Frühlingsbeginn, männlich, Osten. Leitet Kopf und Geist. In der Pflanzenwelt regiert er über Flechten und Seetang, die den Untergrund für andere Arten der Vegetation bilden. Die unter dem Widder geboren wurden, sollen unter Nervenkrankheiten, Kopfschmerzen, Depressionen und gestörter Verdauung leiden, es soll ihnen an Kaliphosphaten fehlen. Deshalb wird ihnen geraten, Tomaten, Löwenzahnblätter, Zitronen, Sellerie, Grapefruits, Wurzelgemüse und Äpfel zu essen. Zuträgliche Gewächse sind unter anderem Ginster und Wildkirschen. Ein abenteuerliches Zeichen, es macht begeisterungsfähig und bahnbrechend, erreg-

*Dublin, hier nachts vom Liffeyfluß aus gesehen, steht unter dem Zeichen des Stier.*

*Seite 166:*
*Merkur. Der Planet, der den wechselhaften Charakter des Menschen zeigt, mit seinen zwei Sternbildern Zwilling und Jungfrau, über einer friedvollen, ländlichen Landschaft regierend.*
*Miniatur aus «De Sphaera», einem italienischen Manuskript aus dem fünfzehnten Jahrhundert. Biblioteca Estense, Modena.*

*Seite 167:*
*Venus. Der Planet ist jung, verführerisch und weiblich, über die zwei Sternbilder Waage und Stier herrschend. Darunter eine Szene der höfischen Minne, wie sie in Bildern aus den Erzählungen von Boccaccio's «Decameron» gezeigt werden. Miniatur aus «De Sphaera», einem italienischen Manuskript aus dem fünfzehnten Jahrhundert. Biblioteca Estense, Modena.*

*London steht unter dem Zeichen der Zwillinge. Stich aus dem siebzehnten Jahrhundert.*

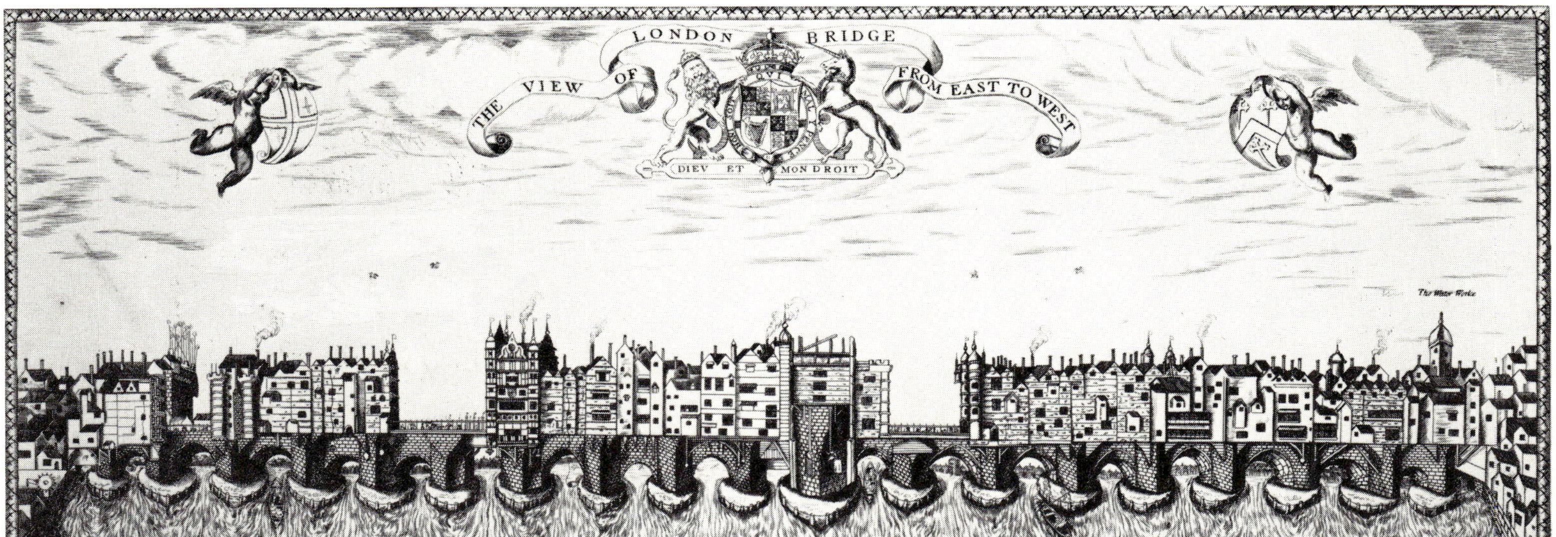

MERCVRIVS
Mercurio di ragion lucida stella
Produce deloquenza gran fontana
Subtili ingiegni et ciaschunarte bella
Et e nimico dogni cosa uana

VENVS
La gratiosa vener dil suo ardore
Accende i cuor gentili onde in cantare
Et danze et vaghe feste per amore

*Der holländische Maler Rembrandt – ein Selbstporträt – ist ein Beispiel für einen künstlerischen Krebstypus.*

bar und reizbar; es macht geneigt zu unreifem Benehmen, Leidenschaft, Eroberungen, politischem Extremismus.

Mars ist offensichtlich mit diesem Zeichen zufrieden, die Sonne veredelt sich in ihm, nur die arme Venus scheint sich darin nicht wohl zu fühlen. William Lilly bezeichnet Widder als «bestialisch, verschwenderisch, ungehemmt und brutal . . .» und macht ihn verantwortlich für Krankheiten wie «alle Gaumenabzesse, Geschwülste, Gesichtspickel, Pocken, Hasenscharten, Polypen, Würmer, Fallsucht, Schlaganfälle, Migräne, Zahnweh und Kahlköpfigkeit. Die Länder unter der Ägide des Widder sind: England, Deutschland, Dänemark und Syrien; unter den Städten sind es: Florenz, Verona und Marseille.

André Barbault, der moderne französische Astrologieschriftsteller, scheint mit Lilly übereinzustimmen, daß die unter Widder geborenen Menschen tatsächlich Widdern ähnlich sehen. Laut Lilly haben sie «einen dünnen Leib, sind nicht groß, mager oder hager, haben aber kräftige Knochen und starke Gliedmaßen, das Gesicht ist langgezogen, schwarze Augenbrauen, dürren Hals, schwere Schultern; die Haut ist dunkel, braun oder gebräunt».

Der australische Astrologe Furze Morish, einer der Wortführer der neuen Welle, betrachtet die Astrologie als die höchste Yogi-Würde, durch die die Gedanken der Welt verändert und das Selbst zur Erleuchtung gebracht wird, insbesondere jetzt, wo Wissenschaft und Religion derart in Verruf geraten sind. Er sieht den Tierkreis als das «Rad von Leben und Tod», und den Widder als das Zeichen des Anfänglichen, somit der mangelnden Einsicht. Die Fische als letztes Zeichen, die Universalität darstellend. Berühmtheiten, die mit der Sonne im Widder geboren wurden oder die den Widder in ihrem Ascendenten haben, sind Leonardo da Vinci, Vincent van Gogh, Henri James, Marlon Brando und Joseph Haydn.

**Taurus**

Der Stier, 21. April bis 21. Mai. Regiert durch Venus. Fixzeichen, Gleichnisse für: Erdzeichen, nächtlich, weiblich, südlich. Regiert den Hals und den Rachen. In der Pflanzenwelt regiert es die Pilze. Die unter dem Zeichen des Stiers Geborenen sollen mit Leber- und Nierenproblemen zu kämpfen haben, mit Asthma und Rheuma, sie sollen Calcium und Natrium brauchen. Deshalb rät man ihnen, Sellerie, Äpfel, rote Beete, Spinat, Radieschen und Erdbeeren zu essen. Günstige Pflanzen sind Kletten, Huflattich und Schafgarbe.

Ein festes, ausgeglichenes und verläßliches Zeichen; Familiensinn. Eigensinnig, wirklichkeitsnah, treu, mit gelegentlichen brutalen Ausbrüchen, friedliebend und standesbewußt. Venus und der Mond sind mit diesem Zeichen zufrieden. William Lilly bezeichnet den Stier als «kalt, trocken und melancholisch», während Ra-

*Venedig wird vom Krebs regiert. Stich aus dem siebzehnten Jahrhundert.*

phael ihn als «viehisch und grimmig» bezeichnet. Lilly schreibt ihm solche Krankheiten wie Halsweh, Kopf- oder Halsgeschwülste, Rachenbeschwerden und Abszesse zu. Barbault wieder sieht die unter Taurus Geborenen als langsam Schreitende und zur Fülle neigende. William Lilly beschreibt ihn als «. . . klein, aber füllig, stark und von guter Figur, breite Stirn, große Augen, großes, dunkelhäutiges Gesicht, breite, starke Schultern, großen Mund und dicke Lippen, große Hände, starkes, schwarzes Haar». Sieht recht bullig aus, und merkwürdigerweise wird dieses Tierkreiszeichen durch den Planeten regiert, der mit Liebe und Weiblichkeit in Verbindung gebracht wird. Die Länder und Gegenden, die vom Stier regiert werden, sind: Irland, Persien, Kleinasien und die südlichen Regionen Rußlands, die Inseln Zypern und Samos. Die Städte sind: Dublin, Parma und Leipzig. Berühmtheiten, die die Sonne im Stierzeichen oder den Stier in ihrem Ascendenten haben, sind unter anderen: Honoré de Balzac, Oliver Cromwell, Yehudi Menuhin, Bertrand Russel und Johannes Brahms.

**Gemini**

Zwillinge, 22. Mai bis 21. Juni. Regiert von Merkur, wechselhates oder gewöhnliches Zeichen. Gleichnisse für: Luft, heller Tag, männlich, Westen. Regiert die Schultern, Oberarme und Lungen. In der Pflanzenwelt beherrscht er die Moose. Die unter Zwillingen Geborenen leiden unter Katarrhen, Bronchitis, Ekszemen und sollen Kaliumchlorid benötigen. Aus diesem Grunde rät man ihnen, diejenige Nahrung zu sich zu nehmen, die auch für die unter Widder Geborenen zuträglich sind, auch Ziegenmilch, grüne Bohnen, Kohlarten, Brunnenkresse und Ananas. Unter den Pflanzen, die ihnen gut tun, sind zu erwähnen: Süßholz, Rainfarn, Eisenkraut und Ringelblume.

Gemini ist ein lebhaftes, wendiges und vielseitiges Zeichen, macht unverläßlich, kompliziert und ängstlich. Liebt es, zu flirten und ist mehr an politischer Theorie als an aktiver Politik interessiert. Gemini-Menschen können intellektuell sein, egozentrisch, grimmig, aber auch wankelmütig und launisch. Lilly erklärt, daß das Zwillingszeichen alle Krankheiten und Unfälle, die mit Armen, Schultern und den Händen zu tun haben, verursache, desgleichen Nervenkrankheiten. Er beschreibt Zwillingsmenschen als «. . . sich gerade haltend, groß, kerzengerade . . ., von gut durchbluteter Haut, nicht hell, sondern undurchsichtig und dunkel; lange Arme, doch sind die Hände und Füße kurz und sehr fleischig; dunkle Haare, fast schwarz; ein starker, sehr gewandter Körper, gute, braune, durchdringende Augen, schelmisch alles schnell überblickend; hat sehr gutes Einfühlungsvermögen und ist einsichtsvoll in weltlichen Angelegenheiten.» Staaten unter dem Zeichen der Zwillinge sind: die Vereinigten Staaten von Nordamerika und Belgien. Die Städte: London, Versailles, Cordoba, New York und Nürnberg. Berühmtheiten, die unter diesem Zeichen geboren sind: Königin Viktoria, Igor Stravinsky, Marilyn Monroe und Harriet Beecher Stowe.

**Cancer**

Krebs, 22. Juni bis 22. Juli. Regiert vom Mond. Kardinalszeichen: Wasser. Gleichnisse: nächtlich, weiblich, Norden. Beeinflußt Brustkorb, Ellbogen, Brüste und Magen. In der Pflanzenwelt regiert er über Schachtelhalme, Farne und Bärlapp. Die unter dem Krebs Geborenen sollen unter anderem an Krampfadern leiden, Hämorrhoiden, Augenschwäche und man glaubt, daß sie an Kalziummangel leiden. Deshalb rät man ihnen, Rotkohl und Weißkohl zu essen, Brunnenkresse, Grünkohl, Milch, Pflaumen, Zwiebel, Quark, Eigelb, Petersilie und Roggenbrot. Die Pflanzen, die ihnen gut tun sollen, sind: Wegerich, Geißblatt und Immergrün.

Ein emotionales und empfindsames Zeichen. Leicht beeinflußbar, liebt Familie und Heim. Neigt dazu, phantasiereich zu sein und scheu. Wird stark von Kindheitserinnerungen geleitet. Moderne Astrologen sehen den Krebs-Typus als verweichlicht, was Frauen dieses Zeichens gut anstehen kann. Lilly beschreibt diese Menschen als: «. . . im allgemeinen klein und schmächtig, wobei die obere Partie des Körpers länger ist als die untere; rundes Gesicht, fast krankhaft blaß und von heller Hautfarbe; die Haare sind dunkelbraun, kleine Augen und, wenn es sich um eine Frau handelt, mit vielen Kindern.» Ein ziemlich bedrückendes Bild! John Varley aber beschreibt in seinem Buch *Abhandlungen über Tierkreisphysiognomien* Menschen, die unter dem Zeichen des Krebses geboren sind, als solchen Tieren ähnlich, aber auch mit deren Energie und Zähigkeit. Lilly erwähnt als Krankheiten der Krebs-Menschen «Unvollständigkeiten aller Art, solche im Brustkorb, im Magen oder auch Warzen; schwache Verdauung, kalter Magen, böser Husten, Krebsleiden, die meisten in der Brust . . .». Zadkiel läßt uns wissen, daß die Krebskrankheit ihren Namen von dem Tierkreiszeichen erhalten habe, da diejenigen, die unter diesem Zeichen geboren wurden, häufig irgendwelche Krankheiten der Brust hatten. Die Länder, die vom Krebs geleitet werden, sind: Holland, Schottland und Afrika. Die Städte sind: Istanbul, Algier, Amsterdam, Cadiz, Venedig, Genua, New York und Mailand. Berühmtheiten, die geboren sind, als die Sonne im Zeichen des Krebses oder seines Ascendenten stand, sind unter anderen: Heinrich VIII., Jean Cocteau, Rembrandt, Marc Chagall und Ernest Hemingway.

**Leo**

Löwe, 23. Juli bis 23. August. Regiert von der Sonne, Fixzeichen. Gleichnisse für: Feuer, Tageslicht, männlich, Osten. Regiert den oberen Teil des Rückens, Vorderarme, Handgelenke, Wirbelsäule und

*Rom, die ewige Stadt, wird vom Löwen regiert. Blick vom Monument Victor Emanuel II.*

*Seite 170:*
*Die Sonne wurde aus Tradition von den frühen Astrologen als Planet bezeichnet. Die Figur eines Herrschers regiert über seinem einzigen Haus, dem Löwen. Im Horoskop zeigt die Sonne die wahre Natur und entscheidet die persönliche Zukunft. Die Szene zeigt junge Leute, wie sie ihre Talente üben, die ihnen später im Leben weiterhelfen können. Miniatur aus «De Sphaera», einem Manuskript aus Italien aus dem fünfzehnten Jahrhundert. Biblioteca Estense, Modena.*

*Seite 171:*
*Der Kriegsgott Mars wird hier mit seinen zwei Zeichen Skorpion und Widder gezeigt, wie er eine Schlacht regiert. Miniatur aus «De Sphaera», einem italienischen Manuskript aus dem fünfzehnten Jahrhundert. Biblioteca Estense, Modena.*

• SOL •

Il sole ad honor: lhuomo et gloria sprona
Et dogni leggiadria si dilecta
Di sapienza porta la corona
Et di religion produce secta

MARS

Il bellicoso marte sempre infiama
Li animi alteri al guerreggiare et sforza
Hor questo hor quello ne satia sua brama
In lacquistar: ma piu sempre rinforza :-

*George Bernard Shaw (Sonne im Löwen), der große irische Dramatiker. Zeichnung von Bernard Partridge. National Portrait Gallery, London.*

das Herz. In der Pflanzenwelt beherrscht es die Pflanzen, die Zapfen tragen. Den unter diesem Zeichen Geborenen rät man, ihr Blut in Ordnung zu halten; sie brauchen viel Magnesiumphosphate, die in Pflaumen, Erbsen, Weizenkleie, Hafer, Kakao, Orangen, Zitronen und Kopfsalat gefunden werden. Nützliche Pflanzen sind: Sauerampfer, Dillkraut, Fenchel und Minze.

Es ist ein beherrschendes, starken Willen zeigendes, idealistisches und unabhängiges Zeichen. Führungsqualitäten, sowohl für das Establishment als auch auf revolutionärer Seite. Möglichkeiten, in der Politik an die Spitze zu gelangen. Befehlshaberisch, ehrgeizig und stolz, manchmal selbstsüchtig. Ein offener Mensch mit gutem Intellekt. Andererseits kann er aber arrogant und mißtrauisch sein. Lilly läßt dem Herrn der Tierwelt einen gewissen Adel: «. . . ein großer, runder Kopf; große, hervorstehende Augen, die fixieren, fast Glotzaugen, schnellen Blicks; ein voller und mächtiger Körper, über mittelgroß, breite Schultern, schmale Hüften, blonde oder flachsfarbene Haare, die sich wellen und hochstehen, stolze Miene, rosige, stark durchblutete Haut; stark, tapfer und aktiv; fester Schritt und höfliche Gesinnung». Er bezeichnet die Krankheiten des Löwen: «. . . alle Krankheiten in den Rippen und Seiten wie Rippenfellentzündung, Krämpfe, Rückenschmerzen, Zittern oder Herzbeklemmungen; hitziges, hohes Fieber, alle Herzschwächen und Herzkrankheiten, kranke Augen, die Pest, die schwarzen Blattern und gelbes Fieber». Der Löwe regiert über Frankreich und Italien; die Städte: Rom, Prag und Philadelphia, auch über die Alpen und das antike Chaldea. Berühmte Leute, die geboren wurden mit der Sonne im Löwen oder dem Löwen im Ascendenten, waren unter vielen: C. G. Jung, George Bernhard Shaw, Napoleon, T. E. Lawrence und Aldous Huxley.

Wenn man die Attribute von Krebs und Löwe miteinander vergleicht, zeigt es sich deutlich, wie die Tierkreiszeichen in ihren Charakteristika verschieden sind.

**Virgo**

Jungfrau, 24. August bis 23. September. Regiert von Merkur; wechselhaftes Zeichen. Gleichnisse: Erde, nächtlich, weiblich, südlich. Regiert den Unterleib, Hände und Gedärme. In der Pflanzenwelt wird beherrscht: Riedgras, Getreide und Gräser. Die unter diesem Zeichen Geborenen sollen für Lungenentzündung, Erkältungen, Husten, Katarrhen und Rippenfellentzündung anfällig sein und brauchen viel Kaliumsulfat. Man rät ihnen zu den gleichen Nahrungsmitteln wie den Widdern, zuzüglich noch zu Rosmarin, Baldrian und magenfreundlichen Kräutern. Früher einmal dachte man sich das Zeichen als ein junges Mädchen, später aber wandelte sich das Bild zu einer etwas älteren Frau mit eher etwas pedantischen Ansichten. Intelligent, präzise, lautern und aufmerksam.

*Gesamtansicht der Altstadt von Jerusalem. Die heilige Stätte dreier Religionen steht unter dem Zeichen der Jungfrau.*

Brauchbare Stütze der Ordnung. Gewöhnlich kritisch eingestellt und geduldig, keineswegs so überladen wie der Löwe-Typ. Lilly zum Jungfrau-Typus: «... ein schlanker Körper, eher groß, aber gutproportioniert, eine rosige, braune Hautfarbe, schwarzes Haar, gefällig oder lieblich, aber keine «schöne» Gestalt; leise, schrille Stimme, alle Gliedmaßen sind eher kurz, eine geistreiche Person, eine diskrete Seele, verständig und einsichtsvoll, kann sich außergewöhnlich gut ausdrücken, ist fleißig und beschäftigt sich, ob Mann oder Frau, mit der Geschichte».

Die Krankheiten der unter der Jungfrau Geborenen sind unter anderen: Krankheiten des Bauches, der Gedärme und Hoden, Wurmbefall und Choliken. Die Gegenden und Länder sind: Türkei, Schweiz und Westindien. Die Städte: Paris, Toulouse, Jerusalem und Babylon. Berühmtheiten, die unter dem Zeichen der Sonne in der Jungfrau oder ihrem Ascendenten geboren wurden, sind unter anderen: Savanarola, Königin Elisabeth I., Cardinal Richelieu und Greta Garbo.

**Libra**

Waage, 24. September bis 23. Oktober. Regiert durch Venus. Kardinalzeichen. Gleichnisse: Luft, Tageslicht, männlich, Westen. Die Waage regiert den unteren Teil des Rückens und die Nieren. In der Pflanzenwelt beherrscht es die Schwertlilie, die anderen Lilien und die Orchideen. Die von der Waage regierten Menschen sollen sich vor Übersäuerung hüten und benötigen Natriumphosphat. Sie sollen sich wie die Stiertypen ernähren. Pflanzen, die ihnen ganz besonders gut tun, sind: Spiräe, Mehlkraut, Madesüß, Sellerieblätter und Löwenzahn.

Die Menschen der Waage, einem Zeichen der Tag- und Nachtgleiche, sind im Charakter genau gegensätzlich derer vom Widder. Sie teilen viele der Eigenschaften derer vom Stier, in Güte und Liebe, obwohl es das einzige Tierkreiszeichen ist, das weder ein tierisches noch ein menschliches Symbol hat. Waagemenschen sind von ausgeglichenem Wesen und diplomatisch. Sie sind gemäßigte Politiker und zeigen viel Verständnis für die, die sie lieben. Sie sind auch gesellig, ausgleichend und friedliebend.

Lilly ist sehr angetan von den Waagemenschen und voll von Lobreden über sie. «... ein gut geformter Körper, ... wunderschönes Gesicht ... Augen meist blau, ... ausgeglichenes Temperament». Trotzdem zeigt er die Krankheiten auf, die diese befallen können: «... Nierensteine oder Blasensteine und Rückenschwäche. China, Japan und Teile Indiens, die in der Nähe von Persien liegen, werden alle von der Waage regiert, ebenso die Städte Lissabon, Wien, Antwerpen und Frankfurt.

Berühmte Leute mit der Sonne in der Waage oder der Waage im Ascendenten sind: Lord Nelson, Franz Liszt, Graham Greene, T. S. Eliot und Brigitte Bardot.

**Scorpio**

Skorpion, 24. Oktober bis 22. November. Regiert von Mars. Fixzeichen. Gleichnisse: Wasser, nächtlich, weiblich, nördlich. Regiert das Becken und die Fortpflanzungsorgane. Ein böses Zeichen, vielleicht weil es das achte ist, wie das Haus des Todes. Um den bedrohlichen und gefährlichen Ruf noch zu verstärken, stellen es manche Astrologen unter die Regentschaft des erst kürzlich entdeckten Planeten Pluto. In der Pflanzenwelt regiert Skorpion alle Pflanzen, die phallische Eigenschaften besitzen, beispielsweise Palmen und Aronstab. Die darunter Geborenen sollen unter anderem an Beulen, Geschwüren, Karbunkeln, Abszessen, Leber- und Nierenkrankheiten leiden und brauchen Calciumsulfate, d. h., sie brauchen die Nahrungsmittel, wie die unter dem Krebs Geborenen, zusätzlich aber noch schweißtreibende Sassaparilla, Ringelblumen, Wermut und Meerrettich.

Lilly schreibt dieses Zeichen solchen Menschen zu, die geschmeidig, hinterlistig, körperlich korpulent, stark und kräftig sind; sie haben ein breites, vierschrötiges Gesicht, dunkle, verschwommene Hautfarbe, dunkelbraune, gekräuselte Haare und einen behaarten Körper; sie sind etwas O-beinig, kurzhalsig, vierschrötig, gut gebaute Kerle, was den Leser wohl neugierig macht, wie das weibliche Gegenstück wohl aussehen möge. Doch machen Sie sich keine Sorgen, wenn Sie ein Skorpion sind, dann sind Sie wahrscheinlich sowohl draufgängerisch als auch «sexy». Dieses Zeichen wirkt triebhaft, leidenschaftlich, rebellisch und morbid, politisch extrem. Lilly erwähnt die mit diesem Zeichen verbundenen Krankheiten: «... Blasensteine, Brüche, Fisteln, Hämorrhoiden; Potenzschwierigkeiten, alle Erkrankungen der Intimsphäre ...». Marokko und Norwegen werden von Skorpion regiert, sowie die Städte Gent und Liverpool. Berühmtheiten, die unter der Sonne im Skorpion, oder dem Skorpion in ihrem Ascendenten geboren wurden, sind unter anderem: Martin Luther, Pablo Picasso, Fedor Dostojewski, Marie Curie und Jawaharlal Nehru.

**Sagittarius**

Schütze, vom 23. November bis 21. Dezember. Regiert durch Jupiter, Kardinalzeichen. Gleichnisse: Feuer, Tageslicht, männlich, Osten. Große Bäume, wie beispielsweise Eichen, Buchen und Ulmen entsprechen diesem Zeichen. Der Schütze beeinflußt Hüften und Schenkel und die Kreuzgegend. Die unter diesem Zeichen Geborenen können an Mangel von Silikaten leiden, die schlechte Haut, Nägel und Haare verursachen; es wird ihnen daher geraten, Wurzelgemüse, Spargel, Gurken, reife Feigen, Roggen und Kirschen zu essen. Pflanzen, die den in diesem Zeichen Geborenen guttun, sind Chicoŕe, Kletten, Löwenzahn, Weißdorn und roter Klee.

Das ist ein Zeichen für einen gut veranlagten Lenker, mehr ausführend als leitend, aber mit der Fähigkeit ausgestattet, etwas zu erreichen. Er ist gewöhnlich auf Seiten der Unterdrückten, in der Liebe ehrlich und

*Moschee in Marrakesch, Marokko. Dieses Land wird von Skorpion regiert.*

*Seite 174: Februar, Seite aus den «Les très riches heures du Duc de Berry», den Stundenbüchern, beschreibt das Tierkreisjahr. Französisches Manuskript aus dem fünfzehnten Jahrhundert. Museum Condé, Chantilly.*

*Seite 175: Januar, Seite aus den «Les très riches heures du Duc de Berry», den Stundenbüchern; französisches Manuskript aus dem fünfzehnten Jahrhundert. Museum Condé, Chantilly.*

mensis
february
dies

*Greta Garbo (Sonne in der Jungfrau) blieb ein berühmter Name in Kinokreisen, obwohl sie seit Jahren in keinem Film mehr aufgetreten ist.*

*Winston Churchill war einer der bedeutendsten Männer dieser Welt. Er ist unter dem Zeichen des Schützen geboren.*

direkt, es sei denn, er wird betrogen, dann allerdings handelt er ziemlich willkürlich. Intelligent, loyal, wenn erforderlich, allerdings auch rebellisch. Morish sieht in diesem feurigen Zeichen das Blaue der Flamme: «... Dies ist der heißeste Teil der Flamme». Lilly wieder sieht in den im Schützen Geborenen «... eine sehr vorteilhafte Gemütsruhe, ein etwas längliches Gesicht, aber voll und rosig, eher sonngebräunt, hell kastanienbraune Haare, eine etwas über mittelgroße Statur, ebenmäßige Gliedmaßen, ein starker, wohlgebauter Körper, zur Kahlköpfigkeit neigend und pferdeliebend». Traditionell gesehen sind die «Schützenmenschen» gerne Reiter und lieben alle Sportarten. Lilly erwähnt, was keineswegs überraschen dürfte, daß die unter dem Schützen Geborenen solchen Unbilden ausgesetzt sind wie «vom Pferd fallen, durch diese und andere Vierfüßler verletzt zu werden, ebenso durch Feuer, Hitze und Unvorsichtigkeiten und Übertreibungen bei der Ausübung von sportlichen Tätigkeiten». Länder und Gegenden, die vom Schützen regiert werden, sind: Jugoslawien, Ungarn, Arabien und Spanien. Die Städte Köln, Avignon, Narbonne und Toledo. Berühmte Leute, die mit der Sonne im Schützen oder dem Schützen als Ascendenten geboren sind: Winston Churchill, John Milton, James Thurber und Maria Stuart, die Königin von Schottland.

**Capricorn**

Steinbock, vom 22. Dezember bis 20. Januar. Regiert durch Saturn, Kardinalzeichen. Gleichnisse: Erde, nächtlich, weiblich und südlich. Steinbock regiert die Knie und Knochen. In der Pflanzenwelt regiert er Blumen mit getrennten Blumenblättern. Die unter diesem Zeichen Geborenen sollen an Mangel von Kalciumphosphat leiden, was zu Nierenerkrankungen, Rachitis, Blutarmut, Katarrhen, Geschwüren, Taubheit und Rheumatismus führen kann. Man rät ihnen, die gleiche Diät einzuhalten wie die unter dem Krebs und unter Skorpion Geborenen. Am besten sind für sie folgende Pflanzen: Wegerich, schwarze Nießwurz, schwarzer Holunder oder Flieder, Flockenblume und Chinarindenbaum.

Es handelt sich hier um Menschen, die reserviert, im Gespräch zurückhaltend und selbstdiszipliniert sind, diplomatisch und traditionell. Verträgt sich schlecht mit dem überheblichen Gehabe des «Löwen»; es wird geraten, sich vom Alkohol fernzuhalten. Man erinnere sich, daß dieses Zeichen aus einer Kombination eines Bockes mit einem Fischschwanz stammt, so daß Varley denen, die unter dem «Steinbock» stehen, zugesteht, «entweder wie ein Fisch oder wie ein Bock zu sein»! Trotz äußerer Ruhe und Verstand neigen «Steinbockmenschen» eher zur Melancholie und zum Pessimismus. Lilly beschreibt sie als «von nicht hoher Statur, länglich schlank und mit einem schmalen Gesicht; mit dünnen Barthaaren und schwarzem Haar, einem schmalen Kinn, langen, schlanken Hals und engbrüstig. Ich habe oftmals gefunden, daß die im aufsteigenden Steinbock Geborenen weiße Haare hatten, die im absteigenden (7. Haus) aber sehr schwarze». Als Krankheiten zitiert er Brüche oder Verstauchungen des Knies, und – viel besorgniserregender – Lepra und andere Hautkrankheiten. Länder unter Steinbock sind: Indien, Griechenland, Albanien, Bulgarien, Mexico; Städte und Gegenden: Oxford, die Orkney Inseln. Berühmtheiten, die mit der Sonne im Steinbock oder dem Steinbock im Ascendenten geboren wurden, sind: Johanna von Orleans, Woodrow Wilson, Pablo Casals und Albert Schweitzer.

**Aquarius**

Wassermann, 21. Januar bis 19. Februar. Traditionell durch Saturn regiert, doch nennen manche Astrologen den Uranus als seinen Mitregenten. Fixzeichen. Gleichnisse: Luft, Tageslicht, männlich, Westen. Regiert den unteren Teil der Beine und Knöchel. In der Pflanzenwelt entsprechen Blumen mit verwachsenen Blütenblättern. Die Wassermann-Geborenen sollen an Wassersucht, Katarrhen, Durchfall, Kropf, delirium tremens leiden, vor allem, wenn sie salzarm leben. Tafelkochsalz verursacht jedoch, im Übermaß genommen, Störungen der Haut, deshalb werden Wassermann-Menschen gut beraten sein, wenn sie «Stierdiät» einhalten; folgende Pflanzen eignen sich insbesonders für sie: Melisse, Baldrian, Rainfarn und Frauenschuh.

Dies ist ein vergeistigtes, idealistisches und emotionales Zeichen. Die unter ihm Geborenen sind geneigt, sich Ideen zu verschreiben, sind liebenswert, fortschrittlich, aufgeschlossen für Neuerungen und Reformen. Uranus kann manchem Wassermann wissenschaftliche Neigung geben, wohl auch Sehnsucht nach «Verbrüderung der Menschheit» wachrufen. Moorish sieht in ihm einen «Erwecker» des geistigen Bewußtseins durch Meditation. Es ist deshalb keineswegs verwunderlich, daß solche, die derartigen Erwägungen Glauben schenken, ein «Zeitalter des Wassermanns» erwarten, doch bestehen manche Astrologen darauf, daß dieses Zeitalter bereits begonnen habe. Lilly hingegen beschreibt Wassermann aber keineswegs als ätherisch, eher «mit einem vierschrötigen, dicken Körper, ... mit langem Gesicht, gut durchbluteter Haut ...». Andere Experten wieder sagen dem Wassermann wunderschöne, weibliche Gesichter nach. Laut Lilly sollen Wassermann-Menschen an Krankheiten leiden, die die Knöchel und Beine angreifen, darunter krampfartige und nervöse Beschwerden, Krämpfe und Blähungen. Da es ein Zeichen ist, das ganz und gar menschliche Züge besitzt, hat es auch alle menschlichen Schwächen und Tugenden. Länder unter dem Zeichen des Wassermanns sind Afghanistan, Rußland; die Städte: Hamburg, Bremen und Piemont. Finsternisse, die unter diesem Zeichen auftreten, sollen große Veränderungen in England verursachen, und Kometen darin verkünden, daß dieses Land in einen Krieg verwickelt werden könne. Berühmte Leute, die mit der Sonne im Wassermann oder mit Wassermann als ihren Ascendenten geboren sind, waren u. a. Mozart, F. D. Roosevelt, James Dean, Francis Bacon, Charles Darwin und Galilei.

**Pisces**

Fische, 20. Februar bis 20. März. Regiert durch Jupiter, obwohl manche Astrologen behaupten, daß der wässerige Neptun an seiner Stelle regiere. Bewegliches Zeichen. Gleichnisse: Wasser, weiblich, Norden. Regiert die Füße, die Leber und das Lymphsystem. Seegras und Algen sind die entsprechenden Pflanzen. Die unter diesem Zeichen Geborenen sollen unter Mangel an Eisen leiden, was niedrigen Blutdruck, Blutarmut, Blutungen, schwere menstruale Perioden und Entzündungen hervorrufen kann. Man rät ihnen, Bohnen, getrocknete Erbsen, Spinat, Kopfsalat, Rosinen, Datteln, Feigen, Nüsse und auch sonst alle frischen Obstarten zu essen. Pflanzen, die ihnen besonders zuträglich zu sein scheinen, sind: Isländisch Moos, Eisenkraut, Pfefferminze und Steinbrech.

Lilly äußert sich nicht besonders lobend über dieses Zeichen; er beschreibt es als «... eitel und leer, verweichlicht und kränklich, unentschlossen ...». Laut seiner Interpretation sind diejenigen, die unter diesem Zeichen geboren sind «... von gedrungenem, unebenmäßigen Körperbau mit einem großen, guten Gesicht, von blasser Hautfarbe, der Körper ist fleischig oder aufgeschwemmt, hält sich nicht gerade, eher gebeugt, den Kopf leicht neigend». Die Krankheiten sind: Gicht, Lähmungen, Beulen, Geschwüre, «Bauchschmerzen, die durch nasse Füße verursacht wurden»! Traditionsgemäß sollen Menschen, die unter dem Zeichen der Fische geboren sind, hellseherisch, intuitiv und wechselhaft sein und man sagt ihnen nach, sie wären gute Schauspieler. Es fehlt ihnen an Entschlußkraft und Standfestigkeit. Im optimalen Fall sind sie Hellseher, anderenfalls Versager.

Sie müssen sich vor Alkohol in Acht nehmen. Auf der positiveren Seite kann gesagt werden, daß sie liebenswert sind und auch lieben, da Venus in diesem Zeichen Bedeutung hat und Jupiter einiges aus dem

*Horatio Nelson (Sonne in der Waage) fiel bei Trafalgar, als er die französische Flotte zerstörte. National Portrait Gallery, London.*

*Seite 178:*
*Mai. Seite aus dem Werk «Les très riches heures du Duc de Berry», den Stundenbüchern. Französisches Manuskript aus dem 15. Jahrhundert, Museum Condé, Chantilly.*

*Seite 179:*
*September. Seite aus dem Werk «Les Très riches heures du Duc de Berry», den Stundenbüchern. Französisches Manuskript aus dem 15. Jahrhundert, Museum Condé, Chantilly.*

*Marie Curie (Sonne im Skorpion) mit ihrem Mann Pierre, hat als erste große weibliche Wissenschaftlerin den Nobelpreis zweimal errungen.*

*Avignon, einst die Residenz der Päpste, ist eine der Städte, die vom Schützen regiert wird.*

*Gemälde aus dem neunzehnten Jahrhundert von St. Petersburg, heute Leningrad. Rußland wird von Wassermann beherrscht. Bibliotheque Nationale, Paris.*

Wege räumen kann. Viele Fischemenschen ziehen es vor, sich aus der Wirklichkeit zurückzuziehen oder müssen sogar in Anstalten untergebracht werden; man sagt, daß der Mond im Zeichen der Fische Halluzinationen hervorrufen kann, die in extremen Fällen zu Schizophrenie führen können. Die Länder unter den Fischen sind: Portugal und die Städte Alexandrien, Sevilla und Tiverton. Berühmte Männer, die unter dem Zeichen der Sonne in den Fischen oder mit den Fischen in ihrem Ascendenten geboren wurden, sind: Chopin, Albert Einstein, George Washington und John Steinbeck.

## Die Bedeutung der Planeten

Stellen Sie sich Ihr Horoskop als ein symbolisches Drama vor; die Häuser sind die Bühne, die Tierkreiszeichen die Szene und die Planeten die Schauspieler. Deren genaue Bedeutung hängt davon ab, wo und wie sie zueinander auf der Bühne stehen; man darf daher die Bedeutung der Planeten niemals im leeren Raum beurteilen. Das würde nämlich kein besseres Charakterbild als Zeitungshoroskope geben, die ohnehin nur die Bedeutung der Sonne in einem gewissen Tierzeichen erfassen. Planeten haben im Horoskop eine «starke» Stellung, wenn sie in einem Eckhaus, d. h. im 1., 4., 7. und 10. Haus stehen.

### Die Sonne

Die Menschheit hat diesen Himmelskörper seit Urzeiten als Gott, als die Quelle von Licht und Kraft verehrt, und Astrologen deuten ihn als einen Planeten seit dem Ursprung ihrer Kunst. Die Sonne ist weder bös- noch gutartig, obwohl die indische Astrologie sie als nachteilig betrachtet, wahrscheinlich weil sie unheimliche Macht ausstrahlt.

Ein guter Sonne-Mond Aspekt zeigt einen ausgeglichenen Menschen, ist es jedoch ein schlechter Aspekt, wird der so Geborene durch eine Periode schlechter Zeit mit unglückseligen Verhältnissen hindurchgehen müssen. Im Horoskop einer Frau ist die Sonne mit Männern verbunden, die in ihrem Leben eine Rolle spielen werden, und in dem eines Mannes bedeutet sie seine Karriere und die Art, wie er sein Leben gestalten wird.

Die Sonne ist die männliche, erzeugende Kraft. Sie regiert die Jahre zwischen zwanzig und dreißig, den Grundumsatz, Kreislauf, Herz, Gehirn und Augenlicht. Grundsätzlich gibt sie eine stolze, großzügige, edle Natur, die aber auch hochmütig wirken kann. Sie liebt die Pracht und hohe Stellungen und kann Ruhm und Ehre bedeuten. Wenn die Sonne unter gutem Aspekt steht, wird der so Geborene edel und freigebig veranlagt sein – ein guter, vertrauenswürdiger Freund. Obwohl er nachdenklich und reserviert erscheint, liebt er den Wohlstand und kostspielige Dinge. Unter schlechtem Aspekt wird er schwierig und herrisch sein: kleinlich, geschwätzig, überheblich Untergebenen gegenüber und kriecherisch bei Vorgesetzten. Wie im wirklichen Leben kann zu viel Sonne nichts Gutes bringen. Zu viele Planeten im Löwen, dem Zeichen der Sonne, kann den unter diesem Zeichen Geborenen herrschsüchtig machen.

In der einschlägigen Literatur deutet man an, daß der Einfluß der Sonne beim Erwerb von Geld, Freundschaft und Bekanntschaft von einflußreichen Leuten behilflich sein kann. Sie kann auch helfen, verborgene Schätze zu heben. Der Talisman, der den Einfluß der Sonne anzieht, soll der Diamant oder ein in Gold gefaßter Topas sein.

## Der Mond

Während die Hindus glauben, daß der Mond den Intellekt regiere, glauben westliche Astrologen, daß er Gesundheit, Leidenschaft und Gemütsbewegungen beherrscht. Er ist weiblich, hängt mit Wasser, Kindheit, Verdauung und Monatsregel zusammen. Der Mond wurde in früheren Zeiten oft mit Heilkunde und Zauber in Verbindung gebracht. Gewisse Schriften geben einen Einfluß an bei Erweckung von Toten, in Liebesangelegenheiten, beim sich unsichtbar machen, stehlen und auch allem, was mit Reisen auf dem Wasser zu tun hat. Der Talisman soll eine Perle sein oder ein Kristall oder Quarz, in Silber gefaßt.

Der Mond ist freundlich zu Jupiter, ebenso zu Sonne, Venus und Merkur, jedoch nicht so zu Saturn und Mars. An sich ist er weder gut noch böse. In einem astrologischen Leitfaden des 19. Jahrhunderts wird erwähnt: «. . . wenn der Mond zur Zeit der Geburt von der Sonne behindert werde, so hinterlasse er einen Flecken an oder nahe der Augen». Wenn der Mond bei der Geburt einen guten Aspekt hat, so verleiht er gewählte Manieren. Seine Leute lieben die Künste, haben Ideen und reisen gerne. Doch wenn er unter einem schlechten Aspekt steht, wird er faul sein, «. . . verurteilt zu einem Leben der Trunkenheit, zu unregelmäßigem, bettelhaftem Dasein; man ist arbeitsscheu und jedweder Tätigkeit oder Beschäftigung abgeneigt». Der Mond gibt auch Interesse am Essen, Kleidung, Nachkommenschaft, Tieren, Wasser und anderem. Er kann Heim, Familie und Reisen bedeuten.

## Merkur

Dieser Planet wird mit Gedächtnis und Mitteilungsvermögen in Zusammenhang gebracht. Sonne und Merkur im guten Aspekt können einen Schriftsteller produzieren. Merkur wurde aber auch als das Chamäleon unter den Planeten bezeichnet. Er kann sehr gutes Gedächtnis, aber auch einen herzlosen Verstand vermitteln. Merkur regiert die heranwachsende Jugend, das Nervensystem und die Atmungsorgane. Er kann eine gute, wandlungsfähige Natur bedeuten, aber auch arglistig und bösartig werden lassen. Er hält sich gerne an den Vermittler bei Arbeit oder Beruf und wird mit Reisen, Materialismus und Studium in Zusammenhang gebracht. Wer unter Merkur geboren ist, verfügt über lebhafte Einbildungskraft und ein gutes Gedächtnis. Ein solcher Mensch kann ein hervorragender Sprecher im öffentlichen Leben werden mit unbeschränkter Neugier und Begeisterungsfähigkeit für jedwede Art von Wissen und Reisen. Wenn der Planet aber in einem schlechten Aspekt steht, wird der Mensch ein Wichtigtuer, der unberechtigterweise vorgibt, ein Alleswisser und ein ehrlicher Mensch zu sein.

*Woodrow Wilson (links), amerikanischer Präsident, der die Vereinigten Staaten zur Teilnahme am ersten Weltkrieg veranlaßte, wurde unter dem Zeichen des Steinbocks geboren.*

*«Camellia japonica» ist eine Blume mit getrennten Blütenblättern und wird deshalb von Steinbock regiert.*

*«Cymbidium Giganteum» aus dem «Orchideenbuch». (1887). Orchideen sollen von der Waage regiert werden.*

*Franklin D. Roosevelt (Sonne im Wassermann), war Präsident der USA von 1933 bis 1945.*

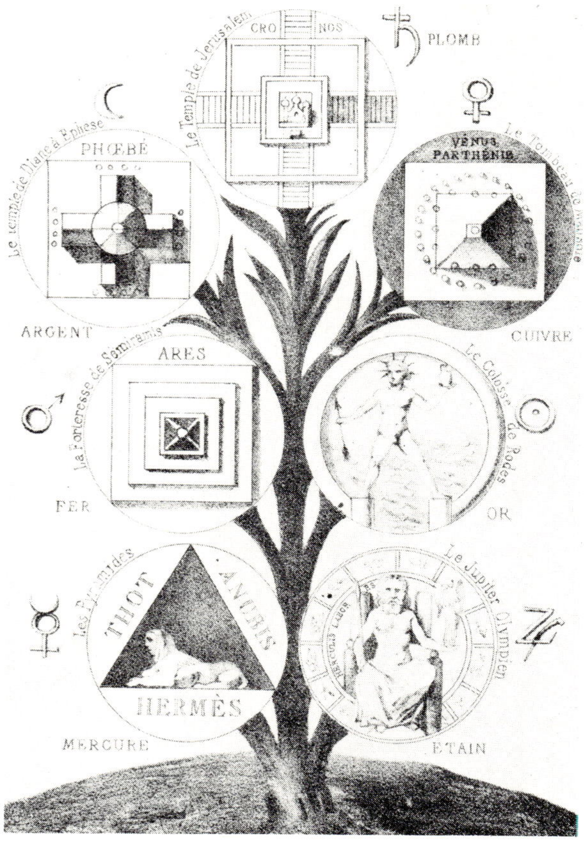


*Rechts:*
*«Die sieben Weltwunder» zeigt unter anderem, wie die verschiedenen Metalle mit den Planeten in Einklang gebracht werden. Illustration aus den «Geschichten der Magie» von Eliphas Levi.*

Merkur verträgt sich mit allen anderen Planeten außer mit Mars; Bücher über Magie empfehlen den Einfluß von Merkur, wenn man insbesondere etwas über die Zukunft und in allen Dingen, die mit Handel und dem Diebstahl zu tun haben, erfahren will. Der Talisman dieses Planeten soll ein Opal sein oder Quecksilber und Achat.

**Venus**

Dieser wunderschöne Planet regiert den Beginn des Erwachsenseins und damit das uro-genital-System. Er ist ein echt weiblicher Planet und beherrscht daher auch die sinnliche Liebe und deren Freuden und obwohl gut und freundlich, gibt er nicht unbedingt einen starken Charakter. Venus verteilt anziehende, liebenswerte und leichtlebige Naturelle und wird mit Vergnügen und den Künsten in Verbindung gebracht. Wenn unter gutem Aspekt, verspricht er Freuden, Glück und guten Erfolg. Unter schlechtem Aspekt aber kann er Einsamkeit nach einer unglücklichen Liebesaffäre bedeuten.

Venus in Konjunktion mit dem Mond bezeichnet eine Situation, die vorwiegend Frauen betreffen kann, vielleicht auch die Art der Beschäftigung, die von Frauen bevorzugt wird. Beim Horoskop des Mannes mag dies bedeuten, daß er sich von Frauen um den Finger wickeln läßt oder sonst einen starken weiblichen Aspekt in seiner Natur hat.

Raphael warnt ernstlich «. . . wenn dieser Planet schwach und durch einen schlechten Aspekt beeinflußt ist, dann wird der unter ihm Geborene aufrührerisch sein, lasterhaft, sich in schlechter Gesellschaft bewegen und mit leichten Frauenzimmern verkehren, unbesehen, welchen Ruf sie auch genießen, . . . er wird sich in Kneipen herumtreiben, im Prinzip ein reiner Egoist, völlig seiner brutalen Leidenschaft hingegeben, ungezügelter und unkultivierter Natur . . .».

Venus soll solche Kreaturen regieren, die mit der Göttin der Liebe im Bunde stehen, wie beispielsweise die Tauben, Faune oder Eisvögel. Venus verträgt sich gut mit Jupiter, Mars, Merkur, der Sonne und dem Mond, nicht jedoch mit Saturn. In der Magie wird ihr Einfluß bei Dingen, die Liebe, Sex, Freuden und Freundschaft betreffen, angerufen. Ihr Talisman ist der Smaragd oder ein in Kupfer gefaßter Türkis.

**Mars**

Wenn Venus sinnliche Liebe darstellt, so stellt der männliche Mars das Symbol für Gewalt und Sexualität dar. Während traditionsbewußte Astrologen diesen Planeten nur als tückisch bezeichnen konnten, wurden moderne Astrologen dazu gebracht, seinen Einfluß für den Ausgleich der Wirkungen anderer Planeten anzuerkennen. Mars verträgt sich nur mit Venus, regiert die Jahre zwischen vierzig und fünfzig, das Muskelsystem und unkontrollierte Verhaltensweisen.

Mars vergibt ein männliches, aggressives und furchtloses Wesen, das sich aber anmaßend bis zur Tyrannei gestalten kann. Die Ereignisse, die er regieren kann, sind Konflikte, Feinde, Streitigkeiten, Unfälle, Verluste und gefährliche Reisen. Wenn er in einem guten Aspekt steht, bedeutet er furchtlosen Mut, der jede Gefahr mißachtet, Unbeugsamkeit Vorgesetzten gegenüber, den Zwang, Feinde zu bekämpfen und in privaten Dingen vorsichtig und klug zu handeln.

Ist er aber unter einem schlechten Aspekt, wird er ein arger Raufbold oder Feigling, der vielleicht durch

*Mohammed Ali Platz in Alexandrien. Die Stadt wird von den Fischen regiert.*

*Ganz links:*
*Der Mond und die verschiedenen Tätigkeiten, die er regiert. Die unter ihm Geborenen sollen die Geometrie und mit ihr verwandte Künste lieben. Sein einziges Zeichen ist der Krebs. Holzschnitt aus dem sechzehnten Jahrhundert. Royal Astronomical Society, London.*

*Links:*
*Jupiter und die verschiedenen Tätigkeiten, die er regiert. Die unter ihm Geborenen sollen frohen Gemüts und guten Aussehens sein und feine Kleider lieben. Er hat zwei Zeichen, Schütze bei Tag und Fische bei Nacht. Holzschnitt aus dem sechzehnten Jahrhundert. Astronomische Gesellschaft, London.*

ungezügelte Sexualität geleitet wird. Die Positionen anderer Planeten tragen glücklicherweise viel dazu bei, die weniger wünschenswerten Eigenschaften von Mars zu verringern. Außer daß er das Zeichen für Kriege ist, wird er auch mit jenen, die scharfe Instrumente verwenden und in ihrem Beruf mit Feuer zu tun haben, wie etwa Feldscherer und Metzger, in Zusammenhang gebracht. In der Magie wird Mars bei Mord, Haß, Uneinigkeit und Hoffnungslosigkeit angerufen; außerdem zur Beschwörung der Geister gewaltsam Verstorbener zum Gelingen aller Kriegshandlungen. Sein Talisman ist jedweder roter in Eisen gefaßter Stein.

**Jupiter**

Dies ist ein wohltätiger, das Leben beherrschender Königsplanet, allen anderen Planeten, außer Mars, freundlich gesinnt. Er regiert die Reife des Menschen, die Leber und den Blutstrom. Auf seiner weniger großartigen Seite mag er Geiz und Vergeßlichkeit hervorrufen. Die unter Jupiter Geborenen haben sowohl zu Menschen als auch zu Tieren und Pflanzen große Zuneigung. Sie erfreuen sich an aller Art Prachtentfaltung, sowohl geistlicher als auch weltlicher Natur. Sie haben etwas mit Banken und Restaurants zu tun. Es ist nicht erstaunlich, daß Jupiter mit den guten Dingen dieser Welt in Verbindung gebracht wird, nämlich mit Ordnung, Komfort, Reichtum, Erfolg und Anerkennung.

Unter einem guten Aspekt bedeutet dieser Planet Glauben, Weisheit, den Wunsch, zu dienen, zu trösten, die Menschheit zu leiten, Gerechtigkeit, Ehrlichkeit, Zuneigung zu Familie und Gemeinschaft. Ist er unter einem schlechten Aspekt, bringt Jupiter allerdings Unvorsichtigkeit, geringes Verständnis und wenig soziale oder religiöse Prinzipien. Solche Menschen sind geneigt, unbesonnen und extravagant zu sein, sind prahlerisch und Haustyrannen. Dieser Planet soll auch alle als gutmütig eingestuften Tiere wie beispielsweise Elefanten regieren. Jupiter wird angerufen, wenn man Freundschaften, Gesundheit, Reichtum und Unsichtbarkeit erlangen will. Sein Talisman ist der Saphir, Amethyst oder in Zinn gefaßter Karneol.

**Saturn**

Dieser Planet regiert das Alter, den Knochenbau und die Haut. Er ist Jupiter, Sonne und Merkur freundlich gesinnt, doch mit Mars, Venus und dem Mond kommt er nicht so gut aus. Über die Jahrhunderte hinweg hat dieser Planet den Ruf bekommen, daß er unjugendlich, bösartig und machtvoll zu sein scheint, vielleicht weil er am weitesten von der Erde entfernt ist.

Es heißt, daß Saturn ein vorsichtiges, in sich gekehrtes Wesen vermittelt, das zu Pessimismus und zum Nachdenken neigt. Er wird traditionell mit Laboratorien, Mineralien, mit Plätzen der Ruhe und des Lernens in Zusammenhang gebracht und es ist nicht weiter verwunderlich, daß er bei den Okkultisten der Renaissance in hohen Ehren stand. Die Darstellung des alten Mannes mit einer Sense bezeichnet wohl Enttäuschung, Verlust, Unglück und Ehelosigkeit.

Nach Raphael ist Saturn allgemein als der mächtigste und böseste von allen Planeten anerkannt. Seine Pflanzen sind solche, die mit dunklen und magischen Kräften in Verbindung gebracht werden wie Nieß-

*Frédéric Francois Chopin, der polnische Komponist, war ein Fisch.*

*Selbstbildnis Vincents van Gogh mit seinem verstümmelten Ohr. Dieser brillante, aber tragische Künstler war ein Widder. Courtauld Institute, London.*

wurz, Schierling, Nachtschattengewächse, Mohn und der Eibe der Kirchhöfe.

Ein guter Aspekt gibt Einbildungskraft, Reserviertheit, Nüchternheit, Treue zu Frau und Freund, doch Strenge bei Beurteilungen. Wenn Saturn aber im schlechten Aspekt steht, dann erzeugt er Starrköpfigkeit, Bösartigkeit, Menschen, die stets mit ihrem Los unzufrieden sind und schlechte Charaktere.

Saturn wurde viel mit magischen Gebräuchen in Zusammenhang gebracht und sein Einfluß wird bei Tod oder Verwundung, beim Anrufen von Seelen in der Hölle, beim Sammeln von Wissen, der Errichtung von Gebäuden in Anspruch genommen. Sein Talisman ist ein Onyx oder Saphir, der in Blei gefaßt ist.

**Uranus**

In Büchern des neunzehnten Jahrhunderts findet man diesen Planeten noch unter dem Namen Herschel. Raphael und Zadkiel beschreiben, beide mit beachtenswerter Vorsicht, den damals noch ganz neuen Planeten als bösartig, haben aber noch keine festen Ansichten über seine Kräfte.

Spätere Astrologen schreiben ihm technische Erfindungen zu und es ist eigentlich erstaunlich, daß sie sich selbst unter seine Obhut begaben und sich als «die Kinder des Uranus» bezeichneten.

In ernst zu nehmenden Kreisen wird angenommen, daß dieser sich äußerst langsam bewegende Planet wenig Einfluß auf den Einzelnen, eher aber auf ganze Generationen haben könnte. Die sich entwickelnde astrologische Tradition beginnt Uranus mit Rebellion, Exzentrizität, Unabhängigkeitsbestrebungen, übertriebene Trunksucht und Zynismus in Verbindung zu bringen und man nimmt an, daß er der ehelichen Gemeinschaft abhold sei. Nach und nach wird er auch mit aller Art von Spezialisten, sowie mit Industrie, Kapitalismus, Demokratie, Faschismus und Diktaturen in Zusammenhang gebracht – alles in allem eine ziemlich bunt durcheinandergemischte Gesellschaft.

**Neptun**

Neptun scheint die Verwirrung und Übertreibung zu regieren. Wollten wir unfreundlich urteilen, könnten wir ihn zum idealen Planetenvater für manchen Astrologen machen! Er soll für Feingefühl, Voraussicht und gefühlsmäßige Reaktionen verantwortlich sein. Die unter diesem Planeten Geborenen sind altruistischen Ideen zugetan, allerdings in einer etwas verwirrenden und weitschweifigen Art und Weise.

Über die Meere zu herrschen wurde dem Mond abgenommen und Neptun übertragen, der außerdem für alle Flüssigkeiten, inklusive Erdöl, verantwortlich gemacht wurde. Da er sich sehr langsam bewegt – er steht fast 15 Jahre in demselben Sternbild –, kann sein Einfluß auf den Einzelnen nicht besonders stark sein, jedoch haben die unermüdlichen Astrologen diesen Planeten trotzdem mit guten und bösen Rollen bedacht. Unter einem schlechten Aspekt verleiht er dem Menschen Beschäftigung mit Magie, Hypnose und ein ungesundes Verlangen, die Realitäten des Lebens zu verneinen und auch drogensüchtig zu werden. Ist er unter einem guten Aspekt, beeinflußt er Idealisten und Reformatoren. Sein Einfluß reicht auch auf Gebiete des Sozialismus, Kommunismus und der Anarchie. Er wird für chaotische Zustände, Revolutionen und Skandale verantwortlich gemacht.

**Pluto**

Der neu entdeckte Planet Pluto sorgt dafür, daß moderne Astrologen viel Zeit darauf verwenden, seinen Einfluß zu beurteilen, und darüber sind sie sich keineswegs schon einig. Sicherlich hat dieser sich unendlich langsam drehende Planet noch weniger Einfluß auf den Einzelnen als die beiden vorhergegangenen Planeten.

Der zweite Teil des zwanzigsten Jahrhunderts ist Zeuge einer Wiederbelebung des Interesses am Okkulten und Pluto, der im dritten Jahrzehnt dieses Jahrhunderts entdeckt wurde, soll nun das Verborgene regieren, aber er wird auch mit Aggression, dem Widerspruchsgeist und dem Freud'schen Todestrieb in Verbindung gebracht. Wenn man die Schrecken dieses Jahrhunderts in Betracht ziehen will, ist es kaum erstaunlich, daß Pluto sowohl mit den schrecklichen Leiden und Katastrophen, als auch mit Okkultismus und Psychologie in Zusammenhang gebracht wird. Andere Zusammenhänge sind das Nazitum, die Atombombe, Spionagewesen, Geheimgesellschaften und Sex, also alles in allem gute Schlagzeilen für die Boulevardpresse! Optimisten unter den Astrologen scheinen aber entschlossen zu sein, einen Schimmer von Hoffnung im zerstörenden Element von Pluto zu sehen: nämlich die Möglichkeit zu einer Verjüngung und zu frischem Beginn.

Hiermit fällt der Vorhang dieser Astrologievorführung. Wenn es dem Stück oder den Schauspielern nicht gelungen sein sollte, den Zuschauer zu überzeugen, so möge die Hoffnung bestehen bleiben, etwas zur Unterhaltung, zum Nachdenken und zur Diskussion beigetragen zu haben.

*Saturn, Relief aus dem fünfzehnten Jahrhundert. Tempio Maltestiano in Rimini von Agostino di Duccio.*

# Bildnachweis

**In Farbe:**
Aldus Books Ltd., London 39, 135; Bemporad-Marzocco, Florenz 35; Benrido Company Ltd., Kyoto 55; Biblioteca Apostolica Vaticana, Rom 34; Biblioteca Marucelliana, Florenz 114 oben; Bibliothèque Nationale, Paris 79 oben; Bodleian Library, Oxford 47 oben; British Museum, London 63 unten, 66–67, 94, 95, 99 oben, 102 oben, 103 oben; California Institute of Technology und Carnegie Institution of Washington Vorsatzpapier; Mary Evans Picture Library, London 118, 119 unten; Photographie Giraudon, Paris 11, 43, 82–83, 110, 111, 174, 175, 178, 179; Hamlyn Group Picture Library 50, 51 oben, 54, 58, 62–63 oben, 62 unten, 79 unten; Hamlyn Group-Eye Graphics 119 oben; Hamlyn Group-John R. Freeman & Co Ltd. 46, 122–123, 126–127; Hamlyn Group-Hawkley Studio Associates 14–15, 106–107, 131; Hamlyn Group-John Webb 142, 143, 146–147, 151; Hirmer Verlag, München 27, 30 oben; Mansell Collection, London 98 oben, 139; Umberto Orlandini, Modena 22, 23, 38, 166, 167, 170, 171; Österreichische Nationalbibliothek, Wien 78; Pictorial Press Ltd., London-Anwar Hussein 59; Picturepoint Ltd., London Titelseite, 70–71, 158–159; Popperfoto, London 163; Scala, Florenz 75, 86–87, 90–91; Staatliche Museen zu Berlin 31, 74; Victoria and Albert Museum, London 47 unten.

**In schwarz/weiß:**
Aldus Books Ltd., London 32, 45 rechts, 130 oben links, 138, 152; Associated Press Ltd., London 150, 182 oben links; Archives Photographiques, Paris 180 oben; Bettmann Archive Inc., New York 98 unten, 109 oben; Bibliothèque Nationale, Paris 61 unten; Bodleian Library, Oxford 82 oben; British Museum, London 16 oben, 24, 25, 61 oben, 86 oben, 93 oben links, 97 oben, 100, 101, 105 oben, 117, 165 unten, 168 unten: Camera Press Ltd., London 176 unten; J. Allan Cash Ltd., London 182 unten; Cliché des Musées Nationaux, Paris 69 oben; Courtauld Institute Galleries, London 184; Culver Pictures Inc., New York 134; Deutsche Fotothek, Dresden 177 unten, 181 oben; J. E. Downward 181 unten; Mary Evans Picture Library, London 14 links, 21 oben, 37, 64 unten, 89 unten; W. Foulsham & Co Ltd. 160, 161; Michel Gauquelin, Paris 144 oben; Mark Gerson 144 unten; Photographie Giraudon, Paris 26, 29 unten, 36; Graphische Sammlung der Zentralbibliothek, Zürich 96 oben; Hamlyn Group Picture Library 156, 165 oben, 168 oben, 169, 176 oben, 181 Mitte; Hamlyn Group-Eye Graphics 13 oben, 125 unten, 129 unten, 140–141; Hamlyn Group-John R. Freeman & Co Ltd. 21 unten, 93 oben rechts, 109 unten rechts, 109 unten links, 115 unten, 122, 128 oben links, 128 oben rechts, 129 oben, 182 oben rechts; Hamlyn Group-Hawkley Studio Associates 88; Hamlyn Group-John Webb 149 unten, 153; Henry E. Huntington Lybrary and Art Gallery, San Marino 84 links, 84 rechts; Hirmer Verlag, München 33; Larousse, Paris 183 unten; Mansell Collection, London 10, 16 unten, 17 oben, 29 oben, 40 unten, 41 oben, 41 unten, 42 unten, 44 unten, 52 oben links, 52 links darunter, 53, 73 oben, 76 oben, 76 unten, 77 oben, 99 unten, 113 rechts, 116 unten rechts, 120, 121, 125 oben; Mansell-Alinan 13 unten, 40 oben, 44 oben, 45 links, 73 unten, 85 oben, 85 unten, 89 oben, 92, 93 unten; Mansell-Anderson 30 unten, 68 oben, 68 unten, 69 unten, 80 unten, 86 unten, 185; Bildarchiv Foto Marburg 52 rechts; A. Martin, Paris 162 unten; Foto Mas, Barcelona 72; National Gallery, London 12; National Maritime Museum, London 113 links, 149 oben; National Portrait Gallery, London 114 unten, 116 links oben, 116 links unten, 130 unten links, 164, 172 oben, 177 oben; New York Public Library 77 unten, 82 unten, 132–133; Ninna-ji, Kyoto 56, 57 oben; Pictorial Press Ltd., London 60 oben, 136 oben, 136 unten; Popperfoto, London 18, 60 unten; Psychic News, London 130 oben rechts; Radio Times Hulton Picture Library, London 28, 57 unten, 64 oben, 65 oben, 65 unten, 73 Mitte, 80–81 oben, 81 unten, 96 unten, 97 unten, 102 unten, 103 unten, 105 unten, 108 oben, 112, 128 unten, 130 unten rechts, 137; Roger-Viollet, Paris 48 unten, 172 unten, 173, 180 unten; Ronan Picture Library, Cambridge 17 unten, 42 oben, 104 oben, 108 unten, 116 oben, 124, 157, 183 oben links, 183 oben rechts; Jean Roubier, Paris 104 unten; Seattle Art Museum 49; Studio, Florenz 162 oben; Victoria and Albert Museum, London 20; Victoria and Albert Theatre Museum – J. W. Debenham 145 oben, 145 unten; William Rockhill Nelson Gallery of Art, Kansas City 51 unten links, 51 unten rechts; Yerkes Observatory, Wisconsin 130 oben links.

# Bibliographie

Neueres deutschsprachiges astrologisches Schrifttum


Dombrowski, Doris: Astrologie im Alltag. Partner-Psychologie. Verlag Albert Müller, Rüschlikon – Zürich, Stuttgart, Wien 1977.

Ebertin, Reinhold: Kombination der Gestirneinflüsse. Ebertin-Verlag. Aalen (Württ.).

Die Deutsche Ephemeride 1850–1980. Tägliche Gestirnstände in Länge, Breite und Deklination, 6 Bände. Otto-Wilhelm-Barth-Verlag. Die letzten Bände für Barth bei Scherz-Verlag, Bern, München, Wien. Bd. VI 1971–1980. Bd. VII 1981–1990 in Vorbereitung.

Fidelsberger, Heinz: Sterne und Leben. Selbsterkenntnis durch Horoskopdeutung. Verlag Kremayr und Scheriau Wien 1974.

Freiesleben, H. C.: Trügen die Sterne? Werden und Wesen der Astrologie. Herausgegeben von der evangelischen Zentralstelle für Weltanschauungsfragen. Kreuz-Verlag Stuttgart 1963.

Heindel, Max und Foss-Heindel, Augusta: Astro-Diagnose. Ein Führer zur Heilung. Rosenkreuzer-Gemeinschaft. Darmstadt 1969.

Holzer, H.: Astrologie verständlich. Herbig. Verlagsbuchhandlung München, Berlin 1976.

Klöckler, H. Freiherr von: Kursus der Astrologie. Bd. I, II und III. Bauer-Verlag Freiburg/Br. 1978.

Knappich, Wilhelm: Geschichte der Astrologie. Vittorio Klostermann Frankfurt/M. 1967.

Kündig, Heinrich: Das Horoskop. Die Berechnung, Darstellung und Erklärung. Außerdem: Astrologische Prognose. Beide im Ansata-Verlag Schwarzenburg 1977².

Lefeldt, Hermann: Methodik der astrologischen Häuser. Ludwig Rudolph-Verlag Hamburg 1962.

Witte, Alfred und Lefeldt, Hermann: Regelwerk für Planetenbilder. Ludwig Rudolph-Verlag Hamburg 1959.

Schnitzler, Ilse und Lefeldt, Hermann: Lexikon für Planetenbilder. Ludwig Rudolph-Verlag Hamburg 1959.

Lewis, Ursula: Horoskope selbst gestellt. Ein Astrologie-Handbuch für das persönliche Horoskop und dessen Deutung. Aus dem Amerikanischen. Wolfgang Krüger-Verlag Frankfurt/M. 1977.

Prónay, Alexander von: Helfen Horoskope hoffen? Rohm-Verlag 712 Bietigheim, 1937.

Reinicke, Wolfgang: Praktische Astrologie. Mit Häusertabellen und Gestirnständen von 1900 bis 2000. Ariston-Verlag Genf. 1977.

Ring, Thomas: Astrologische Menschenkunde Bd. I 1956. Bd. II 1959. Kombinationslehre Bd. III. 1969. Das lebende Modell Bd. IV 1973. Bauer-Verlag Freiburg Br.

Spallart, Johannes von: Tierkreis und Schöpfung. Origo-Verlag Bern 1964.

Ungern-Sternberg Olga von: Grundlagen kosmischen Ichbewußtseins. Die seelengestaltende Macht des Tierkreises im Heraklesmythos. Arum-Verlag Freiburg/Br.

Winter, V.-M. von: Die Menschentypen. Die Psychologie der Tierkreiszeichen. Ullsteinbuch Nr. 55 Frankfurt, Berlin-Wien.

Xylander, Ernst von: Lehrgang der Astrologie. Origo-Verlag Bern 1977.

# Register

*Schräggedruckte Zahlen beziehen sich auf Bilder*